JN023519

神道の近代

——変貌し拡がりゆく神々

井上順孝
Inoue Nobutaka

春秋社

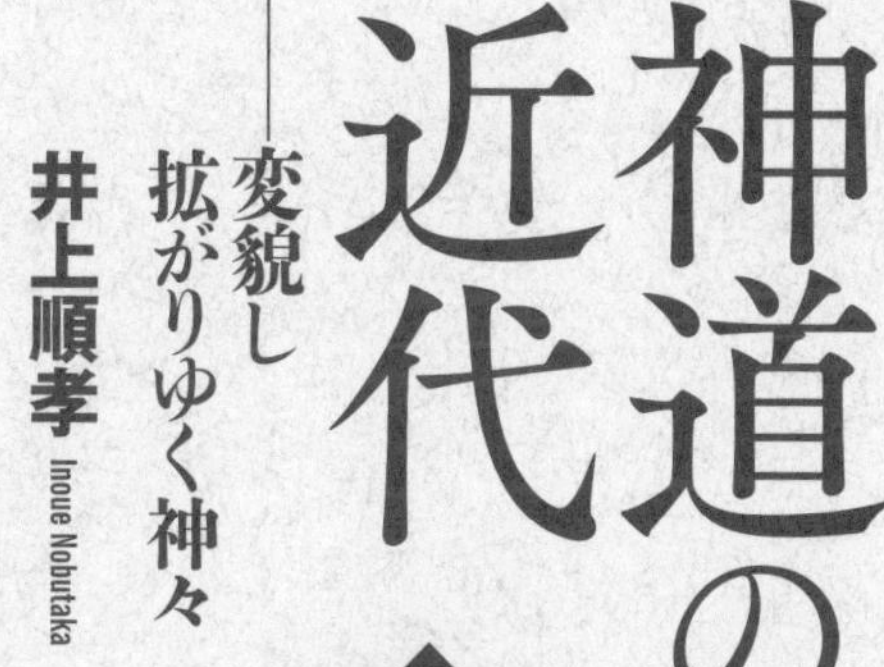

神道の近代——変貌し拡がりゆく神々　目次

第六章　現代の神道が迎えた新しい局面

神道の近代——変貌し拡がりゆく神々

序章

はじめに

日本に住んでいてもっとも身近にある宗教施設は神社である。村落部であろうと都市部であろうと至る所で目にする。神社の地図記号は鳥居の形であるから、日本では神社の存在は小学生の頃から心に刻まれる。神社は日本全国に八万社近くある。平均すると一都道府県あたり約一七〇〇社である。もっとも多いのは新潟県で四七〇〇社余りである。明治初期はもっと多く、現在の倍以上の二〇万社ほどあった。なぜこれほど減ったかというと、明治後期に政府の政策で神社整理が行なわれ、二〇世紀初頭に神社合祀が進められたからである。合祀というのは複数個所に祭られていた神を一か所に合わせてまつることである。

八万という数は、仏教各宗派の寺院を合わせた数の七万余より少し多く、コンビニの数約五万五千をしのぐ。日本に住んでいて神社の鳥居をくぐったことがないという人はきわめてまれであろう。神社には鳥居だけでなく、見分けやすい特徴がいくつかある。中心となる建物を見ると、屋根に瓦を用いることは滅多になく、銅板や檜皮葺(ひわだぶき)が使われる。仏教寺院が瓦を使っていたので、それと差異化をはかるためであったとされている。屋根には通常千木(ちぎ)や鰹木(かつおぎ)が置かれている。屋根の角に二本交差しているのが千木で、屋根の上に平行に置かれているのが鰹木である。参道の両側にある狛犬や参拝者用の賽銭箱とその上にある鈴緒なども、馴染みのものである。おみくじ箱を思い浮かべる人もあろう。神社への参拝を一度でも経験すれば、こうした境内の光景は記憶に刻まれやすい。神社は視覚的に多くの特徴ある部分を備えた宗教施設である。

　だが、話が「神社」ではなく「神道」となると、とたんにつかみどころがなくなる。「神道は宗教なのですか?」という問いもあれば、「何が神道なのですか?」という疑問を持つ人もある。後者は当然起こる疑問であるにしても、にわかには答えようがない。「これが神道である」というような固有の姿を描き出すことが困難である。これまでの研究によっておおよその輪郭が描きうる程度である。一貫した姿があるに違いないと思って歴史的展開を調べていくなら、神道と総称されているものも、時代によってそのありようが大きく変わることがすぐ分かる。フィールドワークをすれば、地域によって神の観念や行事のあり方も、だいぶ違うと気づかされる。仏教やキリスト教、イスラム教のように創始者とされる人物がいるわけではないから、そもそもの始まりもどこに求めていいかに定説はない[1]。

　神道というだけでは茫漠としているので、少し細かく区分してみて、その歴史的展開や社会における機能といったものを考えるやり方がある。これによって神道の姿の多様性を少し整理できる。ただこれもどう区分するかが、なかなか大変な作業である。

一九九四（平成六）[2]年に刊行された國學院大學日本文化研究所編『神道事典』は、戦後のものとしてはもっとも体系的で包括的な神道総合事典である。試みにこの事典の項目として「○○神道」として挙げられているものを拾うと次のものがある。

伊勢神道、忌部神道、烏伝神道、雲伝神道、正親町神道、家伝神道、橘家神道、国家神道、御流神道、山王神道、儒家神道、垂加神道、太子流神道、対馬神道、土御門神道、伯家神道、仏家神道、復古神道、法華神道、物部神道、吉川神道、吉田神道、理当心地神道、琉球神道、両部神道、霊宗神道。（五十音順）

けっこうな数になるが、読み方からして難しく、ごく一部の専門家しか知らないような神道説も含まれている。この中にはすでに途絶えてしまったもの、現在の神道の展開を考える上では、ほとんど影響をもたないものも含まれている。

日本の宗教あるいは文化の特徴を考えていこうとするとき、神道とは何かという問いは避けがたく生じる。その大きな問いを意識しつつも、近代に焦点を絞ることで、神道と総称されているものの、解きほぐしを試みてみたい。以下近代という場合には現代も含めた意味で用いる。

（1）近代の神道

神道にとっての大きな画期点

全体像を捉えるのがきわめて困難な神道だが、近代の神道に焦点を絞ると少し輪郭が鮮明になってくる。近代の神道はそれ以前の神道を継承したり、そこから変容したり新しいものが加わったりしている。近代化の過程でそれ以前と比べてどんな変化が生じたかの概要をある程度おさえて、近代の姿と向かい合う。第一章で述べるが、神道は明治維新期と第二次世界大戦直後において、行政上の扱い、社会的位置づけなどにおいて、きわめて大きな変容が生じた。結果的に近代以降の神道は、江戸時代までの神道とはいろいろな面で大きく様変わりした。身近に観察できることから、いくつか具体的な例を挙げてみる。

有名な神社への初詣が増えるようになったこと。神前結婚式が一般化したこと。少数だが神葬祭が行なわれるようになったこと。神棚に備える神宮大麻（たいま）の配られ方が大きく変わったこと。天皇家の祭祀が神道式中心のものになったこと。独自の神を崇拝対象とする多くの新しい神道系の教団が形成されたこと。江戸時代には寺院であったものが一部神社に変わったこと。

現代日本人の生活の中に深く関わっているこのような神道の形態が、古代からそのまま続いてきたものではなく、近代に淵源があったりすることはなかなか気づきにくい。人間は生まれたときから身の周りにあった習慣や儀礼は、はるか昔からずっと続いてきたと思いがちである。このことはエリック・ホブズボームらが『創られた伝統』(3)という書の中で実証的に論じている。世界各地の伝統的行事とか儀礼とされているものが、実は比較的新しいものであることを述べている。日本も同様と考えていい。

ただし近代に淵源があるといっても、まったく新しく始まったものは少なく、多くは大きく変容したというのが適切である。古い歴史、伝統が部分的に織り込まれていたり、大きく改変されていたりする。宗教儀礼や宗教行事といったものが、細部に至るまでそっくりそのまま何世紀も継承されるのはきわめて稀である。したがって、近代に大きな変容が生じた宗教儀礼や行事に対し、古来の伝統が継承されているとみなしたり、改変されて続いているとみなしたり、新しく創造されたとみなしたり、大きく評価が分かれることがある。

たとえば神宮大麻というのは「天照皇大神宮」と書かれたお札であるが、現在これは伊勢神宮が神社本庁に頒布を委託し、神社本庁から都道府県の神社庁を通して各神社に頒布される。そして氏子である人たちの家庭へと頒布されている。公式発表で二〇一九(令和元)年は頒布数が八五〇万体弱である。ところが江戸時代には神宮大麻は御師と呼ばれる人たちが配っていた。江戸中期に伊勢の宇治と山田にいた御師は八〇〇軒以上であったとされている。当時の日本の総戸数の九割近くに配っていたという説があるが、そうだとすると今日よりはるかに高い割合である。御師の果たしていた役割は今日の観光・ツーリズムにあたる部分もあって、現在の大麻頒布に関わっている人たちのあり方とは大きく異なる。その意味で近代の神宮大麻は江戸時代とは異なるシステムの中で各家にもたらされることになった。とはいえ神宮大麻そのものの意味は変わっていない。(4)

初詣にしても、現在は明治神宮、伏見稲荷大社、鶴岡八幡宮など有名な神社に参拝する人が多いが、江戸時代には氏神への参拝や恵方（えほう）参りが一般的であった。氏神はその一族の祖をまつる神社であるが、江戸時代には地域の守り神のような存在となっていた。産土神や鎮守神とあまり区別されなくなった。恵方とはその年に歳徳神（としとくじん）（恵方神）がいるもっとも縁起がいいとされる方角のことである。その年の干支のうち十干によって決まり、五年ごとに一巡するが、方位としては四方位という少し複雑な仕組みになっている。これが明治時代から大正時代にかけて、多少遠方でも有名な社寺に初詣に行くようになった。この変化には交通の発達も関係していることが指摘されている。(5)

このように現在の神道の姿を一世紀半ほどさかのぼるだけで、さまざまな事柄において連続面と非連続面を見出すことができ、その評価も多様になる。

近代の神道への注目

近代の神道の変容はあらゆる側面に観察されるが、以前のものが色濃く継承されている場合もあれば、新しく形成されたに近い場合もある。何が古い淵源に大きく依存しており、何が現代において大きく変容したものなのか。あるいは新しく形成されたと言えるものは何であるのか。このような関心を背後に据えながら、本書では近代の神道、とりわけ新しく組織を作り上げて活動する神道（以下「神道教団」と総称）に焦点を当てていく。

神道教団が次々に形成されるのは、近代の大きな特徴で、それまでの神道の歴史においては見られなかったことである。神道教団には江戸時代までに形成されていた思想や観念、あるいは儀礼や修行法といったものがそれぞれのやり方で取り込まれているが、活動形態や組織面、あるいは信仰内容といったものにおいて、新しい要素がいくつか加わっている。神道教団がなぜ数多く設立され、どのような活動の特徴があるかを見ていくと、近代に生じた社会の変化が神道にどう影響を及ぼしたかを考察できる。神道教団においては、祭祀を執り行なうだけでなく人々の日常生活の中で生じた問題に応えようとする場合が多い。神道が社会生活の中でどのように人々に関わっているかをとらえやすい。

近代に対象を限ったとしても、神道の全体像は依然としてつかみにくいことをあらかじめ確認しておきたい。近代の神道に関しては、神社神道の他、教派神道、神道系新宗教という神道教団、さらに民俗神道、皇室神道、国家神道の形態が指摘されている。いちおう、それぞれに定義めいたものは試みられている。

神社神道は神社における祭祀を中心的な活動としており、大小さまざまな規模の神社がある。時代的には非常な幅がある。古代から続く神社もあれば近代に設立された神社もある。伊勢神宮や出雲大社は古代の創建であるが、明治神宮は二〇世紀前半一九二〇年の創建である。
教派神道は一九世紀以降出現したもので、神社とは別に新たに組織化された神道教団である。
教派神道と一部重なるが、神道系新宗教は教祖的人物を中心としながら、やはり一九世紀以降形成された教団である。概して布教を積極的に行ない、組織を拡大しようと努めるのが大きな特徴である。なお、本書では教派神道という表現のほかに神道教派という表現も用いる。一般的にはほぼ同義に用いられる。本書で用いる場合は少しニュアンスが異なる。

神道教派という場合には、戦前の神仏管長が置かれた時代のそれぞれの教派という意味を込める。神道教派は最終的に十三派となった。教派神道という場合には、近代に形成された独特の神道教団の形態という意味合いが加わっている。明治期から昭和前期まではほぼ十三派の意味に近くなる。しかし、幕末あるいは第二次大戦後になると、十三派で括るのは適切でない場合がある。黒住教、天理教、金光（こんこう）教などは、すでに幕末に独自の組織をもっていた。戦後は十三派体制がなくなり、大本（おおもと）は教派神道連合会に属するようになった。他方天理教は戦後教派神道連合会を離脱した。教派神道かどうかには、教団のアイデンティティも関係するようになった。このほかにも複雑な関係があるが、それについては第二章で詳しく述べる。

民俗神道は生活の中に習俗・習慣として継承されている神道的な習俗である。初宮詣、七五三、成人式、結婚式、神葬祭といった人生儀礼、初詣、節分、大祓（おおはらえ）などの年中行事は、信仰というより習俗としての性格が強い。地鎮祭、棟上げ式、田植え祭りなどは生業儀礼と言われるが、この中には神職が関わったり関わらなかったりするものがある。七五三、初詣、節分などは、寺院でも行なわれている。民俗神道に含められていても、神道中心の習俗・習慣とは言い難いものが多い。

皇室神道は宮中で行なわれる神道的な祭祀である。大嘗祭(だいじょうさい)もその一つで、平成となってのものは一九九〇年一一月に、また令和になってのものは二〇一九年一一月に行なわれたので、知る人も多くなった。皇居内には宮中三殿と呼ばれるものがある。一八八八(明治二一)年に完成し、賢所(かしこどころ)、皇霊殿、神殿の三つからなる。賢所には天照大神の御霊代(みたましろ)である神鏡があり、古代から宮中で奉斎されてきたものである。皇霊殿には歴代天皇と皇族の霊が奉斎されている。神殿には天神地祇と八神が合わせ祀られている。この二つは明治時代に新しく宮中に遷座された。

国家神道は戦前の神社と国家との強いつながりに着目してのものだが、これをどうとらえるかには激しい論争がある。国家神道という概念は曖昧過ぎるという立場や、現在の神道にも広く国家神道的形態がみてとれるとする立場などがある。国家神道という言葉自体は第二次大戦後GHQが神道指令の中で用いたことで広まったものであるので、こうした経緯も論争に関わりを持つ。

神道の区分の難しさ

これらの区分は厳密なものではなく、仮に区分したとしても実際には相互に複雑に入り組んでいる。神社神道と民俗神道とは分かちがたく結びついている。春夏秋冬、毎年季節ごとに行なわれる年中行事を考えればいい。今日約七割の日本人が初詣に行く。成田山新勝寺、川崎大師のような寺院に行く人もあるが、神社に行く人の方が多い。神社という場で初詣がなされているという点に注目するなら神社神道の行事であると言える。他方、年によって神社に行ったり寺院に行ったりしているような人にとっては、神社の行事というよりはむしろ習俗として受け止められている。そうなると、民俗神道的な行事と考えることもできる。

七五三も同様である。七五三が比較的広く祝われるようになるのは江戸時代である。一一月一五日に行なわれるようになったのは、この日に徳川五代将軍綱吉が病弱であった息子の無事な成長を願ったからとする説が有力である。一九世紀に活躍した浮世絵師歌川国貞は「七五三祝ひの圖」を描いている。裕福な家の子どもが着飾った姿である。千歳飴をもった子どもがいる。七五三が今日のようにきわめて一般化するのは明治以降、とくに二〇世紀にはいってからである。七五三は人によって神社に行ったり寺院に行ったりする。家族で写真は撮るけれども、とくに宗教施設に行かないといった人もいる。それでも神社にとっての行事であるとみなせるし、民俗神道的な行事とも言いうる。

神社神道と教派神道も一応は分けられるものの、少し詳しく調べてみると、境界線が見分けにくい場合がある。出雲市には古代から続く出雲大社があるが、そのすぐ近くには明治期に設立された出雲大社教（おおやしろきょう）がある。出雲大社は神社だが、出雲大社教は神道教派である。出雲大社教の神殿（神楽殿）の正面には大きなしめ縄がある。両者を神道の異なった形態というふうにとらえる人はごく一部である。出雲大社が神社と神道教派とに分かれたのは、明治政府の宗教政策が直接的に関わっている。

神習教は一八八二年に神道教派として一派独立し、戦後も宗教法人として活動を継続している。現在東京都世田谷区にある本部には桜神宮と呼ばれる建物がある。近辺の人は神社として接していて、初詣には多くの参拝者が訪れる。神習教は戦前から続いている教派神道連合会に所属しているが、一般には神社というふうにとらえられている。

教派神道と神道系新宗教の区別も難しい。これについては第二章で詳しく述べる。教派神道は民俗神道とも密接な関係にある。年中行事や人生儀礼との関わりは深い。御嶽教、実行教、扶桑教のように山岳信仰を中核においている教派であると、日本人が富士山、御嶽山といった山々に抱いていた信仰心に基づいた活動をしている。戦前には「宗教ではない」とされた神社は葬儀に関われなかったが、教派神道はそれぞれの儀式スタイルによって神葬祭を執行することができた。それゆえ葬儀という人生儀礼には、神社神道よりも密接に関わってきた。戦後は神社神道でも葬儀を行なえるようになったので、新たに神葬祭を始めた神社が出てきた。

皇室神道は宮中の祭祀であるので、日常的には神社神道、教派神道、民俗神道とは接点が乏しいように感じられなくもない。だが皇室神道の祭祀や儀礼の意義、淵源は神社神道と切り離して考えることはできない。日本神話ではスサノオが出雲でヤマタノオロチを退治したときオロチの尾からみつかったのが草薙(くさなぎ)の剣である(6)。スサノオはこれをアマテラスに献上した。そして三種の神器のうちの一つになったとされる。草薙の剣はのち熱田神宮に御霊代として奉られるようになったと伝えられている。八尺瓊勾玉、八咫鏡、天叢雲剣（草薙の剣）の三種の神器は、天孫降臨に際しアマテラスからニニギに授けられたとされ、皇位の印（レガリア）となっている。歴史的には神社神道の根幹には常に天皇制度が位置しているし、明治以降の神社神道ではとくにこの点が重視されている。

神道の境界線の揺れ動き

神道の区分が入り組んでいるように見えるのは、神社神道、教派神道、民俗神道といったそれぞれに明確な境界線があると考えた場合である。実際に起こっていることを理解していく上では、境界線にとらわれない見方を導入した方が分かりやすい。個々の儀礼や観念、あるいは組織の継承や広がりのつながり（ネットワーク）に注目するなら、境界線のようなものはかなり柔軟に設定できる。国家神道についての議論の入り組みも、この点が関係していると個人的には考えている。境界線の揺れ動きについて少し具体的に説明する。

神社神道など先にあげた区分それぞれに、もし明確な境界線を設けようとすると、やはりある程度の定義が必要になる。そこでは神、儀礼、信仰形態、組織形態、教典などについて特徴づけがなされるだろう。しかしそのいずれも区分されたそれぞれの神道の形態に複雑に関わっている。八百万神と言われる神道の神々は、神社神道だけに専有されているわけではない。神社神道や皇室神道において重要な位置を占めるアマテラスは、黒住教においても中心的な崇拝対象の一つである。祭祀のときに神前に神饌（しんせん）を供えるのは、神社神道、教派神道、神道系新宗教に共通する。日本神話に描かれた神々の姿から神のはたらきを読み取ろうとする姿勢も神社神道に限らない。祭りそのものよりも地域住民のつながりの再確認が重要な機能だというのは、氏子によって支えられている神社や民俗神道の行事に共通する点である。

　聖地にしてもそうである。富士山は現代では世界遺産に登録され観光資源ともなっている。しかし古代から霊山とされ、神そのものとされたりしてきた。浅間（せんげん）神社では木花開耶姫命（コノハナサクヤヒメノミコト）を祭神としている。江戸時代に盛んになった富士信仰においては、修行の場であり、明治以降は実行教、扶桑教という教派神道にとっての聖地であり修行場である。明治期に扶桑教次いで神道本局に所属し、戦後は独立の宗教法人となった丸山教は伊藤六郎兵衛を創始者とするが、富士信仰が中核にある。

　聖地は平成時代に突如として起こったパワースポットブームの対象ともなった。これは神社神道や神道教団が提唱したものではなく、むしろメディアを主たる媒介物として広がったものである。たとえば、二〇〇九年には明治神宮の境内地にある清正の井（戸）が、テレビを通してタレントによって紹介されたことを機に、一気に多くの人がパワースポットとして訪れるようになった。聖地とされていた山、宗教施設内の石や樹木などいったものがその資源として着眼された。聖地はスピリチュアルブームの一環を占めるが、スピリチュアルブームは民俗神道とも、神社神道とも、そして教派神道とも、つながっている。

神道では死を穢れとする観念が古くからある。神仏習合という現象とともに、神仏隔離と呼ばれる現象がある。神と仏が一体に融合せず、違うものであるという観念が保たれた結果の現象である。伊勢神宮では仏教に関する言葉を忌詞として、別の言葉で表現した。仏を中子、経を染紙、寺を瓦葺、僧を髪長などとあらわした。仏教との境界線の一つがここにある。しかしその境界線は強固なものではない。神社の中には今でも葬式をやらないところがある。また習俗的な面で見れば、葬式の参列者に祓い塩が配られる。死を穢れとする観念はあちこちで観察される。

このような揺れ動く境界線をどのような観点から見ていくか。文化的に継承されてきたもののうち、近代においても何が継承すべきものとして選ばれたのかである。神社神道、神道教団などにおいて、何が重視され、何があまり重視されなかったか。どのような神道の形態においても重視され継承されたものと、多様な継承の仕方が生じたものとが見出せるか。ここに近代日本が抱えていた問題に対する宗教的応答の一端が見いだされるし、また人間が常に関心を抱きやすいもの、反応しやすいものは何かを考える手がかりがある。

（2）神道教団への注目

神道の教団化への複雑な道程

神道の研究は神社神道を中心に行なわれてきている。それは歴史的な展開からしても、神社が日本社会に占める役割の大きさを考えれば当然である。すでに戦前において大部の辞典が出されている。一九三七年から四〇年にかけて『神道大辞典』が三巻本で刊行されている。ここには神道の観念や個別の神社についての細かな記述がある。神社神道が神道研究の主たる対象となることは今後も変わらないと考えられる。

一方で、神道教団への着目は、近代における日本宗教の展開を研究する視点から、戦後盛んになった。戦前は鶴藤幾太、田中義能、中山慶一などによる教派神道研究があったが、神社の研究者に比べればずっと少数である。戦後は新宗教研究の一環として教派神道や神道系新宗教の研究が広がった。宗教文化の継承や展開という観点からは、新しい波が生じ、社会の変化と宗教との関わりを論じる上で、神道教団は重要な研究対象と捉えられるようになった。村の鎮守としての社や、地域住民とのつながりの中に継承された祭りや儀礼とは異なった活動に焦点が当てられるようになった。

近代には布教活動によって数万、数十万規模の信者集団を形成し、神社とは違った形で組織化をする神道教派や神道系新宗教が次々と形成された。戦前の神道教派は十三派であったが、神道系新宗教の数は現存するもので少なくとも百数十教団ある。(7) 新しい教団の中には日本の宗教史を反映して神仏習合的な性格が強いものが少なくない。神道系新宗教と区分されていても、その信仰形態に仏教的要素が混じっているものもある。

黒住教、天理教、金光教、大本、生長の家などは、これまでの新宗教研究においては、神道系新宗教の典型とみなされることが多い。それでもたとえば天理教の教祖中山みきは、いわゆる「神がかり」体験をするまでは浄土宗の熱心な信者であり、浄土宗の寺で五重相伝を受戒している。「神のやしろ」として「世界いちれつ」を助けるという理念をもっていたが、この観念に仏教的な影響を見る研究者もいる。

多くの神道系新宗教に影響を与えた大本の出口王仁三郎は、みろくという言葉を各所で用いている。「みろくの世」はやがて実現される理想世界であるが、ここに仏教における弥勒信仰の影響を想定できる。

仏教やときに儒教の影響を部分的に受けながら教派神道・神道系新宗教といった神道教団が近代に数多く形成された。なぜそのようなことが起こったのか。神社は明治政府の宗教政策を背景に地域社会との新しい関わりを作った。神道教団も宗教政策の影響を受けたが、その形成過程はより複雑で多様である。近代化が宗教にどういう影響を与えたのかと同時に、宗教が時代に関わりなく人々の心に関わるのはどういう側面においてであるかを、より鮮明にしてくれる。

教団神道と神社神道との共通点と相違点は、興味深いテーマである。教派神道や神道系新宗教には神社神道に非常に近いものから、かなり違いが大きいものまでいろいろなタイプがある。教団によっては創唱宗教であると自らを位置づけている場合もある。

日本では神道はもっとも古い宗教であり、日本固有の信仰であるという理解が一般的であるが、欧米の日本宗教研究者の間では、また別の見方もある。歴史学者の黒田俊雄の神道についての見解は、欧米の研究者に広く知られている。顕密体制というとらえ方の中で、中世には神道は仏教に従属的であったとしている。黒田の説の影響で、神道を古代から一貫してあった独立した宗教という見方をしない外国人研究者も少なくない。(8) 神道が独自性を持つのは近世であるとか、ときには近代であるといった考え方もある。古代には国が各地に神をまつった神祇制度ができたけれども、仏教が伝来して以来神仏習合は長く続いた。神道はとりわけ教えの面では仏教や儒教などと比べて体系性が乏しいので、そうした見方が生まれてくる余地がある。

現在の神道の姿が形成された時期をもっとも最近とする説では近代となる。ただそういう立場をとらなくても、近代は神道がそれまでとはいくつかの面で大きく異なるとともに、特徴ある形態をとった時期であることは間違いない。儀礼や祭りだけでなく、病気やさまざまな苦しみを抱えた人たちと向かいあっていることが多いので、宗教性が強く出た神道について検討する。現在教派神道と呼ばれている一群の教団を明治期には宗教神道と呼ぶ人もいた。それは宗教性が神社神道よりも強いとみなしたことによると考えられる。

教団化を用意したもの

神道の教団化は近代に突然始まったものではない。それを用意するものが近世にいくつかある。組織の形態で言えば江戸時代に盛んになった山岳講はその一つである。富士講や御嶽講などでは、地域の人が参拝のための組織を作った。氏子とも檀家とも異なる組織形態である。各地域の講は富士講、御嶽講などそれぞれの講同士のつながりもあった。

　教団化にはそれなりに体系立てられた教えも必要になる。神道には教えがないというような言い方があるが、それは間違いである。神社神道では「神道は言挙げせず」という言い方が今でもなされることがある。『万葉集』の中には「言挙げ」という表現を交えた歌がいくつかある。有名なのは柿本人麻呂が「葦原の　瑞穂の国は　神ながら　言挙げせぬ国」と詠んだものである。この箇所だけ取り出せば日本は「言挙げしない」国ということになろう。だが、これに続けて「然れども　言挙ぞ我がする　事幸く　真幸く　坐せと」と歌っている。人麻呂自身は言挙げしていて、その目的も述べている。

　言挙げは教えの体系化や理論化も含むと考えると、神道も歴史的に言挙げを積み重ねてきた。ただ仏教、キリスト教、イスラム教、あるいは儒教のように、創始者の考えを基本に教典としてまとめられたわけではない。外来の宗教思想や実践形態に接しながら、いろいろなものを練り上げてきた。中世の神道説は仏教の僧侶によって担われてきた。仏家神道と総称される。近世の神道思想には儒学が大きな影響を与えた。儒家神道と総称される。

　ところが江戸時代の国学者は神道について、仏教や儒教に依らない神道理解の道を目指すようになった。実際に仏教や儒教に依っていなかったかどうかは別問題である。それを理念として掲げ目指した。その理念が過度にまで神道の独自性を強調する道にもつながった。平田篤胤やその弟子の大国隆正などの思想がその典型である。復古神道と呼ばれる思想的営みである。復古神道はまた弟子集団が各地に形成されたので、近代の神道教団の組織化の一つの先駆形態になった。

このように見通せるからといって、神道が日本の基層信仰であるとか、中核にあるものは変わらないというような立場を本書ではとらない。そう理解できるかどうかを検討する一つの切り口になるとは考えるが、文化の継承や断絶、創造には複雑な要素が絡む。見取り図は必要だが、限られた資料やデータ、観察から得られる結論は、常に暫定的なものだという立場を堅持したい。

以下では、まず第一章で近代の神道に与えた大きな社会的要因に注目して、それが神道の展開にどのような影響をもたらしたかを考察する。

第二章では、神社神道と教派神道が分かれた経緯と、教派神道には高坏(たかつき)型と樹木型の大きく二つのタイプがあることを述べる。明治期に特徴的に形成された高坏型の教派の形成の背景に触れる。

第三章では、神道系新宗教の形成を時代背景との関わりを重視して三つの時期に分ける。明治維新以前、戦前、戦後という社会背景の違いが、教団形成や教えにどう影響したかについて述べる。

第四章と第五章では、それぞれきわめて貴重な資料・データを教団から入手できた二つの教団、神理教と祖神道について、その広がりと背景について論じる。神理教の場合は教師など布教する側の量的変化を細かく追った。祖神道の場合は信者の増加や地理的広がりに対し、交通手段や情報手段の変化がどう影響したかを実証的に議論する。

第六章では近代の神道が向かいあったいくつかの社会変化と、それらに応じて選択された文化的要素は何であったかについて論じる。戦後の神道の展開において明らかになった面も論じる。

終章では現代の神道が向かいあっている特徴的な問題を取りあげる。その際に人間に遺伝的に継承されているものが何か、また文化的に選び取られたものの特徴と、なぜそれが選び取られたかを考察する。ここでは認知宗教学的な視点の導入を試みている。

註

(1) 主な見解だけでも四つある。天武・持統天皇時代(七世紀後半〜八世紀)、平安時代初期(八〜九世紀)、院政期(一一〜一二世紀)、吉田神道成立期(一五世紀)。岡田莊司編『日本神道史』(吉川弘文館、二〇一〇年)などを参照。

(2) 本書での年号表記は、一八七二年までは和暦(西暦)、一八七三年の改暦以後は西暦(必要に応じて和暦)とする。ただし国外での出来事は西暦のみとする。

(3) エリック・ホブズボウム他編『創られた伝統』(紀伊國屋書店、一九九二年)。原著は Eric John Ernest Hobsbawm et al. *The Invention of Tradition*, Cambridge University Press, 1983。

(4) 下村育世「昭和戦中期の暦――暦と大麻の頒布強制と頒暦数の急伸」(『高崎経済大学論集』一、二〇一九年)。

(5) 平山昇『鉄道が変えた社寺参詣——初詣は鉄道とともに生まれ育った』(交通新聞社、二〇一二年)、同『初詣の社会史——鉄道が生んだ娯楽とナショナリズム』(東京大学出版会、二〇一五年)。

(6) 本書での神名の表記は、主として神話に関わる記述の部分ではカタカナ表記とし、個々の神社の祭神について述べる場合は、その神社で用いられている表記に従う。

(7) 井上順孝・孝本貢・対馬路人・中牧弘允・西山茂編『新宗教教団・人物事典』(弘文堂、一九九六年)参照。

(8) 黒田俊雄『日本中世の国家と宗教』(岩波書店、一九七五年)参照。

第一章　神道にとっての近代

はじめに

近代に神道教団が数多く形成され、社会的に影響力を強めていく現象は、きわめて興味深い。この現象を日本社会が近代化という大きな変容が生じる中で、神道にはどのような影響が及び、神道はまたどのような展開をなしたのか、という大きな問題の中で検討したい。さらには同時期の日本の宗教全般に生じた変容についても念頭に置く。

近代の社会変動のうち、どのような要因が神道に影響を与えたかについては、これまでに多くの議論がなされている。この場合、神道のどの面、つまり組織面、教義面、活動面、儀礼面などのどれに注目するかで、焦点の当て方が異なってくる。ただ近代化の重要な指標とも言うべき産業化、都市化、教育の普及などは、どのような視点からの議論であっても、外すことのできない重要な要因である。

近代における社会の変動が神道に大きな影響を与えたのは間違いないが、視線をそれぞれの時代環境の中での神道のあり方という具合に変えると、変容の別の側面に光を当てなければならない。江戸時代まで形成され継承されてきた神道の教え、実践、組織といったものの積み重ねの上に、近代の神道は展開した。近代において変容したものには表面的なものもあれば、中核部分に達するものもある。近代にいたるまでに蓄積され継承されたもののうち、何が近代において大きく変容したのかは、注意深くみていく必要がある。

この問題を主として宗教社会学的な視点から見ていくが、神道学や歴史学、民俗学で議論されてきていることも参照する。さらに認知宗教学の視点も一部取り込む。宗教社会学的な議論を深める上では、国外の研究者の視点を参考にしなければならない。二一世紀になって国外の神道研究も広がりを見せ、日本人の研究者とはまた異なった視点から神道をとらえるものが増えてきた。従来は神道の外国人による研究といえば、ヨーロッパの研究者が主に想定されていたが、アジア諸国の研究者や中東の研究者も神道に関心を抱くようになっている。それぞれ関心の向け方が異なるが、その違いの背景にあるものも考えていく。

神道は日本人でなければ理解できないとか、逆に神道は普遍性のある宗教であるといった極端な立場に陥ることなく、さまざまな視点からの神道像の存在に目を向けていく。そうしたことが容易にできる時代になったので、その利点を活かすことに努める。

（1）近代の二つの展開期

日本宗教すべてを覆った変化

近代には神道に大きな変動が生じた時期が二つある。明治維新期と第二次世界大戦直後である。この二つは神道のみならず、仏教宗派にとっても、またキリスト教にとっても非常な変革期である。日本の宗教が全体として大きなパラダイムシフトを経験したと言っていい。

仏教の場合は、江戸期に確立した檀家制度（寺請制度）が、明治維新期に政治的支えを失うという非常に大きな変化があった。当初その影響はそれほど明瞭ではなかったようである。政策が変わっても社会的制度として根付いていた宗教的観念は容易には変わらなかった。維新期には短期間に変わった生活形態や文化様式がいくつかある。たとえば明治四（一八七一）年八月には「散髪脱刀勝手たるべし」とする散髪脱刀令が太政官布告として出された。髷（まげ）を切ってもよいし、武士が帯刀しなくてもよくなった。髷は切ることを強制されたわけではなかったが、短期間のうちに多くの人が髷を切った。地域によってはかなり強制的であった場合もあるようだが、とにかく髪型の変化は速かった。これに比べると寺と檀家のつながりは、維新後も強く維持された。

また明治初期の上地令で、一部の寺社においては、境内地以外の土地が没収されたことによる大きな経済面での変化が生じた。近代の仏教寺院は全体としてお布施や戒名料などに経済的基盤を求める割合が高まる上では、この上地令が関わるとされる。

第二次大戦後の宗教行政上の変化は仏教にそれほど及ばなかったが、仏教系の新宗教の一部がそれまで属していた仏教宗派から独立するという例がいくつか出た。主なものを挙げると、解脱会、真如苑、中山身語正宗、辯天宗は真言系の仏教宗派から独立した。念法眞教は天台宗、最上稲荷教や日本山妙法寺は日蓮宗から独立した。

寺院経済の面では、戦後の農地改革の影響で大寺院の所有する土地が安価で国に買い取られた。経済的に困窮する寺院も出た。これもまた部分的にではあるが、収入面でお布施や戒名料などの占める割合を大きくしたと考えられる。

第二次大戦後の高度成長期あたりから、檀家制度が社会制度あるいは習俗としても形骸化の進行が目立つようになったが、日本仏教が大きく十三宗派（法相宗、華厳宗、律宗、天台宗、真言宗、浄土宗、浄土真宗、融通念仏宗、時宗、日蓮宗、曹洞宗、臨済宗、黄檗宗）からなるという全体としての構造は、江戸時代から今日に至るまで基本的には変わっていない。経済面での影響が明治維新期と第二次大戦後の二つの時期に起こったが、組織面での変化は小さかった。

キリスト教は江戸時代に続いたキリシタン禁教政策が明治初期に撤回され、日本での布教が可能になった。これはいわば一八〇度の政策転換であるから劇的な変化である。一八七三（明治六）年二月に太政官布告により、キリシタン禁制の高札が撤去された。ちょうど太陽暦のグレゴリオ暦が採用された年である。とはいえ、この方針に警戒感を持つ人も多く、神道家と僧侶はキリスト教への対抗という面では、当時は似たようなスタンスとなった。

当初はキリスト教式の葬儀が事実上困難になるなど、布教に際していくつか不利な面があったが、西欧諸国からの圧力もあって、キリスト教は明治時代後半から信者数が増え始めた。しかし、日露戦争以後、全体主義の傾向が強まると、キリスト教は厳しい時代を迎える。昭和前期の一九三〇年代には、エホバの証人（ものみの塔）の信者となった明石順三が設立した灯台社が弾圧されるという事件もあった。国体変革の疑いがかけられたのである。

その一方で、キリスト教系の学校は明治期以来次々と設立されていき、教育や思想面の影響は深まった。現在日本にある宗教系の学校のうち、キリスト教系の学校が占める割合は約三分の二である。[1] キリスト教の信者が現在でも一％前後とされているのと比べると、教育への影響はきわめて大きかったことが分かる。

第二次大戦後は、戦勝国の一つで日本の占領の主体をなした米国が、キリスト教とくにプロテスタントの信者が半数以上を占めていた国であることの影響が大きくあらわれる。キリスト教諸派の宗教活動は大幅に自由になる。連合国軍最高司令官総司令部（ＧＨＱ）の最高司令官ダグラス・マッカーサーが、日本にキリスト教を広めるための施策を推進したこともあり、キリスト教布教の条件はよくなった。維新期に似て、ふたたび一八〇度の転換に近い状況の変化が訪れたことになる。しかしながら、戦後に信者はさほど増加しなかった。

神道にとっての近代

では神道はどうであったか。神道にとっては、明治維新期の方がよりドラスティックな転換期であり、転換期の時間的幅も少し長きにわたる。明治維新期後は教派神道体制がほぼ確立された明治一〇年代、すなわち一八八〇年代前半までがもっとも激しい変化の時期である。この間に明治政府の神道優遇政策によって、神道が社会生活において占める割合は大きくなった。とりわけ神社制度の整備は全国的に実施された。

第二次大戦後の場合は一九五〇年代前半あたりまで急激な変化が続いた。明治期とは打って変わり、とくに神社神道にとっては逆風ともいうべき時期があった。一九四五（昭和二〇）年一二月にＧＨＱから出された神道指令は、一時期とはいえ、神社の活動にかなりの制約をもたらした。国家神道という表現が広く使われ、神道と政治とのつながりにはとくに厳しい目が注がれた。また一九四五年公布、翌年改正の宗教法人令によって、神社は特別な位置づけではなくなり、他の宗教と同列の宗教法人となった。教派神道も宗教団体を区分する際に用いられるカテゴリーではなくなった。

一九五一年には宗教法人法が公布され、戦後の宗教行政の新しい枠組はほぼこの頃までに定まった。政教分離と信教自由が基本原則となった戦後社会において、神社神道のみならず教派神道もまた、いわば宗教の自由競争という新しい状況と直面する。

まず明治維新期に起こった神道にとっての重要な出来事を確認しておく。神道にとって、同時に仏教にとっても決定的と言えるほどの影響を与えたのは、明治元（一八六八）年の維新早々に矢継ぎ早に出された神仏分離政策である。この中で社会的に大きな影響を与えたのは、神社と寺院、神職と僧侶を明確に分けるという方針であった。江戸時代には神社と寺院が一体となっていた場合もあったし、同じ人物が神職と僧侶の二つの役をこなした場合もあった。また修験道は古代における神仏習合の結果生まれ、日本社会に根付いたものであった。ところが明治政府は選択の自由は認めたが曖昧さは許さなかった。神社か寺院か、また神職か僧侶か明確にするように求められた。修験宗は一八七二年の修験宗廃止令によって天台宗か真言宗かに帰属させられた。神職にも僧侶にもならず還俗する宗教家、つまり一般人になる人もいた。宗教組織と宗教家のカテゴリーを政治権力が定めたのである。

明治政府はキリスト教の影響の広まりを予想して、国学者、神道家を中心に国民教化策を進めようと、試行錯誤を繰り返した。短期間に朝令暮改に近い方針の変更が繰り返されたが、その過程で行政上、神社と神道教派とが分けられた。詳しくは次章で扱うが、神社は祭りごとに関わり、神道教派は宗教としての活動ができることになった。「祭」と「教」の分離と言われているものである。政教分離が建前上保たれていることを示しながら、神道を重視する政策を貫くための苦肉の策という側面があったが、この政策が以後の神道の展開に一つの大きな水路を作った。神道に関わる観念、実践、習俗といったものも変化していった。

一連の明治政府の宗教政策は、国際的な視点からみると、西洋列強に対等に向かい合う近代的国家を作り上げるための精神的支柱を探すものであった。日本の宗教文化の継承物の中から、有効と思われるものを選び、組み合わすという作業が試みられた。その結果、新しい神道の展開が始まった。研究者によってはこの時期に国家神道が形成されたとみなす。だがその概念がこの時期の神道を理解する上で適切かどうかについては本書では論じない。少し視点がずれるからである。考察したいのは、どんな変化が起こったのか、それには何が関わっていたのかである。さらにこの歴史的展開の様相から、日本に継承されてきた宗教文化の特徴と、人間社会に普遍的に起こり得る問題を探し出すことである。

明治になると江戸時代の寺院、神社という序列から神社、寺院という序列に変わった。江戸時代には寺社奉行がいたが、明治政府は社寺局、社寺領など、一貫して社・寺の順にしている。江戸時代とは順番が逆である。神仏合同布教を推進するために明治五（一八七二）年に大教院が設立されたが、その開院式では僧侶にも神職の恰好をさせ、烏帽子をかぶらせている。このように神道を優先することに反対する官僚もいたが、結局この方針が主流となった。

天皇祭祀が重視され年中行事や学校行事などを通して、国民が非常に大切なものと考えるようになったことも、明治期に起こったことである。天皇の神聖化が急速に進められ、「現津神（あきつかみ）（現人神）」として神格化にまで至る。皇室祭祀が重視される中で、仏教との切り離しも行なわれた。それまでは崩御した天皇は仏式で葬られていた。明治以降神道式となった。明治天皇・昭憲皇太后は、明治神宮の祭神となっている。一世一元の原則が始まったことも、天皇と国家あるいは国民生活との結びつきを強めた。それまでは改元は一人の天皇の在任中に何度か行なわれることが珍しくなかった。一世一元の原則により、近代日本では一人の天皇の生涯と日本社会の時間的区切りとが重ねられた。平成から令和に変わるとき、明治維新以来続いたこの原則が初めて崩れた。

明治期の神道の再編成過程では、それまでに継承されてきた宗教文化の中にあるいくつかの観念や信仰形態が着目され、以後重要視されるようになった。それらはやがて人々にも広く受け入れられるようになった。尊王、国体、神国、敬神崇祖、日本固有の信仰、これらを重視すべきといった議論が強まった。また氏子意識が強まり、神社への参拝、伊勢神宮の崇敬が広まった。こうした場面において選ばれた文化的継承物は何か。それらがどのように組み合わせられたのか。選び取られた個々の要素を見れば、相互の関連性は高いことが分かる。たとえば尊王、国体、敬神崇祖は相互に補強しあう観念である。修身・斉家・治国・平天下という儒教的な理念も息づいていた。日本は天皇を中心とする一大家族であるという家族国家観(2)も尊王、国体などと馴染むものである。

しかしながら、他方で天理教教祖の中山みきが説いた「世界いちれつ」の教えもまたこの時期に広まりを見せている。四民平等的な観念に近い宗教的理念も少しずつ広がっていた。病気治しをする宗教的指導者が生神的にみなされる例も増えてくる。新しい社会環境の中で神道がみせた多様な展開をみてとれる。

なぜそれぞれが選び取られたのかが、そこで働いていた力学をどのように理解したらいいか、などが大きな関心事になる。その際、文化的継承物相互の関連性の問題と、人間の心理なり行動原理なりに通底する問題という二点に注目していくというのが本書の基本的視点である。この基本的視点に関わった関連分野における理論と認知宗教学的考察については終章で扱う。

第二次世界大戦後の変化

第二次大戦後の変化は神社神道にもっとも厳しい形であらわれた。とくにＧＨＱによる神道政策が戦後の神社に与えた影響は大きい。ＧＨＱは一九四五年一二月一五日に神道指令を出した。神道指令は略称で、「国家神道、神社神道ニ対スル政府ノ保証、支援、保全、監督並ニ弘布ノ廃止ニ関スル件」と題する覚書である。これは神社神道と国家との分離にとどまらず、神道的色彩をもっていた儀式、慣例、神話、伝説などを除去することを命じていた。地鎮祭や上棟祭なども禁止された。しかしあまりに厳しく現実に合わないということで、一九四九年頃から大幅に緩和されるようになった。

もっとも重要な点は神社神道が国家から保護されるものでなくなったことである。この事態に対応するため皇典講究所、大日本神祇会、神宮奉斎会の三つが母体となって、神社本庁が設立された。皇典講究所は国学院大学の前身となるもので、一八八二（明治一五）年に設立された神職養成と学問のための機関であった。国史、国文など日本の古典を教授、研究していた。戦前の神職養成機関としては同じ一八八二年に設立された神宮皇学館があった。皇学館大学の前身である。

しかしこれは国が所轄していたため、敗戦の翌年一九四六年に廃学となった。再発足するのは一九六二年である。

大日本神祇会は一八九八年に設立された全国神職会が一九四一年に改称されたものである。神宮奉斎会は一八八二年に神宮教として一派として認められていたものが、一八九九年に解散して財団法人神宮奉斎会となったものである。神宮教が教派神道でない道を選んだのは、霊魂帰着を説くような宗教的神道ではなく、国民道徳を説くような活動を目指したからとされる(3)。

こうして設立された神社本庁は全国の大半の神社を包括する宗教法人になった。皇典講究所にあった学術的研究や神職養成の機能、大日本神祇会が果たしていた全国の神職をつなぐ機能、そして神宮奉斎会が有する伊勢神宮との深いつながりが、神社本庁という組織において結びついたことになる。神社本庁は現在文部科学大臣の所轄となっており、ここに包括されている八万近い個々の神社は、それぞれの都道府県知事の所轄となっている。

皇典講究所は一八九〇年に教育機関として国学院を設置したが、国学院は一九〇四年に専門学校令による専門学校となり、さらに一九二〇（大正九）年には大学令による国学院大学となった。一九四六年に皇典講究所は解散したが、国学院大学は財団法人となった。皇典講究所の機能は神社本庁と国学院大学に継承されたことになる。二〇〇二年に国学院大学に神道文化学部が設置され、それまでの文学部神道学科から学部へと昇格した。神道文化学部では神職養成を行なっているが、これは神社本庁からの委託という形式で、そのカリキュラムは神社本庁と協議の上で作成されている。歴史的経緯からこれが理解できる。

一九五一年の宗教法人法には、神道教派、仏教宗派というカテゴリーはない。戦前のような教派として認可されるための高いハードルはなくなった。宗教法人法は認証制と呼ばれ、一定の条件を満たしていれば法人として認められるという性格のものであった。それまで教派神道の支部教会として活動していた団体のいくつかは独立した教団として登記した。とくに御嶽教、神道大教、扶桑教からはそれぞれ十以上の教団が独立した教団となった。先に述べたように、仏教系の教団でも同様のことが起こったが、神道教派系の方がそうした例がずっと多かった。

神道系新宗教は独立した宗教法人となることが容易となった。戦前は宗教団体として認可されていなくても、類似宗教などと呼ばれ、実質的に宗教活動をしている団体があった。戦前は宗教団体を体系的に扱う法律はなかなか成立せず、一九三九年にようやく宗教団体法が公布された。この法律では「神道教派、仏教宗派及基督教其の他の教団」が宗教団体とされた。これとは別に「宗教団体に非ずして宗教の教義の宣布及儀式の執行を為す結社」というものが認められた。この宗教結社は免税などの優遇措置はないが、比較的簡単に認められたので、数多くの宗教結社が地方長官に届け出た。

この宗教結社の中にも戦後宗教法人となるものがあった。生長の家、松緑神道大和山（しょうろくしんとうやまとやま）の他、すめら教、神道新教、天真道教団といった神道系新宗教がその例である。また天照皇大神宮教、白光真宏会（びゃっこうしんこうかい）などのように、戦後新しく組織を結成したものもある。これらも広い意味での神道教団として扱っていく。

（2）背景にある近代の社会的条件

都市化、産業化などの影響

神道教団が増え、活動が多様化していく背景にある近代の社会的環境はどのようなものであったか。明治維新期も第二次世界大戦後もそうであったように、国家による宗教政策の変化は、直接的にかつ短期間に影響があらわれる。一方、近代を通してほぼ不可逆的に進行した社会的変化がいくつかある。産業構造の変化、都市化、教育の普及、国際化といったものは、近代を通して絶えず進行してきた。またそれぞれは相互に影響し合っている。これらの変化はおしなべて神道教団の形成を促進する方向に作用した。

江戸時代においては、神社の大きな社会的機能の一つは村落共同体の紐帯の維持であった。これに対し幕末から明治以降にかけて形成された神道教団は、地域共同体の枠を超えた信者の広がりを生んだ。人口の流動化が進行し、都市化が進み、産業構造が第一次産業主体から第二次産業、さらに第三次産業の増加と転じていくと、人間同士のネットワークは多種多様となる。ネットワークによってどのような人間が結び付けられるかは複雑化の一途をたどる。宗教に関わる場面が、人生儀礼、年中行事中心から、生活の場面で生じるさまざまな問題への対処になっていく。

宗教社会学的には宗教集団が大きく二種類あることに早くから注目されてきた。ドイツの宗教学者ヨアヒム・ワッハは、一九四〇年代に、合致的宗教集団と特殊的宗教集団という区別をしている。合致的宗教集団というのは、人が生まれ落ちる自然的集団のメンバーと、宗教集団のメンバーとが重なっているような集団である。江戸時代の神社の氏子はこれに近かったと考えられる。特殊的宗教集団というのは、メンバーが自分の選択で加わったような集団をいう。日本近代の新宗教は総じて典型的な特殊的宗教集団になり、神道教団もここに含まれる。基本的に働く場所が固定されている農業に従事する人が減り、勤務地が遠い地域に移ることもある第二次産業、第三次産業に従事する人が増えれば、合致的宗教集団のメンバーが減るのは自然のなりゆきである。

都市化により近隣との付き合いは以前ほど緊密ではなくなった。都市環境は生活形態の変化をもたらす。人生儀礼や年中行事への関わりも、より個人的なものとなる。地域社会との日常的なつながりが薄まるにつれ、宗教社会学で私化とか個人化と呼ばれる現象は、日本ではとりわけ第二次大戦後進行する。共同体や家族の絆が宗教行事や宗教実践に与える影響が弱まり、個々人の関心に従って宗教への関わりも選択される傾向が強くなる。これにはまた家族形態そのものの縮小である核家族化や単身世帯の増加とも関係する。核家族は夫婦や親子だけで構成される家族である。核家族や単身世帯が増えれば、人生儀礼や年中行事も小規模になったり、やめたりする例が出てくる。合致的宗教集団は必然的に少なくなる。

特殊的宗教集団は、個人の選択によって維持されるので、こうした社会変化は新しく形成された神道教団にとってはメンバーの拡大にはプラスに作用する。ただ新しく形成された組織も、時間の経過とともに、異なった様相があらわれる。近代の新宗教で一般的にみられることだが、最初に入信した人（第一世代）が自分の意思であったとしても、その子ども（第二世代）や孫（第三世代）、そしてそれ以降になると、自分の意思というより親の影響によって、その宗教に所属する割合が高くなる。(4) けれども、このことは合致的宗教集団に戻ることを意味しない。家族内での継承であり、かつその宗教集団の力が大きく働いているので、どちらかといえば江戸時代の檀家制度に近い形態である。これは新宗教における「家の宗教」化現象として捉えられる。神道教団において、とくに第二次大戦後となると、「家の宗教」化は顕著になる。

教育の果たした役割

近代には教育の普及が顕著となった。維新期の日本は世界的にみて教育の普及度は高かったが、二〇世紀前半までに初頭、中等教育が広がり、第二次大戦後は高等教育が広まった。教育は情報の発信と受信の基本的な基盤形成に関わる。文字の読み書きができること、一定のメッセージを理解できること、それを人に伝えられること。こうした基本的な能力を高める上で教育の役割はきわめて大きい。

近代における宗教の広まりを考える上で、布教する側の人間が宗教者に限られなくなったことの意味は非常に大きい。どの地域、どの時代においても、宗教の継承の基本形態は親から子へとなされるものである。世界的に広がった宗教であっても、初期はともかく地域に根ざすようになった段階では、親から子へと宗教の継承がなされるのが基本となる。近代においては、これに加えて、知人・友人、近隣の人、あるいは職場の人に対する布教が多くなされるようになった。さらには見知らぬ人に対する布教もなされるようになっている。どの宗教も初期にはそうした局面があるが、近代の場合は少し異なった様相が加わっている。布教活動の大衆化とでも呼ぶべきものである。

神社神道や仏教宗派は、親から子へと家族内で信仰が継承されていく。信仰というほど自覚的ではなく、社会的習慣、習俗として継承されていることも多いが、家族がその重要な媒介となっていることで、特別に布教活動をしなくても神社や寺院の存続が可能となる。この点は現在でもあまり変わっていない。しかし、先に述べた特殊的宗教集団の場合は、組織のリーダーだけでなく、信者による布教活動が組織の存続に占める割合が、たとえ一時的であっても大きくなる。近代日本においては、氏子や檀家が布教なしで継承されるのに対し、新宗教の信者やキリスト教の信者は布教によって新しい信者を得ていった。

布教の場においては、宗教を広めようとする人とそれに応じる人とがいる。そこでは言葉や行為、さまざまなやり方を通して宗教情報の発信と受信が行なわれる。その際、もし読み書きができないと、受信と発信は口頭、そして身振り手振りが主要な手段となる。近代以前は、僧侶や神職など、一定の知識をもった人以外が、仏教なり神道なりに関わる情報伝達を一般に行なおうとすれば、こうしたやり方に依らざるを得なかった。

しかし誰もが文字の読み書きができるようになれば、情報の伝達手段が格段に多様化する。込み入った内容の宗教の話が一度に多くの人に伝えられるようになる。信者から信者への布教も広まる。手紙、印刷物を情報の媒体として活用できる。教団によって刊行された印刷物を配布することで情報伝達役を担える。自分の言葉で伝える場合にも、そこに記してあることを参考にできる。

今日では当たり前のこの情報交換と伝達のあり方は、近代を通してしだいに一般化してきた。そのツールを使える人が増えたのは教育が普及したからである。明治期の初等教育の普及から戦後の高等教育の広まりに至るまで、近代日本は確実に教育の水準をあげてきた。この点は近代における宗教の広まりを考える上で非常に重要だが、宗教社会学的な研究においては、これがもたらす影響についてやや過小評価してきたきらいがある。情報化時代と言われるが、情報ツールのイノベーションと宗教の広がりの関係についての研究は、まだ十分ではない。

(3) 近代の神道に継承された近世の思想

国学の影響

江戸時代には国学また復古神道と呼ばれる学問的営みが生まれ、神道の思想的な側面が体系化された。本居宣長、平田篤胤、大国隆正などには多くの門人が集まり、本居派、平田派、大国派と呼ばれているような門人組織が生まれた。中世の伊勢神道などと比べてはるかに広範な地域に思想を広げようとする人々が生まれた。

明治期に入ると、西欧の人文科学が採り入れられた。日本文化や日本の思想を対象とする研究方法として、国学は主流の学問ではなくなった。だが、国学・復古神道によって構築された神観念、国家観念、天皇観、人間観などは、近代における神道学、あるいは神道教団の教え、さらには広く日本人の道徳観念などにおいて、さまざまに継承されている。

神道は教義を持たないという言い方がされるのは、統一的な教典がないことによる。いくつか重視される教えの柱はあるが、その解釈はかなり柔軟になされているので、教義が定まっていないという評価を受けやすい。しかし神道にとって受け入れられる境界線というものが、多少曖昧であっても存在している。神道がどのような世界観までを許容しているかは、とくに復古神道家が批判の対象としたことや、近代の神道が批判したことによって見えてくる。

復古神道家の代表的存在の平田篤胤や大国隆正が書き記したり、門人たちに講義したりしたことからは、日本や日本の宗教を世界の周辺に置くことへの強い反発が示されているのが分かる。次に述べるが、篤胤は日本の正しい教えが世界に歪み曲がった形で伝わったというような、宗教の世界的広まりについての極端な説を展開している。また天皇を中心に据える皇国であるという理念を崩すものは徹底して排除される。この点は近代の神道、とくに神社神道には明確に継承されている。神道教団の中にもこれを継承するものがあった。

日本という国の政治体制、文化、宗教などを独自の形態とみなすだけでなく、それが崩されてはならないとか、他に比類なき優れたものであるという議論は、「国体」という観念とともに、幕末からしだいに強固なものへと展開した。大国隆正は明治政府の宗教政策にも影響力をもった国学者であるが、文久三（一八六三）年に『国体異同弁』という書をあらわし、日本という国柄の独自性を国体という語を用いて論じている。

それぞれの文化は固有の特徴をもち、ある程度の一貫性をもって継承されるというのは、どの文化に対しても言えることである。日本文化だけが独自性を持つわけではない。これが他の文化への優越性、排他性と結びつきやすいのも、日本だけでなく、多くの国に見られることである。普遍的現象と言ってもいいだろう。問題は、その程度の問題であり、またその国のどれくらいの人がそうした見方を支持するかである。そのときどきの社会情勢によって、それが短期間に大きく変わるのは、近代日本を見ているだけで分かる。

復古神道において突出してくる流れは、宗教研究における包括的な観点からすると、原理主義（ファンダメンタリズム）の問題として考えていくことができる。近代の神道をファンダメンタリズムという視点から分析する研究はそれほどない。宗教社会学の研究分野におけるファンダメンタリズムの議論の広がりを踏まえて、この視点について触れておきたい。

神道ファンダメンタリズム

ファンダメンタリズムについて、日本の宗教研究者の間で議論がさかんになったのは一九九〇年代である。「宗教と社会」学会は宗教関連の学会としては比較的新しく、一九九三（平成五）年に設立されている。設立記念に明治大学で開催されたシンポジウムのテーマが「〝ファンダメンタリズム〟への視点」であった。[5] 私は司会の一人を務めたが、議論の中で、ファンダメンタリズムの特徴を「三つのげんてん主義」として提起した。語呂合わせ的な要素をからませたが、原点主義、原典主義、減点主義である。それぞれは次のような意味である。

原点主義とはその宗教の原点に返ろうとする動きをもつことである。ただしその原点とは学問的に支持されているようなその宗教の原点ではなく、あくまで当該運動、あるいは団体にとって原点とみなされたものというのがポイントである。

原典主義はその宗教のもともとの教典を重視する。ときには字義とおりに解釈するという立場である。これも重要なのはその解釈が学問的に主流かどうかはまったく関係なく、あくまでその運動や団体にとっての正統な解釈という点である。

最後の減点主義は現在の状態を理想からするとマイナスの状態にあるとみなして、これを正しい方向へと向けるための運動と位置付けるやり方である。マイナスの状態というのも、その運動や団体にとっての価値観からの判断であって、社会全体、あるいはその宗教の長い神学などで主流となっている見方という意味ではない。三つともすべてその運動や団体によって設定された基準が出発点になっているのが特徴である。

三つの「げんてん主義」は相互に補強しあう。近代の運動を比較すると、「原点主義」が「原典主義」を必要とし、「減点主義」によって対峙する対象を定めるというのがもっとも多い印象を受けるが、これはまだ精査していない。順番がどうであるかの見定めは難しいが、一つが他を補強する、という関係にあることは確かである。

宗教研究者の間では、ファンダメンタリズムは二〇世紀前半のキリスト教のものがまず注目され、そして二〇世紀後半にはイスラム教のファンダメンタリズムがむしろ中心的な問題として議論されるようになった。一九七九年のイラン・イスラム革命がもった影響が大きい。ファンダメンタリズムについての議論が深まると、ファンダメンタリズムはどの宗教にもみられるという見方が出てきた。ユダヤ教原理主義、ヒンドゥー教原理主義についての研究も出てきた。二〇世紀の宗教現象だけではなく、それ以前の宗教思想や宗教運動に、この概念を当てはめる研究も出てきた。そうなると、ファンダメンタリズムの特徴をどの程度厳密に設定するかが問題になってくる。「三つのげんてん主義」として述べた特徴を指標とするなら、日本宗教にも、神道、仏教、そして新宗教において、ファンダメンタリズムに含めうるものがいくつか指摘できる。

復古神道は神道ファンダメンタリズムとみなせるか。神道に原理主義的な傾向が生じても、明確な教典がないので、原典主義という性格は強くはあらわれにくい。しかし、江戸後期の復古神道はこの点で原典主義を独自の形で創り上げた。仏教や儒教が日本に伝わる以前の古神道というものを「原典」として想定したのである。篤胤はそれに加え、世界の宗教は、日本の正しい教えが「訛って」（歪んで）伝わったものだという宗教史を逆転させるような構図さえ創り出した。

篤胤の主著の一つ『霊（たま）の真柱（みはしら）』においては、伊邪那岐、伊邪那美の手によって生じたのが日本で、潮沫の凝成れるのが外国であると、そもそも生成時における差に触れ、それ故日本と外国は初めから尊卑美悪が分かれるとしている。一九世紀初めの篤胤の講釈である『古道大意』の中では、「皇国ハコレ天地ノ根帯（モト）デ、諸ノ事物、悉ク万国ニ優テヲル所」と述べている。具体的にどう言っているのか、少し紹介する。

例えば日本の地理的特色について、暑過ぎず、寒過ぎず、また北緯三〇度から四〇度という肥えうるおった地帯に存しているとその優れた点を指摘する。ただ優れているとは言えない要素もあることは認識しているが、それに対する反論の内容が興味深い。日本は嶮岨で石の多い国で、また高山が多く耕作に苦労するという非難に対しては、人というものは労せず働かずにいては、躰が倦んで病がおこるものであると反論する。日本の土地が諸々の島の寄合せみたいだという論に対しては、これも天津神がことさらに日本を御恵みなされた証拠であって、このように地方地方がはなれていると、それぞれの国で産物が異なり、日本一国で外国の物を望まなくとも済むようにと神がなされたことであるという。どのような情報に接してのことか分からないが、天竺（インド）に関して、自然に生えたものを食べて生活しているのは鳥獣に等しいとけなしている。

日本の文化程度が西洋諸国に遅れているといった意見にも、日本は大器晩成なのであるといった表現で、あくまで日本の優越性が主張される。仏教者が「我国は東方粟散(ぞくさん)国と云て、東方の海へ粟粒一つを流したような国じゃ」としたり、儒者が、中国について「聖人の国じゃ、中華じゃ、我国は小国で且夷狄」だと自分の国をいやしめる態度を批判する。蘭学者が「西ノ極ナル国々」を贔屓にして日本を侮ったりすることも激しく非難している。

この日本賛美の篤胤の立場では、日本がその生成において伊邪那岐、伊邪那美の手になり、外国が潮沫の凝り成れるものであるという差こそ、「古伝曰く」の形式でその根拠を示しているが、他の日本を外国より秀れていると説く箇所は篤胤の自己流の論理によるもので、むろん根拠はない。

篤胤の基本的立場は、万物すべては産霊(むすび)の神の働きにより生成するものであり、この点では日本も外国も同じレベルに立つのである。そこにとどまることをせず、更に両者の間に質的差を主張したということは、それにより自分の包摂される国の優越性を主張したものであり、しかもそれが、甲の点においては秀れ、乙の点においてはやや劣るが全体としてみれば日本の方が秀れているというような相対的評価の仕方ではない。日本以外の国は「外(と)つ国」として全体的に一括されて、日本とは絶対的に差があるといった態度で貫かれているのが特徴的である。日本に伝わった教えを重視する以前に、日本という国そのものが特別な存在であることを強調する立場に貫かれている。

この基本的態度は、今日一部でみられる過剰なまでの日本賛美と相通じるところがある。しかしこのような自国賛美、自文化賛美は、どの国にも程度の差はあれ存する。日本特有ではなく普遍的に観察される。それゆえ、こうした考え方の存在は宗教思想の社会的影響を考える際には見逃すことができない。

復古神道の近代への影響

北畠親房は一四世紀半ばに執筆された『神皇正統記』の冒頭で、「大日本者神国也。天祖はじめて基をひらき、日神ながく統を伝給ふ。我国のみ此事あり。異朝には其たぐひなし。此故に神国と云也」と記した。日本は神国であるという観念と、これは日本のみに当てはまるという考えは、盛衰はあっても、現代に至るまで継承されている。二〇〇〇年五月に当時の森喜朗は神道政治連盟国会議員懇談会の結成三〇周年記念祝賀会の挨拶で「日本は天皇中心の神の国である」と発言して、自民党と連立を組んでいた公明党からも批判がなされた。この一例でも分かるように、現代にまで脈々と続いている。

神国思想は継承されたとはいえ、北畠の説は近世から近代まで批判も浴び、また修正もされた[(6)]。水戸学などにも影響を与えたとされるが、それがある宗教的な集団の中核的な理念となるには至っていない。これに対し復古神道の代表ともいえる平田篤胤の門人組織は広い地域で形成された。信者組織の広範な形成という意味では、近代の神道教団の先駆けをなした。

江戸時代には吉田家と白川家が神祇道家として二大勢力を築いていた。両家は神職の許状を与えて配下に置いたものの、神道教団と呼べるような形態には至っていなかった。だが平田篤胤は気吹舎（いぶきのや）という塾をもうけ、そこから多くの門人が生まれた。生前、没後合わせると、明治初期には四千人近い門人がいたとされている。近年の研究でとりわけ上総、下総に力を入れたことが明らかになってきているが、全体として地方の神職や指導者的な人たちが多かったとされる。ある思想を大衆的に広め運動を継承していくための組織に近づいている。教団とはいえないが、教団に近い形態である[7]。

明治以降、日本には急激に欧米の思想、世界観、人間観が流入してきた。とくに江戸時代に禁教とされてきたキリスト教が広がり始める。宣教使、教導職といった明治初期の宗教政策は、基本的にキリスト教の影響に対する防波堤の機能をもたされた。結果的にその試みはうまく作動しなかったが、日本が特別な国であるという考えは、皇国思想の広まりによって継承された。明治期に復古神道は急速に影響力を弱める。明治四（一八七一）年の国事犯事件によって、矢野玄道（はるみち）、丸山作楽（さくら）、角田忠行らの平田派国学者が突然謹慎の命を受けた。矢野は皇学を中心に置く教育方針をもっていたが、これは明治政府とは相容れなかった。

神道家・国学者の間でもさまざまな思想的対立、権力争いのあったことは、その渦中にあった常世長胤（とこよながたね）の『神教組織物語』にリアルに描かれている[8]。祭神論争に代表されるように、どのような神を崇拝対象に据えるかという基本的なことにさえ、多くの意見があった。これらは神道思想の展開、国学の近代的展開といった観点から議論がなされているが、ここで確認したいのは、復古神道において構築された思想的営為と門人組織は、近代の神道教団の形成にはさまざまなルートでの影響がみてとれ、その影響は過小評価すべきではないという点である。

平田篤胤の系譜に連なる神道教団が、宗教法人として存在している。現在大阪府堺市にある古神道仙法教である。この教団は平田篤胤の没後の門人である宮地常盤の息子である宮地水位の教えを継承した正井頎益（よしみつ）によって、戦後一九四六年に創立された。宮地水位は幕末に土佐の神職の家に生まれ、とくに篤胤の説いた神仙道に関心を寄せた。その教えを継承した正井は四六年に大阪市福島区に産須奈教会を設立した。病気治癒の活動をするかたわら、浪速霊学研究所を開いて、神典講読、神法道術の研鑽、神拝作法の実習を行ない、四九年に神道仙法教とした。四六年に示したとされる家訓には、「余ノ子孫ニハ永遠ニ、伊勢神宮ヲ第一ニ尊敬シ、出雲大社・産須奈神社モ共ニ尊敬シ、祖先ノ祭祀ヲ純神道ニヨリ厚ク祭典ヲ行フ可キ事ヲ正井家代々ノ家訓ト遺スナリ」と述べられている[9]。

祖先の祭祀の重視、日本人の大元は天神地祇とする考えは、篤胤の説いた教えの延長上にある。ただ、このように篤胤の影響が深い教団が現代まで活動を続けている例は稀であり、平田派や大国派の思想は、国家や日本文化の特殊性、優越性を重視する思想的流れや大衆運動への影響が大きかった。

篤胤は日本という国を特別ないわれをもつ国として特別扱いする思想へ影響を与えたが、他方では冥界への関心を強くもっていた。これが教派神道における神葬祭の実施、あるいは神道系新宗教の一部に見られる強い霊界への関心に影響を与えた。これについては次章で扱う。

(4) 神道の国際的研究がもたらした視点

国外の研究者が見た近代の神道

近代の神道の展開については、宗教学、宗教社会学、歴史学、神道学、文学、人類学、民俗学など、さまざまな視点からの研究がある。分野ごとにどのような視点から分析するか、何を対象にするかに違いがあるが、実際に研究や考察の対象となるものはいくつかのカテゴリーにまとめられる。建物、その付属物、衣装といった、事物として観察できるもの、手書きであれ印刷物であれ、文字化されて残っている資料、儀礼や祭りなど伝承されている行為様式である。もっぱら神道を対象に据えたものとして、神道学、神道史学、神道思想研究といった研究などがある。神道祭祀の研究、神道考古学という分野もある。

神道の理解に際しては、研究する側に埋め込まれた認知フレームあるいはスキーマと呼ばれるものが影響する。神社界が天皇への崇敬を中心に置いていることは神道学者にとっては、当然のことであり、疑問を挟む余地はない。明治期の神仏分離政策にもかかわらず、民間の宗教行事において神仏習合的な現象がここそこに観察されることは、日本の民俗学者にとっては、不思議なことではない。制度や宗教組織が変わっても、あまり影響を受けない宗教習俗に着目する研究者も多い。

学問の分野ごとの特徴のほかに、日本語が母語である研究者とそうでない研究者の認知フレームの違いがある。その違いは、同じ対象を目の前にしたときの視点の違いや解釈の仕方の違いを比較することで明確になる。文化的背景は異なっても研究者であるから、宗教社会学、人類学といった常に議論が国際的になされている分野の場合は、研究者の文化的背景の違いが感じられても、それは当然とされる。これに対し、神道学者や神道的習俗を対象とする民俗学者などであると、仏教研究に比べて国外の研究者がきわめて少ないということもあって、自分たちが無意識に用いている認知フレームの特殊性に気づく機会がこれまで相対的に少なかった。

このような状況にあるとすると、国外の神道研究者との研究交流は非常に重要な意味をもつ。近代における神道の展開にしても、日本人研究者が見落としているものはないか、国外の研究者の視点を入れることで、国内の研究者が見過ごしがちな面が浮き彫りになる。二一世紀に入ってすぐ、外国人の神道研究に集中的に接する機会が思いがけず到来した。それは二〇〇二年から二〇〇六年まで、国学院大学が計画したプログラムが、当時文部科学省が推進していた21世紀COEプログラムの一つに採択されたことによる。

「神道と日本文化の国学的研究発信の拠点形成」がプログラムのテーマであった。私はその第三グループ「神道・日本文化の情報発信と現状の研究」のグループリーダーとして、五年間の調査・研究に関わることになった。このプログラムに関わったことで、神道を国際的視点から見ることの重要性を、新しい視点から捉えることができた。二〇世紀末より急速に進行してきたグローバル化や情報化の影響は、神道研究にも確実に及んでいるのを具体的に認識できた。神道は日本人にしか理解できないとか、神道の古典的文献は外国人が読みこなすのは無理だというような考えをもった神道研究者も一部にいた。こうした考えをもつ人がいるなら、それはすっかり改めるべきということを、プログラムの遂行を通して、強く感じさせられた。

EOSのオンライン刊行

第三グループの中心的事業の一つは一九九四年に刊行された國學院大學日本文化研究所編『神道事典』の本文をすべて英訳し、それをオンラインで公開することであった[10]。『神道事典』は本文が「総論」「神」「制度・機関・行政」「神社」「まつり」「信仰形態」「基本観念と教学」「流派・教団と人物」「神道文献」の九部からなっていた。各部にはさらに小区分が設けられているが、この構成にするまで一年近く議論が重ねられた。付録に神社一覧、神名一覧、文献一覧、および詳細な年表があった。

21世紀COEプログラムが開始される以前に、国学院大学のノルマン・ヘイヴンズ氏が中心になって数年をかけ本文の三部がすでに英訳されていた[11]。それぞれが独立した書籍として刊行されていた。そこで残り六部を三〇名以上の英語圏の研究者の協力を得て、一気に完成するとともに[12]、英訳された全文をすべてオンラインで公開することにした。また各部の冒頭部分に総論がもうけられていたので、これらの総論はドイツ語、フランス語、スペイン語、ロシア語、中国語、韓国語にも翻訳し、これもオンラインで公開した。

オンライン版では音声やカラーの画像、動画も加えた。音声は見出し語に限ったが、ローマ字化された日本語を適切に発音するのは、外国人にとって難しい場合があることを踏まえて、こうした工夫をした。画像と動画は、オンライン用に新たに撮影し、各用語の理解が深まるようにした。神社の境内にある施設や祭りの説明には有用と考えた。デジタル化時代の利点を極力活かせるようにと心掛けた。

オンライン事典はＥＯＳ（Encyclopedia of Shinto）と名付けられた。二〇〇六年にＣＯＥプログラムが終了した後も、日本文化研究所のプロジェクトとして、オンライン情報を拡充する作業が継続された。プログラム実施中に来日した外国人研究者たちから、自国での教育用として、日本の宗教についてほとんど知らない学生に対する適切な情報が欲しいという希望があった。そこで神道の基礎知識の乏しい外国人を想定した、神社の施設や年中行事などについてのイラスト入りの英文説明図を作成した。また古事記と日本書紀の神系譜もローマナイズして示した。とくに時間を要したのは、詳細に作成されていた年表の英訳であった。英訳年表はプログラム終了後一〇年近くを経て、ようやく二〇一六年に国学院大学から一冊の本として刊行され、オンラインでも公開された。(13)

これら一連の作業は、現在の日本における神道研究がどのようになされているかを、世界に発信することを目指してなされた。ＥＯＳはＣＯＥプログラム以前から計画されていた案であったが、ＣＯＥプログラムの一環に組み込まれたことで、外国人の翻訳者が一挙に増え、また翻訳をめぐる問題を議論する機会が飛躍的に増えた。そのようなことが可能になった情報化時代の到来という条件も非常に大きい。国外の研究者とどのような訳語、訳文を用いたらいいかということについて、オンラインの掲示板システムを利用して逐一相談するという事態は、かつては考えられなかった。

ＥＯＳはその後、新バージョンが作成されたが、最初のものには項目ごとに閲覧カウンターをもうけていたので、どの項目に関心が高いかが分かった。九部の中では「神」の部への関心がきわだって高かった。それに対し「制度・機関・行政」と「神道文献」への関心は低かった。約七倍の開きがあった。

国外における神道研究の実情

ＥＯＳのオンライン化を進める一方で、ＣＯＥプログラム実施期間にミニシンポジウム一回を含めた計六回の国際シンポジウムが開催された。神道に関する学術的な国際シンポジウムが、日本で短期間にこれほど集中的になされたのは初めてである。『神道事典』の英訳の過程における外国人研究者との意見交換や、国際シンポジウムの際になされた議論によって、国際的視点からの神道研究は一段と広がった。シンポジウムでは今後の神道研究を深める上で不可欠と思われるテーマを選んだので、活発な議論が交わされた。それぞれのシンポジウムの報告書は冊子として刊行されているが、そこで気づかれたことなどを中心に、本書の議論に関わるものをいくつか紹介する。

国際シンポジウムの第一回目は、二〇〇三年三月に「各国における神道研究の現状と課題」をテーマとして開催された。招聘したのは、米国・ハーバード大学のヘレン・ハーデカ氏、フランス・INALCO（国立東洋言語文化研究所）のフランソワ・マセ氏、オーストリア・オーストリア科学アカデミーのベルンハルト・シャイド氏、オランダ・ライデン大学のヤン・ファン・ブレーメン氏、そして韓国・東西大学校の李元範（イウォンボム）氏であった。それぞれの国で神道や日本宗教について研究している人たちである。[14]

発題者からは日本における神道研究にとって認識しておくべき重要な点がいくつか指摘された。シャイド氏は、一九七〇年代にネリー・ナウマンが「神道」という名称を持つ独自の宗教は日本古代の文献には登場しないことを論証したとし、これは歴史学者の黒田俊雄が示した結論と同様であると述べた。これは後述する第三回の会議のテーマ「神道の連続と非連続」に関わる議論であった。また戦後ドイツにおける神道研究が下火である一因について言及し、神道を扱うこと自体がナチスのシンパではないかという嫌疑をかけられた時期があったことにあるという見解を示した。一九八〇年代になって、ようやくそのような状態を脱するようになったという。

ハーデカ氏は米国の大学において神道研究がどのような拠点をもつかを概説した。神道のコースがあるのはハーバード大学とカリフォルニア大学サンタバーバラ校の二校だけで、「日本宗教研究グループ」のメンバーは約二五〇名いるが、近代神道の研究者で研究書を著したことのある人は二〇名にも満たないと述べた。近代の神道研究の分野としては歴史学的研究と人類学的研究の二つが盛んである。二〇〇〇年にピューリッツアー賞を得たジョン・ダウアーの『敗北を抱きしめて』と、二〇〇一年に同賞を受賞したハーバート・ビックス『昭和天皇』が神道イメージに与えた影響の大きさについても触れた。

ダウアーは敗戦後の日本人について、「神道指令」を無視し、信教の自由、政教分離をかかげた憲法を歓迎したとしている。ダウアーは、神道を影の薄いものとしてみなしており、戦後の日本の再建にも不参加あるいは貢献していないとしている。ビックスは昭和天皇が生涯を通して神道儀礼にとても熱心であったとし、国家神道の神話を信じて戦争に及んだという理解をしている。ビックスの神道像は、「神道が戦争とファシズムを促進するイデオロギーであり、昭和天皇が戦争を行なう決心に至った一因となり、反民主主義的な権力主義を賛美するもの」としている。この二人の研究は米国の学界に影響が大きいとした。

李元範氏は韓国の神道研究は一九九〇年代以降広がりを見せたとし、それを三つに大別した。一つは国家神道に関する研究、二つは日本文化論としての神社神道研究、三つはキリスト教学としての神道研究である。この三つ目のものには韓国のキリスト教の殉教の歴史を究明する作業と、日本への宣教戦略のための日本の文化の理解を求めるための二つがある。ただ、独自な研究領域にはなっていないとした(15)。

この最初の会議において、国外では日本仏教についての講義はいくらかあるものの、神道を対象としたような講義はほとんどないことが具体的に示された。講義において神道に触れるにしても、それは仏教を中心として日本の宗教を扱う中のごく一部であることがほとんどである。したがって、神道を専門的に研究している外国人研究者の数も限られているが、その研究内容には参考とすべき点が多々ある。このことは二回目以降の国際シンポジウムによって、さらに明らかにされた。

神道の基本概念の英訳

第二回は二〇〇三年九月に、「〈神道〉はどう翻訳されているか」をテーマに開催された。『神道事典』の英訳が国際的協力によって進められる中での議論であった。招聘したのは、米国・フロリダ大学のアン・ウェイマイヤー氏、米国ハワイ大学のマーク・マクナリー氏、米国・北イリノイ大学のジョン・ベンテリー氏、前回に続いてのマセ・フランソワ氏、韓国・蔚山（ウルサン）大学の魯成煥（ノソンファン）氏である。

神道を外国語に訳すときに、もっとも大きな問題の一つは、神道の「神」をどう翻訳するかである。英訳としては、kami、god、deity が三大候補である。kami はむろん日本語の神（カミ）をそのままローマ字にするという方法である。柔道を Judo、相撲を Sumo とするやり方と同じである。

god はキリスト教の god を日本語で神と訳してきたので、その逆をいくということになる。deity は、god が創造神とか唯一無二の神というニュアンスを伴いやすいのに対し、日本の神々にも使いやすい面がある。議論を経て基本的には deity を主に用いるのが適切となった。近代の教団の崇拝対象である神についても deity の方がしっくりくる。

神社の訳語も議論になった。jinja とするか、Shinto shrine とするかである。shrine は遺体を収めておくところだから、Shinto temple がふさわしいという意見も出た。だがすでに定着している訳語ということで、Shinto shrine を基本とすることにした。

日本固有の宗教現象をあらわす用語をどう訳すかは、終わりのない議論ではある。COEプログラムでは、国内外の研究者と意見を交換しながら、とりあえずの翻訳語を決めるという方法をとることができた。情報化が進み学術研究においても国境の壁がしだいに低くなる時期に、こうした作業が行なえたことは幸運であった。第二回のシンポジウムで議論になったことをいくつか紹介する。

ウェマイヤー氏やマクナリー氏は国学文献を研究対象にしている。マクナリー氏は本居宣長や平田篤胤の文献と取り組んでいることもあって、国学をどう訳するかについての英語圏での議論を紹介した。国学は nativism、school of nativism、National Learning、National Studies といった訳語があてられている。国学にネイティヴィズムという訳語を与えるのは、日本人研究者には違和感を抱く人もいて、kokugaku とローマナイズすればいいのではないかという日本人研究者からの意見も出された。議論はなかなか収束しなかったが、その大きな理由は、それぞれの語がもともと含んでいたニュアンスと、これを使用する人の価値観が相互に関連する点にある。ネイティヴィズムだと、日本では先住民の土着主義を連想しやすく、国学という言葉がもっていたニュアンスとそぐわないと感じるからであろう。日本人研究者にとって国学は本学、皇学などと関連した概念であり用語である。ネイティビズムではそれがそぎ落とされてしまう。一つの用語や概念がどのような用語や概念と結びついているかが、翻訳語を巡る問題で浮かび上がってきた。

ベンテリー氏は、歴史言語学の立場から日本の古典を研究しており、当時日本書紀をすべて英訳し終えたばかりであった。日本語のほかに中国語、韓国語、琉球語にも通じている。古事記は個人の日記、日本書紀は村の日記のようだと、記紀の違いを比喩的に示しながら、それゆえの日本書紀の翻訳の困難さについて言及した。一八九六年に刊行されたアストンの日本書紀の英訳を評価しつつ、それが時代遅れになっている点をいくつか指摘した。

日本書紀はほとんどが漢文で書かれているが、それをそのまま英訳するのか、その書き下し文を英訳するのかという重要な問題に直面した。基本的な方針としては、漢文を中国語として扱い翻訳したが、漢字の解釈が文献に残されているならその情報も視野に入れることにしたという。日本神話を東アジアの神話、さらには印欧語族の神話と比較する視点は、比較神話の分野では早くになされている。日本書紀は日本で編纂されたが、使われた文字は中国起源のものであるということから生じる複雑な問題を、英語圏の研究者が英訳という作業の過程を通して示したのは新しい展開である。

日本の神話は明らかに他の地域の神話から影響を受けている。三機能説で知られるジョルジュ・デュメジルに師事した吉田敦彦は、日本神話へのインド・ヨーロッパ神話の影響を見た。ギリシア神話と日本神話の比較などを行なっている。こうした比較神話的な視点の導入に、神道研究はさほど積極的であったとは言えない。そこに復古神道以来の日本の神話は日本独自のものとする考えの影響がうかがえる。篤胤の場合は外国に似た神話がある場合は、日本のものが歪んで伝わったという見解を示す場合もあった。近代の研究においては、比較は当然のことになっているが、神社神道や神道教団が日本神話に言及する場合は、日本文化の中で完結するものとして論じられることが少なくない。信仰上の関心からはそのようになることもあろうが、少なくとも学術的な議論においては、このシンポジウムでなされたような議論を踏まえるのが筋である。

魯氏は古事記を韓国語に翻訳した経験を有する。韓国人は古事記には関心がないが、古事記の内容は韓国に関わりのあることが含まれているので関心を抱いたとの説明があった。また日本語から韓国語への翻訳は英訳に比べて別の問題があることを指摘した。似ているがゆえに生じる微妙な誤訳である。このことを剣道用語の翻訳を例にあげて喩えた。剣道で用いる「小手」、「面」、「胴」が、韓国語でそれぞれ「手首」、「頭」、「腰」と訳されていて、それが韓国の子どもたちの練習のおかしさにつながっていることを見つけた経験に触れた。宗教に関する用語の翻訳にも、こうした微妙な違いがもたらす誤訳に注意すべきとした。

韓国語特有の問題として、敬語表現をどうするかという問題にぶつかったが、序文だけ敬語を用い、本文は敬語を用いないことにした。日本語と欧米の言語に比べれば日本語と韓国語は近い関係にあるが、それでも文化的な差異についての問題は多いとした。また古事記の韓国語訳を天理教の信者に大変喜んでもらったというエピソードについても触れた。

神道の翻訳に関しては非常に興味深い議論が提起されたので、同年一二月に同じテーマのミニ・国際シンポジウムを開催した。テーマは「〈神道〉はどう翻訳されているか（2）近現代の神道を中心に」である。招聘したのは、フランスのジャン・ピエール・ベルトン教授、ドイツ・ベルリン自由大学のインケン・プロール氏である。ミニシンポジウムでは、神道を英語に翻訳するときの問題のほか、フランス語、ドイツ語に翻訳するときの問題が論じられた。

神道はいつから神道か

第三回は、二〇〇四年九月に開催され、テーマは「神道の連続と非連続」であった。これは神道が果たして古代から今日に至るまで一貫して続く宗教とみなせるかどうかという、きわめて根源的な問題に関わっていた。何を神道とするのかという概念の再考にも関わった。仮に「神道」と呼ぶべきものが古代からあったとしても、それが時代とともに変容を重ねたのは間違いのないことである。連続と非連続という問題は、変容の程度の問題にもなりうる。近代の神道を日本の宗教史の流れにおいて見ていこうとするなら、連続と非連続という視点からの議論は踏まえておくべきものの一つである。

このシンポジウムに招聘したのは、ロシア出身だが神戸外国語大学で教鞭をとるリュドミーラ・エルマコーワ氏、フランス・パリ大学のアルノー・ブロトンス氏、イタリア出身で当時札幌大学で教えていたファビオ・ランベッリ氏、米国・カンザスシティ大学のゲイリー・エバーソール氏、オーストリア・テュービンゲン大学のクラウス・アントーニ氏である[16]。

神道の連続・非連続という問題を、ブロトンス氏は熊野信仰のような地域の信仰形態を通して考え、ランベッリ氏は『麗気記』という中世の書物を通して議論した。連続・非連続という問題を特定の対象を定めて議論すると、その基準が多様であることが露わになる。熊野信仰もそうであるし、中世の僧侶の神道理解もそうである。議論が入り組んでしまったが、それは何を連続・非連続の基準にするかの了解がまだ存在していないから当然であった。

中世における神道の位置づけに関しては、黒田俊雄の見解が外国の研究者には大きな影響を与えている。顕密体制論によって、中世の神道が仏教と並ぶ独立した宗教であることを否定し、神道が古来から続く固有の民族宗教であることに疑義を呈した。大枠でこの提起は適切かもしれないが、具体的な信仰形態や思想の展開について議論を始めると、神道信仰の地域的多様性と思想的展開の複雑さが際立ってくるのも確かである。儀礼、実践、信念、思想、あるいはモノなど、複数の角度からの突合せが必要になる。

エバソール氏は少し異なった角度から議論した。神道の連続・非連続ではなく、神道研究の連続・非連続である。エバソール氏は近代以前の神道について講義するとき、神道という言葉は使わず、the Kami cultsという言い方をする。西洋の学者が神道研究をはじめたのは百年あまり前で、現在にいたるまで、大きく三つのタイプの研究が生まれたとした。一つは明治時代の国学者たちが描く神道についての研究、二つはロマン派の目で見た神道研究、三つは、一九三〇年から五〇年ぐらいの間に書かれた、国家神道に反対する研究。ロマン派と呼ばれるのは、たとえば一八九四年に*Occult Japan, or The Way of the Gods*を著したパーシバル・ローウェル（Percival Lowell）である。

最初の二つを取り上げ、四つのポイントを指摘した。第一は西洋の研究者が一九世紀から二〇世紀に初めて出会ったのは明治の神道であったということ。第二はその当時神道を描くときに用いられた解釈カテゴリーは、未開宗教、民俗宗教、アニミズム、トーテミズムといったものであったこと。第三は米国人の場合、初めて神道について学んだ時期は、日本と米国が宗教（religion）を反対方向に定義しようとする時期であったこと。第四は日本と西洋の研究者の双方が、西洋の学説の影響を強く受けて神道を描写したこと。

第三は説明を少し加えた方がいいだろう。明治期の日本は神道を宗教ではなく、国家の道徳と定義した。他方米国は、それまで宗教は一つ、つまりキリスト教しかないと考えていた。しかし十九世紀の終わり頃から宗教（religion）は新しいカテゴリーになり、キリスト教はその一つになった。こういう意味で反対方向という言い方をした。

エバソール氏は戦後、日本の宗教というと禅になったとする。鈴木大拙の影響が大きく、ある意味で神道は忘れられたとする。ところが、日本政府と旅行会社は「日本は神道のおかげで、産業大国にもかかわらず、いまでも自然が残っている」というようなイメージを作り、これがものすごくいいマーケティングだったと評価している。ここでローウェルと同じような神道理解が生まれたとする。百年あまりの神道研究は、スピリチュアルなノスタルジーとか、どうしても見たかった神道を見ていたとし、ようやく最近になってそうではない神道研究が多く生まれてきているとした。歴史の中に神道を見るという研究であり、それが神道研究における非連続ということになる。

アントーニ氏は黒田説は興味深いが、神道が中世、近世に始まったという立場はとらないとした。また神道を理解する上では仏教よりも儒教の方が大切であるとした。また天皇との関わりの一貫性が、神道の連続性を考える上で重要とする立場を述べた。

このシンポジウムの持つ大きな意味は、神道を所与のものとして議論しがちな日本の研究に対し、その前提がどうして成り立つかを考えていくことの重要性について示した点である。神道の近景と遠景にもつながる問題で、神道の変容を考える場合には、その距離感も非常に大切であるのが見えてきた。

オンライン時代の神道についての研究と教育

第四回は二〇〇五年九月に「オンライン時代の神道研究と教育」をテーマに開催された。情報化の進行を意識して、新しい研究方法に着手している研究者を招聘した。中国は靖国問題など、神道に対して厳しい視点をもっているが、中国からも色音(サイン)教授を招聘した。スティーブン・コベル氏（米）、ペトラ・キーンレ氏（独）、ジャン・ミシェル・ビュテル氏（仏）、ベンテリー氏である。この会議でも若手研究者にそれぞれの発題にコメントしてもらう形式とした。国学院大学関係者だけでなく、学外の若手研究者にもコメント役を依頼した。研究のネットワークは国内外に広がってこそ、いっそう力を発揮するからである。

また最後の第五回の会議は二〇〇六年九月に、「神道研究の国際的ネットワーク形成」というまさに一連のシンポジウムが目指すそのもののテーマで開催された。招聘したのは韓国・蔚山大学校の魯成煥氏、中国・北京師範大学の色音氏、ノルウェー・オスロ大学のマーク・テーウェン氏、英国・ロンドン大学のジョン・ブリーン氏、ベンテリー氏である。複数回の招聘者が多くなったが、これは一連の国際シンポジウムで築けた神道研究のネットワークをより強めていくことを目指したからである。

魯成煥氏は、韓国における神道の知識の偏りの是正にもっとも必要なことは何かについて指摘した。韓国においては神社といえば靖国神社の話題が大半であり、しかも政治的な問題と絡んで議論される。神社が何であるか、どのような歴史があるかなどはほとんど知識が共有されていない。その一方で、日本に留学したり、観光に訪れる若い世代は、神社が日本文化の特質を示すものとして、あるいは韓国にはない珍しい宗教施設ということで関心を抱くことが多い。したがって、まず初めにやらなければならないこととして、多くの若い世代が抱いている神道へのイメージを変える必要があるとした。韓国では一九八〇年代の半ば頃までは、日本の文化のルーツはすべて韓国にあるのだというような、一種のコンプレックスの裏返しのような発想に基づく研究が少なくなかったが、最近では東アジアの中での独自の要素と共通の要素を研究するという、冷静な研究が出てきていることもつけ加えられた。

色音氏はまず神道全般を客観的に紹介した研究成果などを翻訳したり、紹介して、神道についての適切な情報を中国の人々に伝えることが、研究の底辺を支える上で大きな意味を持っていると指摘した。ただ中国では日本研究は進んできていると言っても、いきなり神道研究を推進するのは、やはり大きな抵抗が生じるので、時間をかけ、緩やかに進めるのが適切だとした。日本側が神道研究のサイトを中国語で作成するのがこうした試みを助けることになるという点も強調された。神道関係の論文を中国語に訳していくこともきわめて意義が大きく、日本のすぐれた研究成果を中国語に訳すことが日本の研究の原状を伝える上で有効であると述べた。

マーク・テーウェン氏は神道を研究する外国人研究者の連携の必要性を指摘し、ジョン・ブリーン氏は、日本の神道研究者が国外の研究機関にパートナーを求める必要性について述べた。ベンテリー氏は、COEプログラムの会議には三回招聘したが、こうした研究ネットワークに大きな期待を表明した。オンラインで研究情報を交換することの必要性を述べた。史的言語学という研究者の少ない領域からの見解として、アジアの国々における比較言語学の研究でも、ごく一部の研究者が二つの国の間のコミニュケーションをコントロールするというような実情があるとし、これを打破することが学問の発展に欠かせないとした。基本的資料のデジタル化をいっそう推進していかなければならないことを重ねて強調した。

一連の国際会議で国学院大学とハーバード大学日本文化研究所、ドイツのチュービンゲン大学、フランスのＩＮＡＬＣＯ、ロンドン大学のＳＯＡＳなどとの交流は深まり、その後基本的資料のデジタル化の試みもスタートしたが、こうした作業の継続や拡大には、国際的視野をもった神道研究者が日本で増えることが必要である。

六回の国際会議は基本的に日本語で行なわれた。これは一面で参加する外国人の幅を狭くする。ある程度は神道の文献を読めるが議論は困難という研究者を除外することになる。現在の宗教研究の国際的状況からするなら、神道に関する国際的な意見交換は英語で行うか、日英両語で行う方が議論を広げる可能性がある。ヨーロッパ日本学会（ＥＡＪＳ）で日本宗教についての議論がなされるときは英語を基本とし、ときに日本語も用いられている。[17] これはむろん神道研究だけの問題ではない。日本の宗教関連の学会が、研究の国際化、そしてグローバル化の歩みをもっと積極的に進める時期に来ている。

むすび

二一世紀に展開した神道研究に焦点を置きつつ、近代の神道を考える上で考慮しておいた方がいいと思われる背景と関連する事がらについて触れた。近代における神道教団の展開を適切にとらえるには、そこに至る神道史の流れ、そして神道に関わる多くの社会的、文化的なテーマに目を配っておかなければならない。神道と他の宗教のボーダーは歴史的にも、また近代においても不明瞭である。神道の中に細かくカテゴリーを設けた場合でも、それぞれのボーダーが定かではない。それを踏まえた上で、近代では何が変わり、何が変わらなかったかについて考えなくてはならない。研究者の間でも、何が神道であるかについて、共通了解はさほど明確ではないことは示した。

そうしたボーダーの不明瞭さあるいは曖昧さを踏まえつつも、次章以下では近代の神道、とくに教団化された神道に焦点を絞って論じていく。近代という時代的背景の中で、それ以前の日本の宗教文化から何を選びとったか、その際どのような変異が生じたか、あるいは何か新しい創造がなされたのかを考察する。また日本文化、あるいは日本宗教の影響というよりも、人間としての環境への変化としてみなせるものはないかという点も見ていく。

立憲民主制、軍隊組織、教育制度、科学文明などあらゆる面で西欧に学ぼうとした近代日本が、キリスト教だけは積極的に採り入れようとしなかった。精神文化は守ろうとした姿勢は和魂洋才と言われる。この言葉は森鷗外が戯曲「なのりそ」の中で「日本の国家社会で有用の材となるには、和魂洋才（ワコンヤウサイ）でなくては行けません」と使ったのが初出のようである。和魂洋才はすでに室町時代に使われていた和魂漢才の漢が洋に変わったもので、日本が世界の中心とみなす国が中国から欧米に変わったことを示すが、和魂の部分は変わらない。この魂の内実が何であるか。天皇制がその筆頭にあろうが、しかし天皇の日常的な衣服は欧風になった。江戸時代まで天皇は仏教と切っても切れない関係であったが、明治以降は神道式に切り替えた。

継承しようとしたものとそうでないものは入り組んでいる。これを解きほぐすことが、近代の神道がそれまでの日本の宗教文化の何を選び、何を放棄し、また何を改編したかを見ていくことにつながる。本質あるいは基幹部分は継承され、枝葉の部分が変わったというような視点を最初から抱いては、変化のありようを正確に捉える妨げになる。

註

（1）この点については、國學院大學日本文化研究所編『宗教教育資料集』（鈴木出版、一九九三年）に、宗教系学校の沿革と関係する宗教などの個別のデータが記載されている。

（2）家族国家観というのは、天皇と国民の関係を家の本末関係つまり本家と分家のような関係としてとらえたり、天照大神を先祖の始原とみなしたりするような考えである。これについては伊藤幹治『家族国家観の人類学』（ミネルヴァ書房、一九八二年）参照。

（3）武田幸也『近代の神宮と教化活動』（弘文堂、二〇一八年）。

（4）二世信者についての実証的研究としては、猪瀬優理『信仰はどのように継承されるか――創価学会にみる次世代育成』（北海道大学出版会、二〇一一年）などがある。

（5）このシンポジウムの議論は、井上順孝・大塚和夫編『ファンダメンタリズムとは何か――世俗主義への挑戦』（新曜社、一九九四年）として刊行された。

（6）この点については、齋藤公太『「神国」の正統論――『神皇正統記』受容の近世・近代』（ぺりかん社、二〇一九年）を参照。

（7）平田派の門人の広がりについては、遠藤潤『平田国学と近世社会』（ぺりかん社、二〇〇八年）、吉田麻子『知の共鳴――平田篤胤をめぐる書物の社会史』（ぺりかん社、二〇一二年）、中川和明『平田国学の史的研究』（名著刊行会、二〇一二年）などを参照。

（8）常世長胤は明治の宗教行政に直接関与しており、『神教組織物語』では一八六九年の宣教使設置から八四年の教導職廃止までの出来事が回顧されている。

（9）古神道仙法教の教えについては、正井頎益『神祇大道』（古神道仙法教本庁、一九七五年）を参照。

（10）この事典の編集を国学院大学日本文化研究所の総合プロジェクトとして発案したとき、私はこれを将来的に英訳することを念頭に置いていた。ただ英訳作業は非常に時間と手間のかかるものであったので、COEプログラムによって完成できたことは大変幸運であったと考えている。

（11）九部のうちすでに英訳されていたのは、「神」「神社」「流派・教団と人物」である。ただし、これらもＥＯＳプログラムの実施時に、若干の修正を加えた。

（12）とくに米国カリフォルニア大学バークレー校と、ハーバード大学ライシャワー研究所では、翻訳チームを結成してプロジェクトの支援をしてもらった。

（13）*Encyclopedia of Shinto: Chronological Supplement*, Institute for Japanese Culture and Classics, Kokugakuin University, 2016.

（14）会議の結果は『神道・日本文化研究国際シンポジウム（第一回）　各国における神道研究の現状と課題』（國學院大學21世紀ＣＯＥプログラム、二〇〇三年）として刊行されている。またヘィヴンズ・ノルマン「英語圏における神道研究――一九八〇年以降」（『神道宗教』二六一、二〇二一年）を参照。

（15）こうした状況であることに鑑み、『神道事典』の一部を韓国語訳し、書籍として印刷したほか、オンラインでも公開した。韓国語訳をしたのは、第二部「神」、第四部「神社」、第八部「流派・教団と人物」である。井上順孝編集責任・李和珍訳『신도사전（초역）』（國學院大學日本文化研究所、二〇一五年）参照。

（16）このシンポジウムでは日本文化研究所の若手研究者に、それぞれ招聘した発表者へのコメント役をしてもらうという構成にした。こうした機会に直接国外の研究者と意見を交わす体験を増やして欲しいと考えたからである。

（17）二〇一七年にポルトガルのリスボンで開催されたＥＡＪＳ（European Association for Japanese Studies）の会議では、“What Online Dictionary EOS is aiming and future Shinto Studies from Global Perspectives”というタイトルで発表し、ＥＯＳが広く英語圏で利用されていることを背景に、その

趣旨と今後の展開に関して述べた。

第二章　教派神道

はじめに

近代に形成された神道教団は、教派神道と神道系新宗教に大別できる。これは戦前の宗教行政上の区分に影響を受けてはいるが、その形成のされ方の経緯も考慮した区分法である。明治政府の宗教政策は近代の宗教の展開に大きな影響を及ぼしたので、どのような経緯でこのような区分ができたのかを確認しておく。

明治政府の宗教政策が近代の神道のあり方に決定的とも言える影響を与えたのは間違いないとしても、その政策を考える人たちの眼前にあったのは、江戸時代までの神道のあり方である。それは宗教政策を考える人たちを包みこんでいた社会環境であった。その環境に対してどう対処したか。どれを好ましいものと考え、またどれを好ましくないものと考えたか。新しい政策はそうした価値判断の上になされたと考えられる。ただし、それは決して簡単に道筋がつけられたわけではなく、多くの対立や論争があった。

これをもう少し俯瞰的に見てみる。江戸時代に思想的影響を深めていた国学・復古神道、各地の山岳信仰、流行神信仰を含む民間の神信仰、各種の民俗行事といったもののうち、何が近代における神道の展開に大きく関わったのか。なぜそれが大きな影響を与えるようになったのか。次々と組織された神道教団は、江戸時代までに蓄積されていた広い意味の宗教文化にどのような形で影響を受けたのか。また近代に新たに生じた社会環境のうち、それぞれの神道教団の理念や活動に大きな影響を与えたものは何であったのか。

近代の神道は、江戸時代までに形成され蓄積され継承されていた宗教文化の中から、一群のものを選びとっている。宗教文化を情報の形態によって区分するなら、言い伝え、慣行、儀礼など生きた人間の言行が情報を伝える媒体となるものと、古事記、日本書紀などのように、テキストとして継承され、読んだ人によってその情報が読み取られるものとがある。テキストはたいていの場合人から人へと伝えられるので、テキストの情報も人が媒介する場合が大半と考えられるが、テキスト自体は時間を越えて読み手に独自の解釈を可能にするという特徴がある。あたかも動かない情報が常に得られるような機能をもつと同時に、社会や時代の違いによって、大きく異なる解釈が生まれる可能性を提供する機能をもつ。神道教団の形成もこの二種類の情報伝達ルートからの影響が常に及んでいた。

近世に形成されていた組織形態のうち、近代の神道に大きな影響を与えたことが明らかなのは、富士講、御嶽講などの山岳信仰、国学思想や国学者たちのネットワークである。これに明治以降はキリスト教の到来という新しい宗教環境が作用していく。神道が教団組織として展開していくときに、これらは大きな社会的・文化的枠組みとして存在していた。神道教団の中でとくに教派神道は、少なくとも当初、キリスト教の拡大に対する防波堤の役を担わされた。

本章ではまず教派神道体制はどのようなプロセスを経て確立していったかの議論を整理する。次に教派神道に含められてきたのはどの教団か、教派神道と神道系新宗教との関係はどう整理したらいいかを論じる。そして教派神道と神道系新宗教との関係について述べる。これを通して近代の神道教団がそれまで継承されてきた日本の宗教、宗教文化から選びとったものは何か。なぜそれが選ばれたのかを考察する。また新しく形成されたものがあるか、それはどのような環境に対応するものであったかを考える。

(1) 神道教派の形成をもたらした維新政府の宗教政策

神道への期待

明治期において、神社神道と教派神道とが分かれることになったプロセスについては、多くの研究が蓄積されているし、拙著『教派神道の形成』でも詳細に述べた[1]。それらを踏まえ、このプロセスにいくつかの段階があったことをまず確認する。

神道教派体制が誕生する出発点は、明治元（一八六八）年の神祇官再興とそれによって促進された神仏分離策に置ける。神道教派体制が試行錯誤を経て確立されていくのは、明治初年から一〇年代にかけての時期である。この間、事態の展開は急テンポであったので、神道界は組織面と教理面で、かなりの混乱状況を呈した。

維新政府は神祇官を再興した。神祇官は古代律令時代の官制であったが、中世以降、律令制度が崩壊すると、その名実を失っていた。それを再興するということは、近代国家建設に当たって、神祇信仰を中心とする宗教的理念の確立が重要である、との認識を抱いた人たちがいた証拠である。従来、社家によって個々に管轄されていたような神社を、中央集権的に管轄するシステムへと再編成する作業が進行した。古代の制度にならって、官幣社、国幣社の制度が新たにもうけられた。これにより、近世的な体制は幕を閉じることになる。新しい宗教政策を推し進める明治政府の基本方針は、慶応四（一八六八）年三月一三日の神祇官再興の布告に示されている。

この布告には、「諸家執奏配下ヲ廃シ諸神社神主等神祇官ニ附属セシムル」という文言がある。また「普ク天下之諸神社神主禰宜祝神部ニ至迄向後右神祇官附属ニ被」ともある。つまり神主、禰宜、祝、神部と呼ばれていたすべての神職、そして神社は以後神祇官に附属すべきこととなった。近世において神職・神社支配を行なってきた吉田・白川両家の権限に終止符が打たれた。大きな変革である。神祇官は明治四（一八七一）年に神祇省となり、翌五年には教部省が宗教を所轄するようになる。以後も管理する部署と名称は変わっていくが、国家が神社を管轄するという体制は第二次世界大戦の敗戦のときまで続く。

神社を国家管理とする方針と並行して、神仏分離策も実施されていく。これもまた神道教派体制ができるにあたっての重要な出来事である。明治期の神仏分離は慶応四年三月二八日に太政官達として出された神仏判然令に始まる。二か条からなるが、二条に「仏像ヲ以神體ト致候神社ハ以来相改可申候事」とあり、「本地抔ト唱へ仏像ヲ社前ニ掛或ハ鰐口梵鐘仏具等之類差置候分ハ早々取除可申事右之通被　仰出候事」と付け加えられている。近世には、神社でも権現とか牛頭天王といったものをまつるところがあった。仏像を神体にしていた神社、仏具を置いていた神社もあった。このような状態を一掃しようというのが狙いであった。

神社を国家管理にするという明治政府の方針は、明治四年五月一四日に出された太政官布告（第二三四）によって、いっそう徹底したものになった。この布告は明治政府が神道、とくに神社をどう位置付けたかを知る上で非常に重要である。神社は「国家の宗祀」として位置づけられ、社家による世襲的な経営が否定された。国家の宗祀という表現は、明治政府が神社神道を国教的に位置付けたと解釈できるので、国家神道に関する議論にとってはキイワードである。

代々の神職なり僧侶なりとしてその家で管理してきた神社や寺院を維持しようとすると、宗教施設やそこでの収入が「家禄」のような意味をもつ。しかしこの布告は維新期に神社の財産で社家が生活していくような形態がいったん否定された。この時点で、内侍所における白川家の権限も排除され、こうした改革を推し進めてきた津和野派が実権を握る。津和野藩は現在の島根県に含まれる地域であるが、大国隆正の影響が大きかった。

神職たちにとっては、この布告で社家職の世襲が廃止されたことの影響がきわめて大きかった。実際にはそれまで社家であった者が新たに神職として任命された例も多いが、他方でそれまで神社に関わっていなかった人が神職として任命された。つまり役人的な性格をもつ神職が誕生したわけである。その人たちがまた世襲化していく現象も見られた。これを「新社家」と称することがある。神職の世襲廃止によりその職を失った人たちの中に、教派神道の教師の道を選ぶものがいたとする研究もある。(2)

神道と仏教とを分離し、祭政一致の理念を掲げたが、ではその神道たるものは、どのような内容をもったものなのか。これは神道界にとって大きな課題となった。神道の内実は何か。何を支柱にするのか。これについて明治政府側はすでに用意があった。明治三年正月三日に発せられた大教宣布の詔がそうであり、近代日本の精神的支柱を象徴する言葉として、「大教」という語が用いられた。復古神道宗門、神祇道といった言葉も候補であったらしいが、世界の総本国である皇国にふさわしい言葉だとして「大教」が選ばれた。明治四年には岩倉具視らの一行が一年一〇か月ほどの欧米の視察に出かけるが、大教宣布が出されたのはその前のことである。明治政府の指導者の大半が欧米における宗教の実情に触れることなく生まれた発想であった。そして、大教宣布の実をあげるために発足したのが宣教使という制度である。

宣教使の失敗と転換

宣教使の制度は明治二年七月に始められ、宣教使には神官、国学者などが多く任命された。キリスト教に対抗する国民教化策の意味も持たされたが、にわか作りのシステムと言わざるを得なかった。教育システムとして見ても、護教システムとして見ても、インフラがまったく整っていなかった。自らも宣教使の身分にあった常世長胤は、宣教使の制度が始まって一年あまり経った明治三年九月の頃を回想して、「神教組織物語」の中でその実態を批判している。

宣教使たちは講義もしない、教典も選べない、「毎日出勤ハスレドモ為ス事ナシ」と相当手厳しい表現が続く。「神教組織物語」は、長胤が宣教使設置のときから、一八八四（明治一七）年の教導職廃止までの期間のできごとを回顧したものである。明治初期の宗教行政に直接的に関与した人物の回顧録という意味で、きわめて興味深い資料である。回顧録の執筆時点では、明治初期の宗教政策が国際的な視野に欠けたものであったことは認識されている。一八七三年にはキリスト教禁止の方針が撤回され、旧武士階級の中にもキリスト教徒となるものが出てきていた。そうした社会状況の影響が回顧録にも及んだと推測される。内容については偏った理解や事実の誤認もあるとはされるが、教化する側の人材育成すら適切になされず人材が乏しかった点は、当事者にも認識されていた。

きわめて脆弱な教化のシステムであったのだが、この宣教使の制度こそ、神道が布教する宗教としての側面を展開させていく上での具体的な出発点の意味をもった。それゆえ宣教使の活動目標が何であったかをおさえておく。明治四年四月には、神祇官より諸省に対し「宣教使心得書」が達として出された。礼服を着用して威儀をただすようにといった、教化する側の心得から始まるが、のちの神道教派体制の基本路線となるような条項もいくつかもある。

「皇祖ノ大教ヲ尊信シ死生不惑神明ニ依頼シ我カ言行ヲ敬慎シ身ヲ以テ天下衆庶ノ先導タラン事ヲ志願ス可シ是レ緊要ノ第一義也」とある。「大教（たいきょう）」がキイワードであると分かる。国民教化が目的であるから、倫理道徳の重視は当然であるが、呪術的行為に対しては強い警戒が示されている。「世ヲ惑ハシ人ヲ誣フル等ノ談説厳ニ禁止スヘキ事」とあるように、呪術的要素を極力排除しようとした。「禁厭祈祷之儀一切停止之事」とあり、まじないや祈祷による信仰治療の類も禁止している。明治政府は開明を旗印にしていたが、宗教活動に関してもこの原則は適用された。民俗宗教的な要素、呪術的な要素は、当初撲滅の対象ですらあったと言える。

説教の場が、宗教論争の場になることを恐れているのも分かる。布教に当たって、他の宗教を誹謗したり争ったりしては、人々を感服させることができないとしている。宣教使の教化がいわば「超宗教的な」立場からなされるべきことを想定している。これはのちの学校教育における修身教育に対する基本方針と重なるところがある。

このように、一方では神仏を分離しながらも、他方で神道と仏教の間で争いが起こるのを極力避けて、開明的な国民教化の実を挙げようというのは、明治初年の宗教政策の基本である。

神祇官は、明治四年八月八日に神祇省と改められ、神祇省も翌年三月一四日に廃止される。宣教使の制度もさしたる効果を得ることができず、五年の太政官布告によって廃止となった。明治神祇官は、わずか三年余存続しただけであった。その後、宣教にかかわる事務は教部省が、そして祭祀にかかわる事柄は、太政官式部寮が管轄することになった。神祇官の官員や国学者が時代の流れを理解できず、開化主義の人々からの強い反感をかったことも一因とされている。ただ結果的には明治政府はより合理的な教化システムを探索したことになり、神道行政も次の教部省時代で新たな展開を迎え、神道教団が形成されていく。こうした近代の宗教行政の変化を次頁図II―1に示しておく。

教部省時代に始まる教団化へのステップ

教部省はいわば宗教省ともいうべきもので、近代日本において、宗教の管轄をもっぱらとする一つの省庁が設置されたのは、後にも先にも、この教部省が唯一である。教部省は西郷隆盛からは「昼寝官」などと言われていたが、少なくとも神道教派体制の形成に当たっては、教部省時代の政策はきわめて重要な意味を担っている。

教部省設置に当たっては、かなり思い切った宗教政策が議論されていた。祭政一致を徹底することの他に、伊勢神宮の東京遷座論などもなされていた。それとともに、仏教徒を含め、神儒仏一致してキリスト教対策に当たるべしという議論が高まっていた。効果の乏しかった宣教使の制度を反省し、教化の実を挙げるために設置されたのが教部省である。

図Ⅱ—1　宗教行政の変化

［神社関係］　［仏教宗派関係］　［その他］

［神社関係］	［仏教宗派関係］	［その他］
1868（M1）1 神祇事務科		
1868（M1）2 神祇事務局		
1868（M1）閏4 神祇官		1869（M2）7.8 宣教使設置
	1870（M3）7 民部省社寺掛	
	1870（M3）閏10 民部省寺院寮	
1871（M4）8 神祇省	1871（M4）7 大蔵省戸籍寮社寺課	1871（M4）5.14 世襲神職を廃止
1872（M5）3 教部省		1872（M5）4.25 教導職を置く 1872（M5）4.30 神仏道各教宗派に管長設置 1873（M6）8.24「教会大意」認可
1877（M10）1 内務省社寺局		1882（M15）1.24 神官の教導職兼補を廃止
1900（M33）4 内務省神社局	1900（M33）4 大蔵省戸籍寮社寺課	
	1913（T2）6 文部省宗教局	1939（S14）4.8 宗教団体法
1940（S15）11 内務省神祇院	1942（S17）11 文部省教化局宗教課	
	1943（S18）11 文部省教学局宗教課	
1946（S21）2 廃止	1945（S20）10 文部省社会教育局宗教課	1945（S20）12.28 宗教法人令
1946（S21）3 文部省大臣官房宗務課		1951（S26）4.3 宗教法人法
1952（S27）8 文部省調査局宗務課		
1966（S41）5 文部省文化局宗務課		
1968（S43）6 文化庁文化部宗務課		1995（H7）12.8 宗教法人法改正

文明開化の方針に反するような呪術的な行為や民俗信仰は排除していくのは教部省時代も同じである。一八七三（明治六）年一月一五日に教部省から府県あてに出された達（第二号）で、梓巫女や市子、あるいは憑祈祷、狐下げ、玉占、口寄など、今日シャーマンと総称される人物による占いや祈祷の類が禁じられた。こうした民間に広く行なわれていた信仰に対しても、人々を惑わすものだとみなした。とはいえ、こうした行為は需要があるから続いてきたわけである。政府が禁止したとて、すぐになくなるといった性質のものではない。とすると、こうした人々は自分たちの活動を正当化していく必要にも迫られた。シャーマン的な活動をしていた人たちが、神道教派の教師になるという場合もあったと考えられる。

教部省は、何よりも宗教的教化の実を挙げることが目的であった。それを具体化するために中央に大教院を設置し、大教院のもとに各地方に中教院が置かれ、個々の神社や寺院などが小教院として実際の教化を担当するという構想であった。大教院の神殿は浄土宗寺院である東京の芝増上寺に創建されたが、神殿には造化三神と天照大神が祀られた。その様子は、島地黙雷の表現するところによれば、「注連ヲ飾リ華表ヲ起シ、幣帛ヲ捧ケ祝詞ヲ奏シ、二百余年伝灯ノ仏刹忽然変シテ一大神祠」というものであった。施設は仏教寺院の境内に置かれたものの、注連縄が飾られ鳥居が設置されたわけだから、すっかり神道式であった。

地方での教化活動のセンターとして、多くの府県に設置された中教院にも、これらの神々の分霊が奉遷された。中教院と小教院の設置状況は地域によってかなり偏りがあった。『公文録教部省之部』（一八七五年一月）に記載の「教院概要」の資料を見ると、一八七四年一二月段階で中教院が設置されていない県が、岐阜県、鳥取県、浜田県（現・島根県）、高知県、福岡県の五県である。小教院が設置されていない県はもっと多い。逆にもっとも多くの小教院が設置されていたのは、愛知県で六三である。次いで長崎県二八、熊谷県（現・埼玉県と群馬県のそれぞれ一部）二七である。

大教院は教部省の外郭団体であり、実は仏教側の発案によってできたものである。ところが、いざふたを開けてみると、仏教色が払拭され、神道一色に近いものとなった。これが仏教界とくに浄土真宗の強い反発を招き、早々と瓦解する直接的原因となった。また、中教院も神道色が濃かった。さらに個々の教化の場である小教院には、寺院や神社が充てられることが多かったが、僧侶と神職が融和協力するというもくろみは、実際には実現すべくもなかった。(3)

こうした中、一八七三年大晦日の深夜に、大教院の建物が放火により焼失するという事件が起こった。大教院体制の批判の先頭にたっていた真宗各派は、一八七五年一月には大教院から分離した。これは結局神仏合同布教の差し止めという形で展開し、ごく短期間の神仏合同布教体制は崩れ去った。最初からいわば無理な相談であったこの合同体制は短期間で崩壊する。

ところがその過程で、神道事務局の創建案が生まれ、神道教派体制は急速に明確な姿をとって始動することになったのである。その意味で教部省の政策が神道教団の形成に果たした役割は大きかった。教部省の事務綱領は、「第一条　教義並教派ノ事」、「第二条　教則ノ事」、「第三条社寺廃立ノ事」、「第四条　祠官僧侶ノ等級社寺格式ノ事」、「第五条　祠官ヲ置キ僧尼ヲ度スル事」の五条からなっていた。宗教問題に関して強い実権があった。

第一条は神道にも及ぶ。宣教使時代は大教宣布が目標となり、教部省時代には教義が重視されている。教部省は、その布教活動の実施に当たって、教導職制度を発足させていた。一八七三年四月二五日の太政官布告により、一級大教正以下一四級権訓導に至るまでの、次の一四階級が定められた。大教正、権大教正、中教正、権中教正、少教正、権少教正、大講義、権大講義、中講義、権中講義、少講義、権少講義、訓導、権訓導。

教化する人物を公的に認可し、職制を定め、教化の理念を明文化した。教導職には神官や僧侶、その他が任命されたが、「大教正以下都テ俸給ナシ」ということで、すべて無給であった。また教化の理念は、「敬神愛国ノ旨ヲ体スヘキ事、天理人道ヲ明ニスヘキ事、皇上ヲ奉戴シ朝旨ヲ遵守スヘキ事」という、有名な教則（教憲）三条として布達された。

この教導職制度の導入は、結果的に神道界に組織的な布教・教化体制の整備を促すことになった。また、教正、講義、訓導といった呼称は教導職制度がなくなってからも、神道教派の多くがこれを教師の職階をあらわす呼称として用い続けた。つまり教導職のヒエラルキーが、各教派の教師のヒエラルキーに転用された。

教部省は教化のテーマとして「十一兼題」、「十七兼題」を制定した。大教宣布の目的のためであったが、神道の教義化に少なからぬ影響を与えた。このうち十七兼題の方は、直接宗教には関係のない項目、すなわち万国交際、権利義務、文明開化、律法沿革、国法民法などの兼題を含んでおり、教導職が当初広く国民の啓蒙の役を期待されていたのが分かる。一方、十一兼題には、神徳皇徳、天神造化、人魂不死、顕幽分界といったものが含まれている。神道が重視する教義はなにかを体系化していく上で選ばれたテーマであった。

教部省時代のもう一つの大きな法令は、「教会大意」の認可である。明治五年八月の大蔵省達により、「無願ノ社寺」の創立は禁止された。[4] 宗教組織として活動するためには、許可を得なければならなくなった。今日は宗教法人法があり、その認証を受けることで宗教法人となれるが、当時はそれに類する法はなかった。翌年八月、大教院が立案した「教会大意」が教部省により認可された。これは、すでに存在していた講や宗教運動などが公的な認可を得る条件を提示したものであった。この内容が神道教派体制の成立には直接的影響を与えたものである。教会大意は、次の十条からなっていた。

一　三條ノ大旨ハ終身之ヲ謹守スヘキ事
一　倫常ノ道ヲ守リ各其実行ヲ竭スヘキ事
一　会中凡ソ同胞ノ親ヲ為シ吉凶禍福ヲ相輔ケ疾病患難ヲ相救ヘキ事
一　異端邪説ヲ信仰スヘカラサル事
一　此会ニ列セント欲スルモノアレハ先ツ此條約ヲ守ルヘキ旨ヲ誓約セシメテ後ニ会列ニ加フ

ヘキ事

一　会中ノ諸務ヲ取扱ハシムルハ端正篤実ノ人ヲ撰任スヘキ事

一　説教ノ儀ハ会中ノ便宜ニ従ヒ家事ノ緩急ヲ量リ其定日ヲ増減シテ凡テ産業ヲ妨ケサル所ヲ第一トスヘキ事

一　会中ノ子弟其父兄ノ教誨ヲ受ケス言行道ニ背ク者アレハ会中ニテ規戒セシメ尚服従セサルモノハ会長親シク懇諭ヲ加フヘキ事

一　会中申合ヲ以適宜ニ出金シ説教会費等ニ充ツヘキ事

一　賽物開扉等ニ托シ会中ノ子弟妄ニ流連シテ破産ノ弊無之様注意スヘキ事

教会大意は、以後講社や教会が布教活動するための法的根拠となった。この基準を満たせば宗教として活動ができるが、そこには大きな制約が存在した。明治政府の宗教政策の基本方針の枠内であることは強く求められていた。第一条に三条の教憲を遵守すべきことが明記されている。愛国という理念と天皇崇敬が明記されているが、これは以後の神道の展開の大枠となった。今日においても、神社神道はむろん教派神道の大半において、この二つの理念は継承されている。

第四条の異端邪説禁止は、実質的にはキリスト教が想定されていた。キリスト教対策のための国民教化という姿勢は、この時点でもまだ堅持されていた。第八条に「言行道ニ背ク者アレハ会中ニテ規戒セシメ」とあるように、宣教使心得書と同様、道徳的な面への言及もある。第七条には「凡テ産業ヲ妨ケサル所ヲ第一トスヘキ事」とあって、宗教活動が経済活動の妨げにならないようにとしている点も注目される。経済活動を妨げないように宗教活動をするというのは、それ自体特別な主張ではないが、あえてこのように条項として掲げているところに、明治政府の宗教活動に対する位置づけがあらわれている。

教部省もまた、設立当初の目的を達することができなかったとされるが、神道教派体制の成立に話を限るならば、教部省時代の施策は、実に重要な意味をもっていた。それを次の三点にまとめておく。

①大教院の制度は、神道の全体としての組織化を促進した。大教院は当初の神仏合同布教を促進するという目的は早々に挫折したが、結果的には、神道界内部での合同布教が促進された。つまり、どのような組織にすれば神道の布教が可能になるかを考える場がはからずも生まれた。

②教会大意は、個々の教派が公認された組織として形を整えていく法的環境を作った。教会大意では、どのような条件が備われば布教が公認された講社を組織できるかという基準が示された。つまり、組織形成に当たってのガイドラインができたわけである。これも近代的な神道教団が形成される上では意義深い。

③教導職制度は、官僚的色彩が濃いものではあったが、教義を形式的に整備し、教団化を促進する上で、教団神道の形成にモデルを提供する結果となった。

神道事務局で試みられたこと

教部省によって推進された神仏合同布教には仏教宗派の中でもとくに浄土真宗がそこからの離反の姿勢を明確にした。本願寺派の僧侶であった島地黙雷らを中心として大教院分離運動が起こった。他方では信教自由の運動も高まってきた。こうした中に神道家たちは、独自の組織作りを迫られることとなった。一八七五年四月の教部省達による神仏合同布教の差し止めを直接の契機として、神道事務局が設立されることとなった。神道と仏教でそれぞれに布教するとなれば、仏教宗派は従来からある宗派単位で布教すればいい。しかし、神道には仏教宗派に当たるような組織体はなかった。そこで、この達が出される以前から、この事態を察知していた神道関係者の一部が、神道事務局の設立にとりかかっていた。神道事務局の機能はのち神道（神道本局）[5]に引き継がれるが、その神道本局の五代管長神崎一作が、この間の事情を『神道六十年史要』の中で明らかにしている。

それによれば、この達が発布される前月の三月二七日に、三條西季知（さんじょうにしすえとも）、稲葉正邦、田中頼庸（よりつね）、鴻雪爪（おおとりせっそう）、平山省斎（せいさい）の五人が連署で、神道事務局を創立したいと教部省に願い出た。教部省は翌日これを許可した。また、常世長胤の書いた「神教組織物語」によれば、事務局の場所は東京府有楽町で、参議大隈重信の私邸を二万数千円で購入したという。四月八日には、三條西と稲葉の二人が、「神道事務局創建大意」と「神道事務局章程大要」を具えて教部省に伺い出、これも許可された。

神道事務局創建大意には、まず現状を嘆く文言がある。宣教使、次いで教導職によって神官その他が活動しているが、神道の神道たるを分からず、勝手に意見を述べ「群論百出、四分五裂」の状態である。人々からあざけられる人も出る始末である。「皇国初ヨリ教法ナシ、今ノ神道ナル者ハ、未開固陋ノ古伝ニ附会スルニ過ギズト為スニ至ル」とまで言っている。神社同士で足の引っ張りあいが少なくないこと、たまに布教に熱意を示す者があっても、それに見合った組織が形成されていないことなどが述べられている。

伊勢神宮を宗源とし、村社に至るすべての神社につながりをもたせ、「万社一社」の如くし、神職は「萬流一源ニ帰セシメ」ることを掲げて、神道界の一元化を提案する。さらに「譬ヘバ大小ノ城堡相望ミ、互ニ声息ヲ通スルガ如ク、衆寡相援ケ強弱相救ヒ、其兵馬ヲ訓練シ其糧食ヲ儲峙セバ、何ノ敵カ防ガザラン、何ノ国カ護ラザラン」と、城の守りに喩えて神道事務局創建の意義を述べている。

ここには、それまでの政府主導の国民教化から、神道家主導の神道布教へと転換していくことになる背景が見える。神道事務局には、神道界の主だった人々が結集しており、以後神道界は全体として教団宗教への道を模索し始めることになる。その当時、神道の組織的な活動にどのような展望が抱かれていたかは、「神道事務局章呈」からうかがい知れる。神道事務局章呈の第一条には「教義ヲ講明スル事」とあって、積極的に教義を作り上げていく方針が第一に掲げられている。第二条は「生徒ヲ教育スル事」で、教育という目標が掲げられている。第三条は「教典ヲ編纂スル事」である。第四条から六条までは、組織の運営に関わることである。

神道事務局が新しい構想で事態に臨んでいたことは、第一条の内容からも推し量ることができる。つまり特定の教典教義によるのではなく、新しく教説を考え出し、それを体系化していこうという発想と考えられる。第二条においては、教義に通じることを重視しているし、第四条以下では全国的な組織の整備が意図されている。教団型の神道の構築の必要性を当時の指導者たちが認識していたことが分かる。一八七五年から七六年にかけて各地に分局が設置された。その多くはかつての中教院であったものである。たとえば旧東京中教院は東京分局に、旧香取中教院は香取分局に、旧宇佐中教院は大分分局にといった具合である(6)。

分局とは別に神道事務局の直轄教会、講社も設置された。それらは以前に各神社付属の講社であったもの、近世の山岳信仰の講組織、あるいは大教院時代に小教院であったものなどである。こうした分局がどのような経緯で設置されたかについては、神道（本局）の五代管長であった神崎一作が記した『神道六十年史要』や『社寺取調類纂』が参考になる。社寺取調類纂は、教部省時代の行政資料としてはきわめて貴重である。地方の行政官や各地で直接宗教活動にたずさわっていた人々からの伺い書、それらに対する教部省側の指令、達が主な内容である。神道事務局関係の他、大教院、中小教院、講社関係などの資料もある(7)。

社寺取調類纂には神道事務局約科目があり、教育内容が分かる。教科は上等四級、下等四級の計八級に分かれていて、それぞれに何を学ぶかが示されている。古事記、日本紀、祝詞、平田篤胤の著書（玉襷、霊の真柱、出定後語、印度蔵志など）といった神道・国学関係の書だけではなく、礼記、論語など中国の書籍、さらには新旧両約書まで挙げられている。宗教史の教材に近い。宣教使や教導職に比べると、教えの面で学術的な広がりが出ている。そうせざるを得なくなった社会的背景があった。

教育制度の整備とキリスト教宣教の影響

神道事務局が神道家主導の神道布教の道を探っている頃、近代の教育制度が整備され、またキリスト教の宣教が可能になった。明治五（一八七二）年に学制、翌年に「学制二篇」が文部省より発布された。全国民に教育を受けさせる基本方針が確立した。学制はそれまでの学校教育が地域によりばらばらであったのを統一し、全国を八大学区、一大学区を三二中学区、一中学区を二一〇の小学区に分けた。

一八七九年に学制に代わって教育令が制定されると、教育と宗教とは峻別される方針がより明確となった。教育令では、学校が、小学校、中学校、大学校、師範学校、専門学校、各種学校に区分された。師範学校は教員養成が目的で、専門学校は、一つの専門的学術を授業するところとされていたから、宗教的な理念に基づくものは、その他の各種学校となり、宗教主義の学校は私塾的な存在になった。当初宗教と教育の分離は完全ではなく、学制二篇においては、神官や僧侶が教育に関与することが認められていたが、一八八四年九月には神官僧侶学校は認められないことなった。この突然の方針変更にはキリスト教解禁によるキリスト教系の学校の増加という事情が関係していたと考えられている。

キリスト教は一九七三年にキリスト教禁令の高札撤去により公に布教が可能になったが、すでに幕末からアメリカ聖公会、アメリカ長老教会、アメリカ・オランダ改革派教会の宣教師たちが来日していた。明治五年二月に、横浜において超教派を標榜した日本基督公会が創立されていた。これが日本で最初のプロテスタント教会の設立とされている。旧武士階級でキリスト教徒となるものが増えていった。

慶応四（一八六八）年三月に太政官は五つの高札を出したが、その第三札は「切支丹邪宗門ノ儀ハ堅ク御制禁タリ若不審ナル者有之ハ其筋之役所へ可申出御褒美可被下事」という内容であった。この時点では江戸時代のキリスト教禁教政策を踏襲している。また長崎で存在が明らかになった隠れキリシタン三三〇〇名余を、明治元年から三年にかけて津和野藩などに流刑にするなどの処置をしている。ところが欧米を視察中の岩倉使節団は、キリスト教のヨーロッパにおける影響の大きさと、それを日本で禁教とすることで生じる欧米との緊張について報告してきた。政府は、江戸時代のキリシタン禁教政策を継続することは無理と判断するようになる。

九州のキリシタン大名から派遣された天正の少年遣欧使節団は、天正一〇（一五八二）年に長崎を出発しインドを経由してバスコダガマの発見とされる喜望峰ルートを通って、ポルトガルのリスボンに到着し、そこからローマに向かっている。途中各地でキリスト教の大聖堂をいくつも目の当たりにして、その壮麗さに圧倒されたに違いない。

それから二八九年後の明治四（一八七一）年に明治国家から派遣された岩倉使節団は、横浜港を発ってまず米国に向かった。サンフランシスコから陸路東海岸に移り、海路ロンドンに至り、さらにパリ、ベルリン、ウィーン、ローマなどを訪れている。帰途にはスエズ運河をわたって、インド洋を経て短期間だがシンガポール、香港などにも訪れている。六三二日かけて一二か国を回っている。カトリック教会、プロテスタント教会、英国国教会、さらにロシア正教会の現状を目に焼き付けた。随行した久米邦武による『特命全権大使米欧回覧実記』(8)から、どの宗教施設を訪問し、どのような印象を抱いたかが分かる。久米は宗教視察も命じられていたので、各地の教会を訪れている。一八七二年五月にバチカンを訪れたときの様子も記されている。「其広キコト、一日二日ノ視尽ス所ニアラス、唯其書庫ナル、展覧器ヲミルノミ」などと述べている。

当時の教皇はピウス九世である。一八四六年の就任当初はその自由主義的な考えに人気があったが、しだいに保守化し、民衆が反感を抱くようになっていた。岩倉使節団がローマに到着する少し前の一八七一年には教皇領が廃止されている。こうした中でのバチカン見学であった。カトリックに共感を覚えたような気配はないが、建物の壮麗さ、各国の教皇に対する態度はひしひしと感じたことが分かる。各国からの贈り物が「各国ノ精技ヲ極メ」と表現している。一日や二日では見られぬほどの広い建物や数々の豪華な品々に接したこともあってか、「始メテ教皇ノ尊キヲ知ル」と記している。

使節団には岩倉具視特命全権大使以下、副使に木戸孝允、大久保利通、伊藤博文らがいた。また山田顕義、中江兆民、津田梅子、新島襄らも含まれていた。彼らのその後の活動から明らかだが、この使節団は近代の宗教行政、そして宗教史の展開にかなりの影響を及ぼした。神道関係では山田顕義がいるが、山田はのち一八八九年に皇典講究所所長となり、さらに同年日本法律学校を設立する。日本大学の前身である。

使節団から出された視察中及び帰国後の報告内容は、神道関係者の耳にも届いたはずである。すでに米国滞在中の一八七二年三月に、使節団は言論・出版・信教の自由を認め、宗教上の意見、礼拝に対して寛大であることを求められている。

国際情勢を考慮する政府の関係者には、方針の転換は避けられなかったが、一般の人々の間でのキリスト教に対する忌避感はまだ強かったようである。人びとと政府関係者との意識のずれを示すような記事が、石井研堂『明治事物起原』(橋南堂、一九〇八年)の「明治初年の耶蘇教」と題する項にある。宮城県人津田徳之進ら数名がキリスト教について講説して捕らえられたが、大蔵省は「厚く教諭を加へよ」としただけだったという。この出来事に対し、「一方異教徒を放免し、一方異教の侵入を欲せざりし、首鼠両端の状を見るに足れり」といった感想を加えている。政府のキリスト教対策のちぐはぐさを指摘している。

この記事では、津田らは函館で天主教に入信したことが分かるが、「魯館に出入り」とあるからロシア正教である。函館には安政七(一八六〇)年、初代ロシア領事館の付属聖堂として函館ハリストス正教会復活聖堂が建立されていた。ロシア正教の司祭であったニコライは文久元（一八六一）年にこの付属聖堂付司祭として函館に来ている。いったん帰国したのち、明治四（一八七一）年にふたたび来日して東京などで布教をしている。

これより早く慶応元（一八六五）年九月には、攘夷論者であった矢野元隆という武士が、初めてプロテスタントの信者になり洗礼を受けている。明治維新前後には武士階級を中心にキリスト教に関心を抱く者が少しずつあらわれていた。(9)

国民の教育の流布とキリスト教の影響の強まりが、神道事務局を中心とする教化活動の方針を考えていた人々に実際のどのような影響を与えたのかについては具体的には分からない。欧米におけるキリスト教の影響についての認識は、人によって大きく差があったと考えられる。こうした社会環境の中で、神道事務局は内紛状況を経てのち、しだいに現実的な教化方法を探り始めた。

（2）祭教分離を経て形成された教派神道

一派独立の流れ

神道事務局の設置は、神道教団の形成に大きな足場となったが、それまでまとまった教義がなかったことが厄介な問題を生じさせた。祭神論争に象徴される神殿にまつる神々や教理の問題に絡まる対立であった。宗教行政に関わった国学者・神道家たちは決して一枚岩ではなかった。国学者の間での、平田派・大国派という対抗関係があった。神職の間では、伊勢神宮を中心とする勢力と出雲大社を中心とする勢力という、根深い対抗関係があった。神道を二部制、三部制、さらに四部制へと分けざるを得ないような対立があった。これには神宮派と出雲派の対立が大きく関与していたが、それは祭神論争において顕在化した。祭神論争は一八七五（明治八）年に神道事務局を設置する際、その神殿に奉斎する神々をどうするかを議論したことに端を発する。七八年に千家尊福（たかとみ）が、それまでの案に異を唱えたことにより論争が表面化し、八〇年には神道界全体が伊勢派と出雲派に二分されての大論争となったが、翌年勅裁により一応の決着をみた[10]。

こうしたさなか、一八七六年には神道黒住派と神道修成派が別派特立し、神道を各部に分ける意味も薄れた。結局一八七八年七月六日の内務省達「神道部分ノ儀自今廃止候条此旨相達候事」により、神道を各部に分けるという制度自体が消滅する。仏教における本山末寺制度のようなものがなかった神道界にとって、こうした組織面での混乱は避けがたいものがあった。それが図らずも神道教派が次々と独立した組織として形成されていく方向へと作用した。

黒住教と神道修成派の特立は、神道事務局の性格の変容をもたらすことになった。黒住教と神道修成派は、すでに幕末から独自の組織を形成していた。この二つの教派の特立は、神道も仏教各宗派と同じように、それぞれの教義教説に従って一派を形成し、独自の活動を展開するという流れを作った。神道界が一丸となって国民教化のために努力するという目標はしだいに変容し、それぞれ体系だった教理を掲げる教派による布教活動という事態へと転換していく。

なお、ここで、特立という表現について簡単に付け加えておきたい。芳村忠明は「特立とは、一定の宗派又は教派に所属せず、単立し来ったものが、宗派又は教派の許可を受けたものを云い。独立とは、一定の宗派又は教派に所属し、其の所轄を分離し及び管長を別置して、教派又は宗派を受けたるもの」と主張している[11]。ではこれ以後、各教派の認可に当たっては実際にどのような表現が用いられたかというと、次のようになっている。

①黒住教と神道修成派は、「別派差許」(教部省布達)
②神宮教、出雲大社教、扶桑教、実行教、神道大成教、神習教、御嶽教は、「特立差許」(内務省達)
③神理教、禊教は「分離独立」(内務省告示)
④金光教、天理教は「一派独立」(内務省告示)

以上のように、別派、特立、独立の三種類がある。また神道本局はこのいずれにも属しない。ただ細かな差に拘泥しない場合は、いずれも一派独立と表現される。

黒住教と神道修成派が特立し、また神道界が祭神論争でもめ始めた頃、教部省は一八七七年一月に廃止される。教部省設置の本来の目的であった神仏合同によるキリスト教対策は実をあげることができなかった。神仏合同も破綻し、さらには神道界内部の亀裂も激しくなった。こうした状況のもとで、教部省の存在意義は薄いものとなり、代わって置かれたのが内務省社寺局である。

神官教導職の分離が加速させた祭教分離

黒住教と神道修成派の特立に続いて、教派神道体制の形成を決定的なものにする政策が、一八八二（明治一五）年一月二四日に出された。「自今神官ハ教導職ノ兼補ヲ廃シ、葬儀ニ関係セサルモノトス」という、神官教導職の分離策である。神社に奉仕する神官と神道の教えを広める教導職とを分ける施策である。神社における国家的祭祀と、教化を主体とする布教活動とを同一の人間に認めることは、行政上の論理的破綻をきたすというところに発していた。

また葬儀問題も神官教導職の分離を促進させる方向に作用した一つの要因である。すでに慶応四（一八六八）年閏四月の神祇事務局達で、「神職之者家内ニ至迄以後神葬祭相改可申事」と、神職及び家族の神葬祭に変えるべきことが命じられた。明治三（一八七〇）年四月には、神葬祭用の青山墓地が設けられた。五年六月に太政官は自葬を禁止したという経緯がある。神官・僧侶に葬式を認めたのは、キリスト教への改宗をしにくくする意図があった。

教部省時代の一八七四（明治七）年一月に、布告により教導職に葬儀執行が認められた。神道教派にとって、神葬祭を実施できることは、教団としての機能を充実させる方向に作用した。神社神道には死に関わることを穢とする観念が伝統的に根強い。官国幣社の神官は教導職を兼補しないとなれば、死穢を避ける神道的な観念を一応保持しつつ、神道教派では宗教教団として葬儀が可能になる。

神官教導職の分離という方針には賛否両論あったが、結局実施された。神官教導職の分離により、祭教分離が具体化した。これが戦前の信教自由論にもつながっていく。宗教活動の自由と公平さは戦前にも一定程度保証されていたという見解である。ここで「祭」はまつりごとであり、「教」は宗教的教化である。今日の宗教研究からすれば、どちらも宗教的行為に含まれる。宗教は宗教的儀礼と宗教的教義を含むのが一般的だからである。しかし当時は「国家の宗祀」を宗教とはみなさなかった。こうして祭祀を専らとする神官と、教義の布教を中心とする教法家たちの二極分離が進行した。後者のグループは神道教派としての活動を展開させていくための策を追求していく。こうしたなかに、各教派が神道事務局から次々と独立してゆくことになる。

この祭教分離とともに進行したのが「教学分離」、すなわち、教化活動と、神道の学問的研究との分離である。これも祭神論争が契機とされている。祭神問題を宗教的信仰から論じる者（教法家）と、古典、学問として論じる者（皇学家）との二派に分かれた。教法家の田中頼庸、千家尊福、宍野半（ししのなかば）、柴田花守、平山省斎、芳村正秉（まさもち）が各一派を立てた。田中頼庸が神宮教、千家尊福が出雲大社教、宍野半が扶桑教、柴田花守が実行教、平山省斎が神道大成教、そして芳村正秉が神習教である。

これに皇学家たちは刺戟され、皇典講究所創立の話が次第に具体化された。(12) 一八八二年一一月四日に皇典講究所開校式が挙行される。国学院大学の前身である。初代総裁には有栖川宮熾仁（たかひと）親王が就任した。教学分離の進行は、神宮皇学館の設立としても具体化する。神宮派は、皇典講究所の設置より一足早く、同年三月三〇日に、伊勢に神宮皇学館を設立した。

一八八四年には教導職の制度自体もなくなった。八月一一日の太政官第一九号布達で「自今神仏教導職ヲ廃シ寺院ノ住職ヲ任免シ及教師ノ等級ヲ進退スルコトハ総テ各管長ニ委任シ」とされた。神道、仏教双方に出されたものであるが、神道に関わる条項は次のとおりである。

第一条　各宗派妄リニ分合ヲ唱ヘ或ハ宗派ノ間ニ争論ヲ為ス可ラス

第二条　管長ハ神道各派ニ一人仏道各宗ニ一人ヲ定ム可シ但事宜ニ因リ神道ニ於テ数派聯合シテ管長一人ヲ定メ仏道ニ於テ各派管長一人ヲ置クモ妨ケナシ

第三条　管長ヲ定ム可キ規則ハ神仏各其教規宗制ニ由テ之ヲ一定シ内務卿ノ認可ヲ得可シ

第四条　管長ハ各其立教開宗ノ主義ニ由テ左項ノ条規ヲ定メ内務卿ノ認可ヲ得可シ

一教規

一教師タルノ分限及其称号ヲ定ムル事

一教師ノ等級進退ノ事

以上神道管長ノ定ムヘキ者トス

これが以後の神道教派の組織の基本方針となる。つまり、各派には管長を置く。管長についての教規は内務卿に認可を得る。教規、教師の分限、等級、進退は管長が定め内務卿が認可する。[13] 組織の分裂や対立を恐れたことがうかがえる。江戸時代の新義異流を禁じるという宗教政策とも相通じる。政治権力に認可され監督される教団という性格は基本的に変わっていない。

教派神道体制が孕んでいた不整合

神道が機能分化し、明治政府が当初理念として掲げていた大教宣布は、教団ごとの教化活動へと展開していく。一八八二年五月一五日には神道神宮派、神道大社（たいしゃ）派、神道扶桑教、神道実行派、神道大成派、神道神習派の六派が一斉に独立した。四か月ほど遅れて同年九月二八日に御嶽派が大成派から独立した。この年七つの教派が成立した。すでに一派となっていた黒住派と神道修成派を合わせ九派が同年一一月に、神道修成派を除く八派が内務省に出願して派名を教名に変えることが許可された。「神道黒住派」が「黒住教」のようになった。

神道事務局のもとにあった組織が一派として独立していった結果、神道事務局の機能は縮小した。こうした中に、神道事務本局は、一八八五年末、部下の神道事務分局、及び直轄教会長を召集して会議を開き、新たに神道教規を制定する作業を始めた。これは翌年一月一八日に認可された。初代管長には稲葉正邦が就任した。一つの教派としての性格が強まる。神道本局は神道事務局の設立者の一人である稲葉正邦が初代管長となっているので、事務局を直接的に継承した組織であるとみなすことができる。[14] 稲葉正邦は幕末は京都所司代、老中などを勤め、維新後は、明治二（一八六九）年に淀藩知事に任じられた。武士のエリート層であったわけだが、平田派の国学を学んで神道界に身を投じ、教部省祠官となり、一八七三年には静岡県三島神社宮司となった。七四年に宮司を辞して翌年の神道事務局設立に関わった。

一八八二年の一派独立に際して各派の管長となった人物は、実行教の柴田花守を除き、いずれも明治政府の宗教政策に関与しているが、興味深いのは神社の神官であることより教派の管長を選んだことである。理由はそれぞれであるにしても、大教宣布という目的を貫こうとすれば、教派の管長を選んだ方がやりやすかったのは確かである。田中頼庸は神宮大宮司であったが、神宮教の管長となった。同様に千家尊福は出雲大社宮司を辞し大社教管長、平山省斎は氷川神社宮司を辞し大成教管長、宍野半は浅間神社宮司を辞し扶桑教管長、そして芳村正秉は竜田神社宮司を辞し神習教管長となった(15)。

教派神道の形成過程と相互の関係については『教派神道の形成』で作図したものを次頁の図II—2に再掲する。一八八〇年代までに形成された教派は黒住教を例外として、他は明治政府の宗教政策に直接的影響を受けて組織化が始まったり、急速に進んだりしたものである。それゆえ組織と教えについては急ごしらえであった。一八九〇年代から一九〇〇年代にかけて、禊教、神理教、金光教、天理教の四教派が認可されるが、これらは神理教を除いてすでに明治維新以前に宗教運動が始まっており、信者組織がそれなりに形成されていた。

にもかかわらず四教派の一派独立が遅くなったのは、それぞれに事情が介在するが、教祖に当

図Ⅱ—2　教派神道関係図

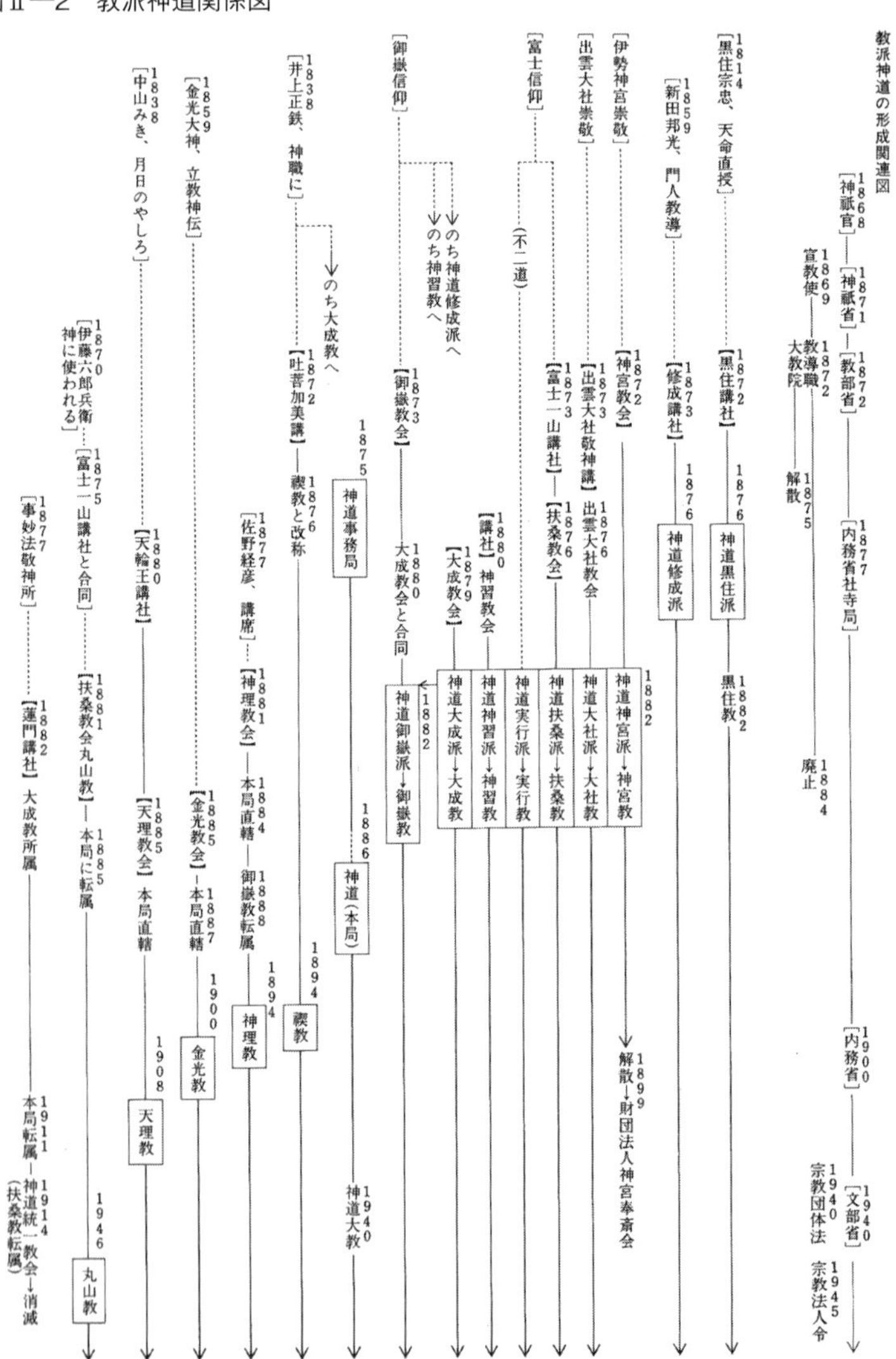

教派神道の形成関連図
1868〔神祇官〕—1871〔神祇省〕—1872〔教部省〕
1877〔内務省社寺局〕
1900〔内務省〕
1940〔文部省〕
1869 宣教使—1872 教導職
廃止 1884
大教院
解散 1875
1940 宗教団体法
1945 宗教法人令
1814〔黒住宗忠、天命直授〕
1872【黒住講社】
1876 神道黒住派
1882 黒住教
1859〔新田邦光、門人教導〕
1873【修成講社】
1876 神道修成派
〔伊勢神宮崇敬〕
1872【神宮教会】
1882 神道神宮派→神宮教
1899 解散→財団法人神宮奉斎会
〔出雲大社崇敬〕
1873【出雲大社敬神講】
1876 出雲大社教会
神道大社派→大社教
〔富士信仰〕
(不二道)
神道実行派→実行教
1873【富士一山講社】
1876【扶桑教会】
神道扶桑派→扶桑教
1880【講社】神習教会
神道神習派→神習教
1879【大成教会】
神道大成派→大成教
〔御嶽信仰〕
のち神道修成派へ
のち神習教へ
1873【御嶽教会】
1880 大成教会と合同
1882 神道御嶽派→御嶽教
1875 神道事務局
1886 神道(本局)
1940 神道大教
1838〔井上正鉄、神職に〕
のち大成教へ
1872【吐菩加美講】
1876 禊教と改称
1894 禊教
1877〔佐野経彦、講席〕
1881【神理教会】
1884 本局直轄
1888 御嶽教転属
1894 神理教
1859〔金光大神、立教神伝〕
1885【金光教会】
1887 本局直轄
1900 金光教
1838〔中山みき、月日のやしろ〕
1880【天輪王講社】
1885【天理教会】本局直轄
1908 天理教
1870〔伊藤六郎兵衛 神に使われる〕
1875〔富士一山講社と合同〕
1881【扶桑教会丸山教】
1885 本局に転属
1946 丸山教
1877〔事妙法敬神所〕
1882【蓮門講社】大成教所属
1911 本局転属
1914 神道統一教会→消滅
(扶桑教転属)
井上順孝『教派神道の形成』(弘文堂)を参照。

たる人物が明治維新政府の宗教政策に関わっていなかった点では共通する。天理教が一九〇八年に一派独立が認められたことで神道は最終的に十三派となり、神道十三派という言い方がなされるようになった。神宮教は一八九九年に財団法人神宮奉斎会になったので、この十三派には含めない。

十三派の形成は明治維新政府の宗教政策によるところが大きい。大教宣布の流れの中で形成された教派もあるが、そうでないものもある。後者には創唱宗教的な性格をもつものがある。これについて整理しておくとともに、大教宣布の流れ以外に江戸末期の神道史のどのような動向が、教派神道に影響を与えたかを整理しておく。

(3) 二つのタイプの神道教派

高坏型と樹木型

十三派の組織形態に注目すると、大きく二つのタイプがあることを『教派神道の形成』で論じた。それは高坏型と樹木型というタイプである。樹木型の方が一般的に見られる宗教の組織形態であり、高坏型は明治期の宗教行政に左右されてできた特徴的な組織形態である。ただし、高坏型のものがこの時期に限られるわけではない。樹木型は、本部から支部、支部からさらにその支部という形で組織が増えてゆき、かつそれらは全体として一つの有機的な関係を維持した構造になっている。これに対し高坏型は、全体の組織の外枠はあるが、その中には異質なミニ組織が含まれている。大きな食器は、それで一つの狙いをもった食べ物のまとまりを作れるが、そこに盛られた食物は必ずしも同じ種類とは限らない。そうした関係の比喩を用いてある（図Ⅱ―3参照）。

創唱宗教と呼ばれる宗教の形成の場合は、創始者と創始者により説かれた教えが中核にある。仏教、キリスト教、イスラム教といった世界的に広がった宗教だけでなく、黒住教、天理教、金光教、大本、天照皇大神宮教など新宗教に含められることの多い教団も、創唱宗教的な性格を帯びている。

ただ創唱宗教は組織としては新しいが、教えや儀礼や実践方法などは、それ以前にその地に存在した別の宗教や民族宗教、あるいは民俗信仰からの影響を大なり小なり受けている。イエス・キリストはユダヤ教の改革者としての側面があるし、ブッダはバラモン教の改革者の側面がある。ムハンマドにユダヤ教やキリスト教の影響は明らかである。日本の新宗教の場合も同様である。ただしどの程度の影響を受けているかは、個々の宗教によりまちまちである。

十三派の場合も、近世の宗教や宗教文化に蓄積されてきたものからどの程度影響を受けているかは、教派ごとに異なる。十三派それぞれにおける教えや活動内容、組織形態などにおける違いについては、戦前の研究においても早くから指摘されていた。中山慶一は山嶽宗教、村落宗教、其他の諸教派の三類型を提起している[16]。鶴藤幾太は十三派を区分することの難しさを示した上で、

図Ⅱ―3　高坏型と樹木型

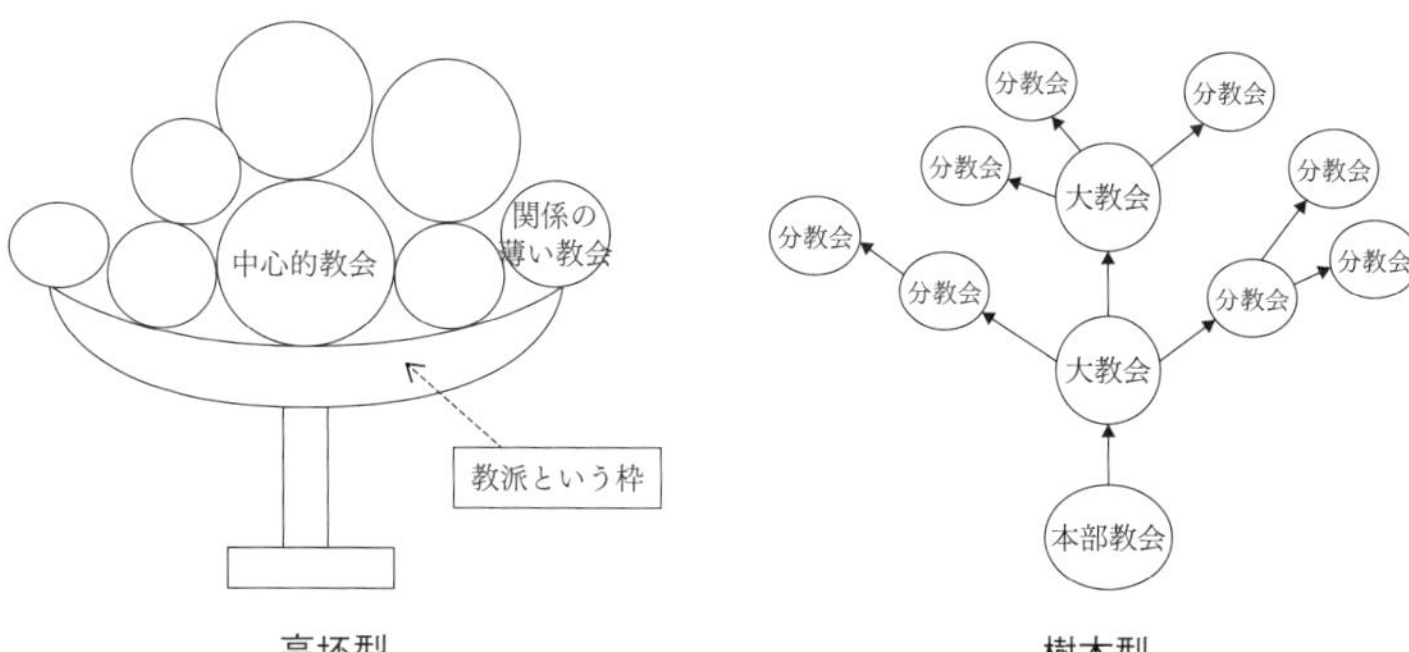

「教団組織の純不純に依る分類」、「表面の形の上からの分類」、「思想の独創性・伝統性で分けたもの」、「教祖の宗教体験を基準に分けたもの」という四つの分類原理を提起した。[17]

樹木型と高坏型の二分法はこれらに比べて単純であるが、それはもっぱら組織原理によって分類したからである。樹木型の典型は黒住教、天理教、金光教である。禊教もこれに近い。樹木型の教派では、創始者の教えと実践に関する情報が支部の組織にも共有されている。枝分かれして組織が拡大しているとみなせるので樹木型と名付けた。樹木型の組織では境界線は明確である。教祖の教えを中核とし、細胞分裂のように組織が広がっていくわけであるから、中核的な情報はほぼ共有されている。もし理念等が大きく食い違ってきて、対立が生じたような場合には、しばしば分派が形成される。

一方高坏型の典型は神道大教、神道大成教、神習教、神道修成派である。高坏型の教派は、ゆるやかな連合体を成す組織である。多少異なった性格の組織も一つの教派として形式上まとめられている。高坏型の教派ではすべての支部組織が創始者によって示された教えと実践に関する情報を中核的なものとして共有しているわけではない。信仰実践の場面においては、教派全体としての統一性に欠ける。教派に属する小さな教会の創始者が、その教会の信者たちにとっては教祖のようにみなされる場合もある。儀礼も独自のものを行なう場合もある。

高坏型の教派の場合も、中核には程度の差はあれ、創始者の教えと実践についての情報を共有する部分が存在するので、実際はやや複雑な形態も出てくる。出雲大社教、御嶽教、実行教、神理教、扶桑教などは、一応高坏型に含めうるが、樹木型も一部含む二重構造をなしている。その二重構造のあり方も同じではない。神理教は佐野経彦の教えに共鳴した弟子が設立した教会があるし、出雲大社教や山岳信仰を取り込んだ教派は江戸時代に存在していた各地の講を一つの基盤にしている。

出雲大社教は西日本に多い出雲講の存在が多少関わっている。御嶽教は御嶽信仰、実行教と扶桑教は富士信仰の講が中核にあった。また神道大教や神道大成教のように、そうした中核になるものがほとんどなく、まさに種々の教会の集まりというに近い教派もある。神道大教はその成り立ちからして、種々の組織の寄り集まりとなることは避けがたかったし、神道大成教の平山省斎は幕末には外国奉行であり、もともと国民教化のために各種の教会を集めるという方針を抱いていた。[18]

高坏型の教派のうち、神道修成派、神理教、神道大成教、神習教については『教派神道の形成』で詳しく扱ったので、出雲大社教の形成過程についてここで触れておく。

出雲大社教の形成

出雲大社教（戦前は大社教と称していた）を組織したのは千家尊福である。尊福は維新期の宗教行政にも深く関与した人物で、宗教行政の動向を見据えて出雲大社教の結成を図った。出雲大社教の場合、教義的な面での整備が教派の成立や展開に大きな比重を占めたのではない。尊福には『教旨大要』『大道要義』などの教義書があるが、これらが実際の布教に当たって大きな意味をもったとは言い難い。

出雲大社教の成立基盤の一つは近世の御師の活動である。西岡健「出雲大社の御師」[19]によれば、出雲御師の起源は、一六世紀前半の大永年間の頃と推定されている。また、その活動が活発になったのは、天正一九（一五九一）年に、出雲大社が社領の没収という事件にあって以降のことで、経済的窮迫を打開するためのものであったとされている。出雲御師たちは、大国主大神の神徳を発揚宣伝するために、いろいろな活動を行なった。種々の神札配布や祈祷をなしたほか、旦那の参詣に際しての宿泊所提供を行なった。なお、出雲大社の神職組織は、宮司、禰宜、上官、中官、近習と分かれていたが、初期においては、もっぱら中官が御師となったという。彼らの活動範囲は、主に東海、近畿、中国、四国地方にわたり、明治初年には、信者数四百万人を数えたと述べられている。この数にどれ位信憑性が置けるものかは不明である。明治初年の日本の総人口は三千万人余りと推定されているから、もし実際に四百万人いたとすると、人口の一割以上が出雲大社の信者であったことになる。こうした御師と旦那の存在が、一八七三年の出雲大社敬神講の設立を容易なものにしたであろう。出雲大社と地方の崇敬者とをつなぐネットワークが、すでに存在したからである。

千家尊福は明治五（一八七二）年正月に官幣大社出雲大社の大宮司に任ぜられた。教導職が置かれると、同年四月に権少教正、六月には教導職の最高位の大教正に補命された。教導職が四月二九日の教部省達により、東西両部に分けられると、尊福は西部管長となった。同年一一月、第八〇代の出雲国造（こくそう）となった。出雲大社を統轄する地位と、神官教導職の西部を統轄する地位とを兼ねることとなった。

神道の教化に熱心であった尊福は、出雲大社の信仰を中心とした神道布教を行なうため、各地の出雲講や甲子（きのえね）講などを組織化し、一八七三年一月に出雲大社敬神講を結成した。さらに、同年八月には、同講を教会組織へと拡大し、出雲大社教会の設立を申請した。出雲大社の信仰は西日本を中心とするが、東日本における布教の拠点とするため、一八七八年には、大社教会出張所が東京の神田神社内に設けられた。尊福は、一方で出雲大社の動向を把握し、他方で神道行政の中枢にいたので、神道界が激動の最中にあったとき、どのような方策がより適切なものであるかを見通すことができた。

「社寺取調類纂」には、出雲大社教会設置当時の状況が記されている。出雲教会を取り結ぶ許可願いは、一八七三年八月二一日付けで出されているが、その際示された「出雲教会仮条例」を読むと、この運動の主旨がほぼ了解できる。明らかに中央で行なわれていた国民教化運動に対応している。ただ若干は独自の教えについての主張もある。第六条に「出雲大社ハ幽冥ノ大政府ニテ世ノ治乱吉凶人ノ生死禍福ノ関スル所ナレハ人民ノ生産ヨリ死後ニ至ルマテ悉ク大神ノ恩頼ニ洩ル事ナキ所以ヲ信シ毎朝敬祀拝礼スヘシ」とある。この「幽冥の大政府」という教えには、近世の国学、とくに平田篤胤の思想の影響を見てとれる。

組織に関する規定が第一七条にあり、「千人ヲ一講トシ一講ニ講社長副講社長ヲ立テ」となっている。千人単位で一つの講を形成し、それぞれに社長を置く組織である。

一八七五年四月八日に行なわれた出雲大社教会所開設式の状況についての記載を見ると、この日、島根県下諸郡より教会講長が講社の者を率いて続々と参詣し、教会記号を示す旗幟などが庭に林立し、献納された品々は社殿前に充満して丘山の如くであったという。参拝した男女は二千人余りで、九日と一〇日の説教には、参聴者がそれぞれ数百人であった。信者は、愛媛、広島、岡山、山口、鳥取などからも詰め掛けたとある。中国地方と四国が多いが、陸路と海路で移動するという当時の交通手段が関係している。

出雲大社教が一派独立すると千家尊福は初代管長となったが、一八八八年に管長を辞任して、政界へ身を転じた。元老院議官、貴族院議員、埼玉県知事、静岡県知事、東京府知事などを歴任し、一九〇八年には短期間だが司法大臣を務めた。尊福の管長辞任後は、甥にあたる千家尊愛(たかあき)が第二世管長となって活動を引き継いだ。尊愛は一四歳のときから尊福の巡教についてまわり、布教活動の体験をしている。一九一八年まで管長の職にあった。

出雲大社教の明治年間の教勢はどうであったか。『大日本帝国内務省統計報告』に報告された教師数から見てみる（グラフII―1参照）。教師数は一八八〇年代に急速に増加している。ピークが一八九〇年代半ばあたりで、その後は減少傾向となる。大正から昭和前期にかけての出雲大社教の活動を詳しく知る資料はあまりないが、一九三二年に読売新聞社から刊行された『宗教大観第一巻』には、当時の布教について、きわめて簡単ではあるが記述がなされている。それによると、出雲大社教の布教所は、国内ばかりではなく、樺太、朝鮮、台湾から、さらに満州、ハワイにまで及んでいたという。一九三一年末現在で、教師数は三〇七九人、信徒数は三三五万人にのぼったと記録されている。明治年間より教師数は減っている。

一九一八年に第三世管長となった千家尊有（たかもち）は尊福の三男で、学習院を卒業後、本居豊穎（もとおりとよかい）らに国学を学んだ。国内の社会事業や教育事業に熱心で、農繁期託児所や大社教幼稚園を開設したりした。またハワイ、台湾、満州にも布教に出かけており、海外布教にも熱心であった。海外の布教所は、戦後ほとんど消滅したが、ハワイの出雲大社教は、現在もホノルルに存在し、活動が続けられている。この布教所は、広島県出身の神職宮王勝良（みやおうかつよし）が出雲大社教本院の内命を受けて一九〇六年から活動を始めたのが契機となってできた。その後、ハワイ出雲大社へと発展していくが、その経緯と一九七〇年代の状況については、拙著『海を渡った日本宗教』[20]で紹介した。

グラフⅡ—1　出雲大社教の教師数

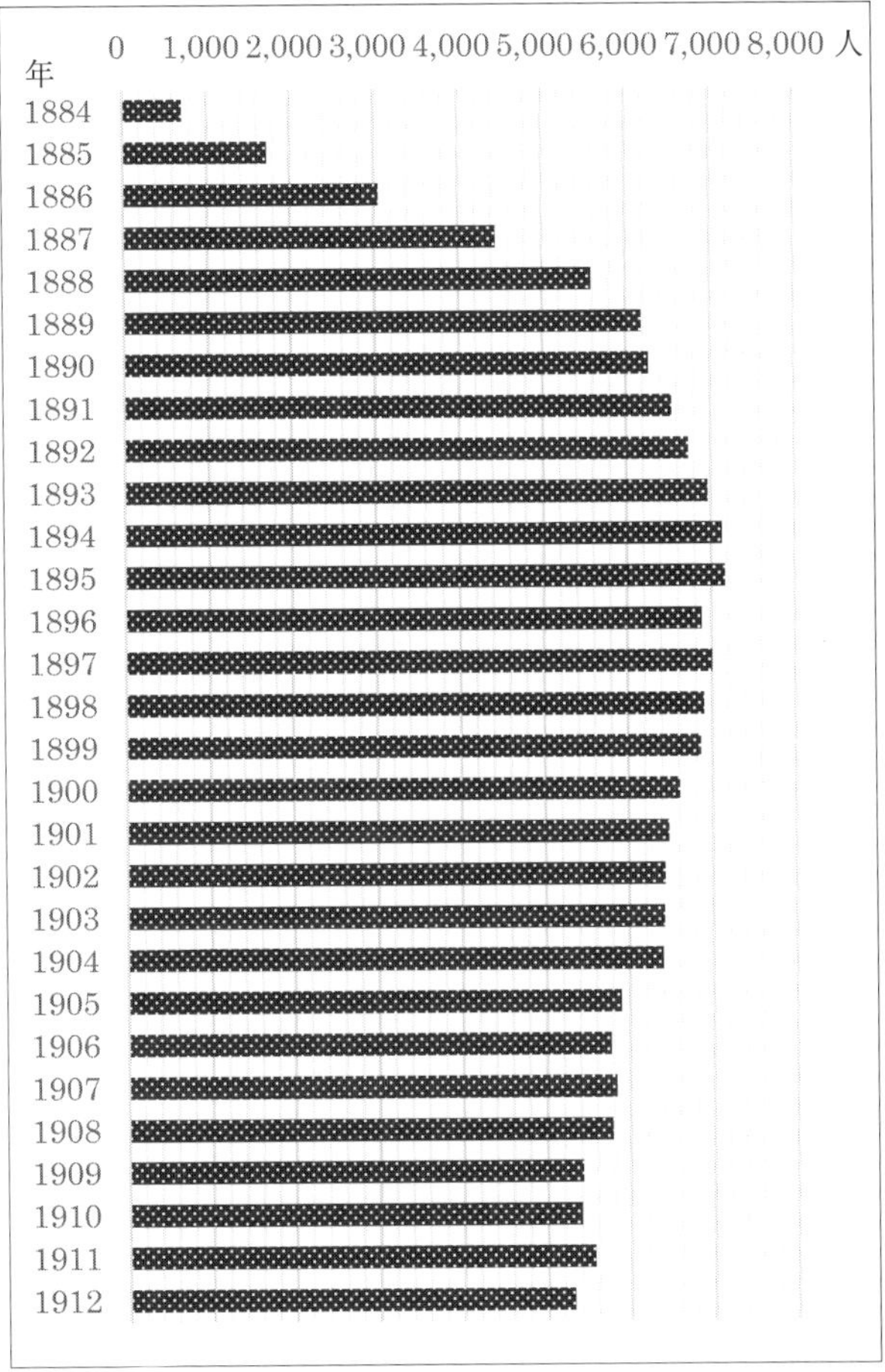

教派神道の神葬祭

一八八二年の神官教導職分離以後、官社たる神社では葬儀が行なえなかったが、神道教派では葬儀を行なえた。一八八〇年に神宮司庁より「神道葬祭式」が出され、多くの教派はこれを一つの規範としながら、独自の葬祭式を作りあげた。教派によって時代的変遷があり、当初と比べて、戦後は簡略化の傾向があるが、各教派の現在における公式的な神葬祭の手順については、『神葬祭総合大事典』の「教派神道の葬送儀礼」の項目で詳細に記しておいた[21]。現在の葬祭次第を参考にして、教派神道の葬儀からどのような世界観がうかがえるかを見てみる。

出雲大社教、御嶽教、黒住教、神習教、神道大教、神理教の式次第について表II―1に示した。実際の葬儀においては、正式な手順通りとは限らず一部省略がある。教派によっては、一応の基準はあるものの、各教会の伝統に委ねられている場合がある。各派を見比べると、死をどのように表現するかは一定していない。出雲大社教、神道大教、神理教では帰幽とする。御嶽教、神道大教、神理教では遷霊とする。黒住教では遷魂とする。

出雲大社はもともと幽界を支配する神である大国主命を奉斎主神としてまつっている神社であり、これを母体に形成された出雲大社教では、葬祭に関して体系だった儀式を確立している。一九〇八年に全国の神社祭式が統一されたが、出雲大社教では、出雲大社の古い祭式が継承された。その意味ではきわめて注目すべき神葬祭式である。祭官の職制など、細かく定められている。また、身分、性別、年齢などによって墓碑や名旗の尊称が、かなり厳密に分けられている。

表Ⅱ―1　神道教派の神葬祭次第

出雲大社教	御嶽教	黒住教
帰幽奏上式	遷霊祭次第	第一種葬儀式（自宅用）
地鎮式	発柩祭並に葬場祭（告別式）次第	1 祓式
入棺式	イ発柩祭並に葬場祭（告別式）次第	2 主神奏上祭
招魂式	ロ火葬祭の儀	3 遷魂祭
発葬式（棺前祭）	ハ埋葬式の儀	4 殯斂祭
葬祭場	ニ発柩後祓除の儀	5 告別式
埋葬式	ホ帰幽祭の儀	6 葬場祭
清祓式	ヘ霊祭の儀	7 埋葬式
	霊前祭次第	8 清祓祭
	合祀祭次第	

神習教	神道大教	神理教
1　通夜祭（昇霊式諡号奉告祭）	殯の儀（あらきののり）	天在諸神に死亡報告祭
2　告別式	帰幽奏上の儀	1　霊魂安定祭（自宅）
火葬場祭	墓所地鎮祭	2　通夜祭（自宅）
帰家祭	納棺の儀	葬儀
3　10 日祭	通夜祭の儀	1　祓詞奏上
4　30 日祭	遷霊祭の儀	2　祓行事
5　50 日祭	発柩祭の儀	3　降神詞
6　75 日遷霊式	葬場祭の儀	4　帰幽詞
7　百日祭	埋葬祭の儀	5　遷霊詞
8　1 年祭	火葬祭の儀	6　告別詞
9　2 年祭	祓除の儀	7　火葬発棺詞
10　3 年祭	帰家祭の儀	8　祈念詞
11　5 年祭	霊前祭の儀	火葬場
12　10 年祭	祖霊殿合祀祭次第	1　祓詞奏上
		2　祓行事
		3　火葬詞

出雲大社教の葬祭式はすでに一八八一年に作成され、現在のものもこれを基本にしている。ここでは一九八七年に刊行された出雲大社教教務本庁編の『葬祭式　上巻祭式部』によって内容を見てみる。まず「喪家心得」として、葬儀を行なう家の心得が示されるが、日本における一般的な葬儀での慎みとか作法に加えて特徴的な点がいくつかある。最初に「病者命終ラハ先ツ汚物ヲ取除キ、仰向ニ臥サシメ、白布ヲ以テ面部ヲ覆ヒ、枕辺ニ守刀ヲ置キ、頭上ニ屏風ヲ建回シ、時刻ニハ飯菜ヲ供シ、平素嗜好ノ物ヲ添フヘシ」とある。顔を白い布で覆ったのち、枕元に守刀を置いて、頭上に屏風をたてる。平素好んでいた食べ物も添える。ただ生前の病状によっては、石炭酸か酢を器に盛って、伝染を防ぐようにという指示もある。喪主の喪服については、「黒染ノ浄衣又ハ直垂渋塗烏帽子中啓扇モ光沢ナキヲ宜トス。或ハ白ノ直垂浄衣ヲ用ルモ妨ヘシ」としている。親族等にもこれに準ずる喪服ないしは礼服を定めている。

一方祭儀を行なう祭官の心得として「祭官指要」がある。死者が出たと報告を受けたときの対応がまずある。「喪家ヨリ帰幽ノ旨ヲ告ケ、葬祭ヲ依頼スレハ、先ツ本社ニ於テ幽冥大神ヲ祭祀シ、帰幽奏上式ヲ行ヒ、死者ノ霊ノ為ニ幽冥ノ神助ヲ仰クヘシ」とある。まず出雲大社教の本社で帰幽奏上をするのである。その後の手順も示される。さらに祭官の役割と式の内容について次のように示している。

一　祭官ハ死者生前ノ罪過ヲ祓除シ、霊魂ヲシテ幽冥ノ神徳ニ浴セシメ永遠ニ該家ノ守護神タルコトヲ得サシムル祭儀ヲ行フモノナリ。故ニ其礼式ヲ厚クシ、誠敬ヲ尽シテ、幽冥大神ニ祈請シ、霊魂ヲ慰安スルヲ旨トス。且遺族ヲ扶ケテ哀情ヲ尽サシメテ遺憾ノ思ナク、祭祀ノ懇ナルニハ死者ノ冥福ヲ想像シテ、安堵ノ心ヲ生セシメ、死者ノ霊、遺族ノ心、共ニ安セシムヘキノ重任ナリ、故ニ祭文ノ読声ヨリ、音楽ノ調曲起座進退ニ至ルマテ、賑ハシク興ニ入ルノ風ナク、懇切ニシテ悲哀ノ情ヲ厚クスヘク、誠敬ヲ尽シテ鄭重ニ行フヘシ。

一 祭目ハ、帰幽奏上式、入棺式、祓式、招魂式、戒諭式、地鎮式、安定式、発葬式、埋葬式、清祓式、家祭式等ナリ。復祭式ハ異教者ノ神道ニ復祭スル時、幽冥大神ニ奏上シテ、該家ノ祖霊ヲ改祭スル式ナリ。

死者の罪過を祓い、永遠にその家の守護神となるようにというのが祭儀の目的になる。儀式は懇切で悲哀の情を厚くするようにともある。他の宗教を信じていた者が神道に復したときは復祭式を行なうとあるので、他の宗教を信じていたとしても、神道に復するなら、出雲大社教式の葬儀を行なう。

御霊と守護神という観念——神葬祭の意義づけ

出雲大社教では死者の罪過が祓われると、その家の守護神になるようにと葬儀を行なうが、各教派の神葬祭の式次第を見ると、具体的な葬儀形態、そして諱(いみな)のつけ方などから、死者をどう位置付けているか、死後の世界についてどのような世界観を提示しているかが見えてくる。

死後守護神となるという考えは、御嶽教にも見られる。神葬祭の根本思想は、人の帰幽する時、その御霊は現世を去って幽世に至り、御祖の神々と共に、永く霊界に留まるものであって、遺体は之を墳墓におさめてその霊を鎮め奉り、霊璽は之を家に留め、一家の守護神として祭ることにあるとしている。

黒住教には黒住教式の葬儀を行なう信徒は一定数いて、葬儀の次第も明確に定められている。一九七七年に黒住教教学局により編集された『黒住教葬祭式』(改訂版)によると、帰幽した霊は、不滅でありその家の守護神としてしずまることを祈るとある。ここには、「神人不二一体」をさとり、「生きとおし」の境地に到達したとされる教祖黒住宗忠の教えが反映している。祭員は「故人の霊魂をして無窮の神徳を蒙り、不滅の神霊となり、その家の守護神として鎮まり給うことを祈念し、故人の霊に満足を得させるように祭儀を行う」とあり、死者が不滅の神霊となって家の守護神となることを祈念する。このことを教祖神、すなわち黒住宗忠に深く祈請する。

神道本局は一九四〇年に神道大教と改称した。神道大教(たいきょう)本局発行の『祭式行事作法教範』(一九八二年)に、日本には古代より、死ぬのではなく若返りである、という思想もあって、哀惜の中にも「神変自在な神」になることをことほいだ独特の信仰があったとある。神道大教の教師は、「顕幽一致」の理念に基づいて神葬祭を行なう。殯(あらき)の儀(のり)には具体的な手順が示されている。

それによると、遺体を殯室などに移し、北首仰臥に安置するか、首部を部屋の上位に置くかする。白布で面上を覆い枕頭に枕屏風を立て、小案を設け榊に垂紙をつけて左右に立て並べる。洗米、塩、水を供し、守刀の刃を遺体に向けないように案上に置いて、家族、親族がその側に仕える。ここで殯の儀が行なわれるが、まず斎主が二拝して忍手を拍ち、「ひい、ふう、み、よ、いゝ、む、なな、や、ここの、とお、何某の生魂死返（いくたままかるかえり）て、ももちよろず現世（うつしよ）の業に仕え奉らし給え」と唱える。

遷霊祭は「御霊を木主、鏡、笏等に遷して永く家の守護神として祀る儀」である。やはり死者は家の守護神となるという考えが示されている。埋葬後、「祓除の儀」がある。仏教であれば死者には戒名が与えられるが、教派神道の場合は諡号（しごう・おくりな）その他の尊称が付される。

出雲大社教では「諡号ヲ為サント欲スレハ、斎主ノ撰定ヲ請フヘシ」とある。諡号は特別の場合のようである。一般には氏名の下に尊称を付すとなっていて、その原則は次の通りである。「大人」または「老翁」（四〇年以上の男）。「刀自」または「嫗」（四〇年以上の女）。とくに敬う場合は、「大刀自」。「比古」または「主」（一五年以上の男）。「比売」または「郎女」（一五年以上の女）「若子」（一五年未満の男）。「少女」（一五年未満の女）

他の教派の例も少し見てみる。神習教では御霊に対して諡号を送るが、これは生前の名は肉体に属するという考えからである。諡号は本祠大神に伺いをたてた上で定める。諡号はたとえば、「天津高照道守彦命（あまつたかてるみちもりひこのみこと）」のように命名される。

神理教では、霊璽の表記の方法は、男女、年齢別に次のように定められている。男性と女性で年齢区分が異なっているのが特徴である。

男子の場合は、「大人」（七〇歳以上）、「翁」（六〇歳以上）、「主」（六〇歳未満既婚）、「彦」（未婚）、「稚児」（三歳以下）となる。

女子の場合は、「大刀自」（七〇歳以上）、「刀自」（七〇歳未満）、「姫」（未婚）、「稚女」（三歳以下）となる。

教派により死者の呼称や意義は多少異なるが、死後の存在は御霊として捉え、さらに家の守護神となることを願う例が多い。日本における祖先信仰の継承がなされている。柳田国男は先祖は死んで家を守るという観念の古さを指摘したが、守護神となることを願うのは、この考えの近代的表現として捉えられる。

教派神道では神葬祭を行なうこともあって、死を穢れとみなすような観念は前面には出ていない。ただ死を穢れとしてきた神道の影響はまったくなくなってはいない。たとえば神道大教の「祓除の儀」には「祓除の儀は発柩後、祓主以下修祓所役は家に留まる家族親族を始め各室、邸内隈なく祓い清める儀である」とある。また御嶽教の「発柩後祓除の儀」には、「発柩後、その家に留まる家族親族等を始め、各室、屋敷内、庭等その家の忌穢を隈なく祓って、清浄にする行事である」とある。

教派神道は戦前から今日に至るまで、葬儀をこうした祭式次第に従って行なっているが、実際の神葬祭の数はさほど多くはない。葬儀は仏式で行なう信者が多い。神社神道は戦前葬儀を行なえなかったが、戦後は葬儀が行なえるようになり、葬儀ができるかどうかについて、神社神道と神道教派との条件の違いは存在しなくなった[22]。

高坏型の組織のウチとソト

神道教派には大きく二つの異なった組織原理が混在していたが、全体として見るなら明治維新政府の宗教政策が要請した大枠から外れた活動は難しかった。とりわけ高坏型の教派においてはその大枠に沿った活動が展開された。大教宣布以来、教派神道に課せられていたものは戦前には一貫して維持された。創唱宗教的な性格をもっていた天理教や金光教も教派として独立するために、その要請に沿うような教えや活動へと引き寄せられた。明治後半以降、天皇の神格化が進むことで、その要請のもっていた力はさらに強まる。

一九二〇年代から敗戦までは、教派神道のみならず、国家が宗教に求めた機能は明確であった。この点は次章でも触れるが、大教宣布の目指したものが明治期に発動した理由を、教派神道の展開に即してまとめておきたい。高坏型の教派が短期間にいくつも形成され、かつその特徴的な組織形態が第二次世界大戦の敗戦まで続いたのはどうしてであろうか。その組織のウチに位置付けられたものとソトに位置付けられたものという観点を導入して分析する。

高坏型の教派の場合には、その形成過程の社会環境からして、創始者の世界観よりも、社会的文化的に好ましいという当時の為政者側からの価値判断に沿うものが、その教派のいわば「ウチ」に位置づけられ、そうでないものが「ソト」に位置づけられている。ではそのウチとソトの境界線が築かれるに際して何が作用したのか。少なくとも次のような基準が見てとれる。

①日本の国柄にふさわしいかどうかといった基準。維新直後に神仏判然（分離）が推進されたが、教部省時代には神仏合同布教の政策に転じたので、政府が進める国民教化の枠内には神道のみならず仏教も含められた。天皇崇敬という要素もこの基準の中に含めることができる。この区分原理においてソトに位置づけられるのはキリスト教になる。一八七三年にはキリスト教の布教は公認されたものの、その広がりを阻止するため、葬儀に関する法律などを見ると、キリスト教式の葬儀をやりにくくしようとした意図があった[23]。幕末に大国隆正らが用いた国体という観念は、この観点からの境界線のウチに置かれたものを特徴づける上でのキイワードとなる。

②明治政府の宗教政策では神道が優位に置かれた。この神道と仏教という境界線において、神社神道と神道教派は神道のウチであり、仏教はソトに位置する。神仏判然は境界線を明確にする機能を果たした。ここで修験道は境界線上に位置することになった。修験宗が明治初期に廃止されたことは、境界線の曖昧さを解消する作業でもあった[24]。この観点からの境界線のウチに位置づけられる神社神道や神道系の教団の一部を特徴づけるキイワードとしては、

惟神（かんながら）の思想がある。

③明治期には文明開化が重要なキイワードとなった。この観念は宗教にも及び、日本の宗教が文明社会にふさわしいかどうかも、宗教行政を担う人々には意識されるようになった。西欧の教育制度を導入し明治五年八月二日には太政官布告で学制が定められ、小学校から大学までの制度が構想された[25]。こうした中に宗教の布教に呪術的要素が強いものへの警戒が生まれた。神道教派、仏教宗派に管長制度が導入され、それぞれの教派や宗派の管轄を管長にゆだねたということは、呪術的な教団、淫祠邪教視されるような要素を排除していくことも意図されていた[26]。この基準に関する限りは、キリスト教系の団体もウチ側に位置する。迷信とみなされるような要素、呪術的な行為はソトになる。文明開化は近代化の過程で社会全体を覆った観念であり、宗教界もそこに組み込まれた。文明開化に沿っているかどうかも境界線の作用をもつことがあったのは確かである。

教派神道は、①から③までのいずれにおいてもウチ側に置かれるべきものとして組織化されたと言えるが、実際に高坏型の教派の中に組み込まれた教会一つ一つに目をやれば、必ずしもそのようにはなっていなかった。仏教的な要素をもつ教会や教師を含むようなものや、近世以来続く民間の呪術的要素の濃いような活動も珍しくなかった。だが、仏教宗派と並び神道教派として公認された組織となり、各教派は管長によって管轄されるという構造ができあがると、教派神道の組織は、つねにこうした境界線に関わる複数の力学に影響を受けた。

呪術的要素の排除の代表的事例は、神道大成教に属していた蓮門教会に対する処置である。蓮門教の教祖であった島村みつは、一八九〇年に大成教大教正になるが、信者に配っていた「御神水」にまつわる批判キャンペーンが当時の新聞の萬朝報によって九四年二月から九四回にわたってなされた(27)。その影響は直ちに及び九四年四月にはみつは大教正を剥奪され教長を解任された。御神水は当時流行していたコレラ封じとして多くの信奉者を集めたわけであるが、これは文明開化の境界線のソトにある行為であった。批判キャンペーンのきっかけを作ったのが文学者の尾崎紅葉の小説『紅白毒饅頭』であり、これは蓮門教をモデルにしていた。批判キャンペーンを集中的に行なった萬朝報の先陣に立っていたのは、小説家でありジャーナリストでもあった黒岩涙香であった。当時の知識階級からする「邪教批判」の構図として理解できる。

また神社では神仏習合的要素が排除されたが、教派神道においても神仏習合は避けられるようになった。江戸中期から盛んになった山岳信仰は神仏習合的な信仰形態であった。御嶽信仰と富士信仰系統の山岳講は、御嶽教、扶桑教、実行教という教派の組織化に複雑な形で関与した。御嶽信仰系列の講がすべて御嶽教として組織化されたわけではない。富士信仰系の講は多く扶桑教と実行教の二つの教派に組み込まれたが、すべてがそうなったわけではない。神道修成派には御嶽講が占める割合が高いが、そこでは神仏分離に対応した活動をすることで、新しい体制へ適応しようとする動きが見られた。「修理固成光華明彩」と唱えて参拝するなど、神道修成派の教義に沿うような実践方法を考えたりした。[28] 修理固成は古事記に、また光華明彩は日本書紀に出てくる言葉で、神代からの神道の理念を表す言葉になる。神道修成派の創立者新田邦光は、これを教えの中核に据えた。

高坏型の神道教派は明治期に新しく形成された組織であるがゆえに、新しい原理に基づく複数の力が作用しあう境界線で括られることになった。複数の原理の相互作用においては、抵抗の少なさ、あるいは識別しやすさなどが自然に作用したと考えられる。

教派神道の教師の階級には教導職の階位の影響が強い。神葬祭は幕末に一部でなされていたとはいえ、教派神道の葬儀は近代の産物である。つまりは急ごしらえの組織と実践であったが、それは民俗信仰の中に継承されていたものを利用しており、かつ当時の国家的な要請に添うことに努めたゆえに、少なくとも組織として一定の期間安定度を有した。

註

(1) 井上順孝『教派神道の形成』(弘文堂、一九九一年)を参照。
(2) 豊田武『宗教制度史』(吉川弘文館、一九八二年)。
(3) 大教院における講義やその崩壊過程などについては、小川原正道『大教院の研究——明治初期宗教行政の展開と挫折』(慶應義塾大学出版会、二〇〇四年)が詳しい。

（4）この達は一九二一年の第一次大本事件のときに、検挙の理由に用いられた。

（5）「神道」という組織の名称は、神道全体を指す神道と紛らわしいので、通常「神道本局」と表記される。ここでもこれにならう。

（6）神崎一作『神道六十年史要』（宣揚社、一九三四年）に一覧が掲載されている。神崎は神道（本局）の五代管長である。

（7）これらについては国学院大学日本文化研究所のプロジェクトによって一九八〇年代に筆者が翻刻作業を行なった。國學院大學日本文化研究所編『社寺取調類纂（神道・教化篇）』（國學院大學日本文化研究所、一九九〇年）参照。

（8）久米邦武編著『特命全権大使米欧回覧実記』（博聞社、一八七八年）参照。五冊組で全百巻きである。国会図書館デジタル https://dl.ndl.go.jp/info:ndljp/pid/761502

（9）旧武士階級がキリスト教に入信する背景については、森岡清美「明治前期における士族とキリスト教」（『淑徳大学社会学部研究紀要』三八、二〇〇四年）を参照。

（10）祭神論争については藤井貞文『明治国学発生史の研究』（吉川弘文館、一九七七年）に詳しい。

（11）芳村忠明「旧制度に於ける神仏道教宗派の創立分合に就いて（上）」（『神道宗教』七四、一九七四年）を参照。

（12）『神道六十年史要』（前掲）の「一〇、教学の分離」の章を参照。

（13）現在の宗教法人法にはさらに細かな規定があるが、それを満たしているかどうかの判断は包括宗教法人などは文部科学大臣で、単位宗教法人などは都道府県知事である。そして宗教法人としての登記は認可ではなく認証である。

(14) このことを単なる事務手続き上の改編とするか、それともこれが一教派の編成になるとするかという点については議論がある。これに関しては拙著『教派神道の形成』(前掲) の第一章、及び拙論「神道大教にみられる「神道」の教団化過程」(『神道宗教』一九九・二〇〇、二〇〇五年) で触れた。

(15) 明治期の神道家の履歴を知るには、国学院大学のデジタル・ミュージアムの「明治期国学・神道・宗教関係人物データベース」が便利である。デジタル・ミュージアムの URL は https://d-museum.kokugakuin.ac.jp/

(16) 中山慶一『教派神道の発生過程』(森山書店、一九三二年) を参照。

(17) 鶴藤幾太『教派神道の研究』(大興社、一九三九年) を参照。

(18) 拙著『教派神道の形成』(前掲) の第七章「平山省斎と神道大成教の形成」を参照。

(19)『神道学』七、一九五五年。

(20) 弘文堂刊、一九八五年。ハワイ出雲大社その他ハワイにおける神社の展開については、拙論「異文化内状況と神社神道」(柳川啓一・森岡清美編『ハワイ日系人社会と日本宗教』東京大学宗教学研究室、一九八一年、所収) で論じた。

(21) 各派の細かな式次第については、小野和輝監修『神葬祭総合大事典』(雄山閣、二〇〇〇年) を参照。

(22) 神社の神葬祭については國學院大學日本文化研究所編『神葬祭資料集成』(ぺりかん社、一九九五年) を参照。

(23) キリスト教の布教が認められる前年の明治五年六月二八日の太政官布告第一九二号は、自葬を禁止したものであるが、葬儀は神官僧侶に依頼ということは、キリスト教式ではできないということである。

(24) 明治政府は明治五年九月に太政官布告二七三号により、「修験宗ノ儀自今被廃止」とし、修験宗の寺院を天台宗あるいは真言宗に所属させた。これに関しては宮家準「近現代の山岳宗教と修験道――神仏分離令と神道指令への対応を中心に」（『明治聖徳記念学会紀要』復刊第四三号、二〇〇六年）などを参照。

(25) 教育制度の整備と宗教政策との関係については、國學院大學日本文化研究所編『宗教と教育――日本の宗教教育の歴史と現状』（弘文堂、一九九七年）の第一部の議論を参照。

(26) 金光教におけるこの問題を扱った論文として、藤井麻央「明治中期の宗教政策と神道教派――内務省訓令第九号の金光教への作用」（『國學院雜誌』一一五―七、二〇一四年）を参照。

(27) 詳細は武田道生「『万朝報』による蓮門教攻撃キャンペーン」（『國學院大學日本文化研究所紀要』六三、一九八九年）を参照。

(28) 中山郁『修験と神道のあいだ――木曽御嶽信仰の近世・近代』（弘文堂、二〇〇七年）を参照。

第三章　神道系新宗教

はじめに

近代日本には数多くの新宗教が形成された。教祖と呼ばれる創始者が運動の核になり、比較的短期間に組織を拡大していく例が各地で見られた。一九世紀前半から二〇世紀に至るまで大小さまざまな新宗教が設立された。その多くは現存しない。教祖時代には一定の信者がいても、教祖没後に組織を維持できず、自然と消滅したものも少なくない。他方で全国的に組織を拡大し、支部が全国各地にできている教団もある。教祖の生存中あるいは没後、多くの分派を出した教団もある。戦前に設立された教団の中には明治政府の宗教政策により一時期活動が制約されたものがあり、また昭和前期からの軍国主義的、また全体主義的傾向の強まりとともに弾圧されたものもある。信者がさほど多くなく宗教結社として活動していた団体の多くは、敗戦直後に多くが解散した。それでもいくつかは戦後に宗教法人として登記し活動を続けた。

新宗教はいささかでも研究の対象となってきたものだけで三百以上を数える。その大半は神道系新宗教か仏教系新宗教かに大別できる。ただ神道系新宗教と仏教系新宗教の区分は明確にはなしえない。仏教系新宗教は比較的定めやすい。日蓮・法華系、密教系などと関わっている仏教宗派が明確なものが多いからである。他方、神道系新宗教は神を崇拝対象とするといっても、その内実は多様である。また仏教的な要素も多くにみられる。修験道の影響もある。修験道は神仏習合の結果生まれたものであるから、当然仏教の要素が含まれている。そのように神道系新宗教の境界線は曖昧さがあり、暫定的なものであることをあらかじめ断っておきたい。

またキリスト教系新宗教も少数ある。この場合のキリスト教系新宗教は日本で設立されたキリストの幕屋、イエス之御霊(みたま)教会教団などである。エホバの証人や末日聖徒イエス・キリスト教会(通称モルモン教)といった米国で設立され日本でも布教されている類は含まない。エホバの証人は日本でも二〇万人以上の信者がいると推定されるが、日本で設立されたキリスト教系の新宗教は、もっとも信者数が多いイエス之御霊教会教団で数万人と推定され、全体として信者数は少ない。

明治維新以前に創始された神道系新宗教として、黒住教、禊教、天理教、金光教が挙げられる。これらは明治政府の宗教方針が示される以前にその宗教活動の核になる部分ができあがっていた。維新後は政府の宗教政策がその教えや活動内容、組織形態に影響を及ぼすが、高坏型の教派に比べると、明治政府の宗教政策の影響は中核部にまでは至っていない。

明治以降二〇世紀後半に至るまでに多くの神道系新宗教が形成されたが、戦前に形成された教団と戦後に形成された教団では、教えや活動そして組織のあり方に法的な制約という点で大きな違いがある。それでも高坏型の神道教派に比べると、そのときどきの社会の状況に対応した活動に対する制約は弱かった。戦前に形成された神道系新宗教は、総じて明治初年に出された大教宣布の影響からは相対的に自由であった。とはいえ、近代日本に生じた社会環境はこれらにも覆いかぶさっていた。その頃日本社会に継承されていた宗教文化のうち、何を選びとったかには教団ごとに違いが生じる。

新宗教への主な入信理由は「貧病争」とされることがある。経済的問題の解決、病気治し、人間関係のトラブルが、主要な理由とする見解である。新宗教の活動内容を具体的に概観すれば、こういう言い方はおおむね当てはまる。ただこの表現は新宗教が現世利益的で、宗教の深みに達していないと評価する文脈で語られがちであった。それは少し皮相的な捉え方になる。貧病争として表現された問題は、人間の生存にとって基本的な悩みや苦しみと関わっている。仏教で言う四苦八苦とつながっている。

人間の生存に関する危機感、環境に適応できない苦しみには、宗教が（それが適切かどうかは別として）解決法を提示しようとしてきた。なぜ苦しむのか、どうすれば解決するかについてのストーリーの提示をしてきた。その提示の仕方は、時代や環境の制約を受ける。神道系新宗教は近代に多様な形態をとってあらわれ、多くの信者を得た。そこにはいくつかの共通点も見出される。日本の宗教文化とくに神道的と呼ぶべき要素から何が見いだされ、どう新たな意味づけが付与されたのか。それが一定の信者を得たのはなぜか。高坏型の教派と重なる部分は何であり、そこにはあまり見いだされない特徴的なものは何か。これについて考察する。

(1) 明治維新以前に形成された神道系新宗教

神道系新宗教の創始と分派・影響関係

近代に形成された神道系新宗教は数多いが、詳細な研究の対象にはなっているものはごく少数である。これまでに一定程度は研究対象となった教団を、教祖が特別な宗教体験をしたとされる時期を基準にして、時代順に現在名で表Ⅲ—1に挙げた。これらの教祖が、宗教活動をするようになった経緯はそれぞれ異なる。黒住宗忠、井上正鉄(まさかね)のように、もともと宗教家であった人もいるが、そうでない人の方が圧倒的に多い。各教祖のおおよその経歴は前述の『新宗教教団・人物事典』に掲載されている。新宗教には、世界心道教、ほんみち、天聖真美会など分派教団も少なくないが、その場合はもともと属していた教団からの影響が色濃い。分派・影響関係は『新宗教教団・人物事典』に系統ごとに細かく記されている。

神道系新宗教においては大本の影響がきわめて大きい。出口王仁三郎の影響を受けて新たに教団を設立したのが、生長の家や世界救世教、三五教(あなない)である。その特徴は後に述べるが、霊界への関心が強く示されている点である。そのうち岡田茂吉を教祖とする世界救世教からは、多くの分派教団が生まれている。分派教団においては、一般に「手かざし」と呼ばれている実践が特徴である。一定の資格を得た教師、さらには一般信者が相手に手をかざすことで病気の治癒を行なったり、除霊を行なったりすることができるとするものである。第五章で扱う祖神道も、大本や世界救世教に比べると規模は小さいが、いくつかの教団の設立に影響を与えている。

神道系新宗教が一九世紀前半から形成され始めたことは、この時期、既存の宗教組織とは別の

表Ⅲ—1　神道系新宗教教祖の宗教体験

教団名	教祖名	宗教体験
黒住教	黒住宗忠	1814
禊教	井上正鉄	1833
天理教	中山みき	1838
金光教	金光大神	1855
丸山教	伊藤六郎兵衛	1870
大本	出口なお	1892
大本	出口王仁三郎	1898
神道天行居	友清歓真	1917
松緑神道大和山	大和松風	1919
祖神道	松下松蔵	1919
三五教	中野与之助	1920 年代
生長の家	谷口雅春	1929
世界救世教	岡田茂吉	1931
霊波之光教会	波瀬善雄	1939
善隣教	力久辰斎	1940
天照皇大神宮教	北村サヨ	1944
大山祇命神示教会	稲飯定雄	1948
白光真宏会	五井昌久	1949
世界真光文明教団	岡田光玉	1959
神命愛心会	小松神擁	1976

形で宗教運動が起こる社会的条件が各地に生まれていたことを示す。一九世紀はとくに西日本に新宗教の形成が目立ち、二〇世紀に首都圏に増えてくる。新宗教は既存の宗教秩序と一定の折り合いをつけながらも、その時代に人々の生活形態に即した組織、新しい布教形態、そして教えを形成していったと解釈できる。この点を明治維新前、明治維新後戦前まで、戦後の三期に分けて、それぞれの時期に設立された教団が社会的環境にどう対応したかについて見ていく。

神職が創始した教団

江戸時代後期の一九世紀前半に神職が創始した教団が二つある。黒住教と禊教である。黒住教教祖の黒住宗忠は安永九（一七八〇）年に備前（現・岡山県）の今村宮という神社の禰宜の家に生まれた。兄が死去したこともあって、二四歳で家督を継いだ。ところが両親が相次いで死去し、非常な衝撃を受け、おそらくはその心理的な苦しみにより労咳（肺結核とされる）と呼ばれた病になる。病状がかなり悪化し、本人も死を覚悟するほどになった。「死んで神になり世の人々を救ってやろう、病を治してやろう」と心に誓ったという。しかし心の持ち方を変えてから病状は回復に向かい、長い病床から起きあがり、縁側で太陽を拝んだところ、病いが全快したという。文化一一（一八一四）年の冬至の日に宗教的な体験をする。朝、縁側で太陽に向って拝んでいたところ、太陽が自分の方にどんどん近づき、それを呑み込むとそれが胸中にはいった。そして日輪と我が一つになるという体験である。(1)

この体験は、黒住教では「天命直授」と呼ばれている。このとき宗忠は「神人不二一体」の妙理を悟り、また「生き通し」の大道を自得した。天地同根万物同体、死というもの更になく、この身このまま万代無窮不生不滅、不朽不尽、形諸共生通しなり」という境地に至った。この回心の直後、宗忠は、きわめて陽気になり、二、三日間ぶっ通しで大声で笑っていたという伝えがある。自分の心身を治め、さらに人をも救え、というのが神の心と思い至る。このとき天命直授した神は、宇宙最高神、すなわち天照太神とされる。

太陽神が宇宙最高の神と認識されていると同時に、その神との一体感を得た。宗忠は、冬至の日に生まれ、冬至の日に神秘体験をした。太陽と合一したとするこの神秘体験に関する話は、歴史的宗教の創始者につきものの後世の「神話化」の産物ではない。この体験は、宗忠自身にとって疑うべくもないもので、太陽の恵みはまさに彼の信仰の中心的部分に据えられていたと解釈できる。

宗忠は、もともと伊勢信仰が篤く、生涯に六回伊勢参りを行なっている。数え年で二四、四五、五二、五四、五六、六六歳のときに参宮していて、五〇代のときに伊勢参りを三回行なっている。天命直授の体験をしてより、伊勢信仰はますます篤くなった。「御歌」と呼ばれる宗忠が生涯に歌った歌にも、太陽のありがたさを歌ったものが数多く見受けられる。たとえば「天てらす神の御心人こゝろひとつになれはいきとふしなり」、「日の本の其日の中に入ぬればよるひるなくおもしろきかな」などと、その宗教的境地が詠まれている。

今日の黒住教の日常的な儀礼においても、太陽崇拝の要素は顕著である。(2)「御日拝（ごにっぱい）」と呼ばれる儀礼がある。「太陽の気」を吞み込み、体中にそれをめぐらす行をするのである。これは天候にかかわらず、熱心な信者たちは毎日行なう。曇りであろうと、雨であろうと、太陽が出ていることには変わりはないと考えるからである。

河本一止『黒住教読本』(3)によれば、御日拝の時刻は、朝・昼・晩を問わず、なるべくたびたびするほどいいが、とくに早朝がいいとされる。河本は同書の中で、「今日始めて、今朝始めて、此の世にお出ましになるやうな清新なる御姿を仰ぎまつりて、今日始めて、今朝始めて、お拝みするやうな精神な気分で御日拝する。これほどありがたいことはありませぬ」と述べている。「天照太神は面白いという心の神である」「天照太神は嬉しいという心の神である」とも説明する。ここには天照太神を信仰することが、たんに、儀礼的な拝礼にとどまるものではなく、日々どのような心がけで生きるかにも関わることが示されている。

宗忠がもともと神社の禰宜であり、また岡山藩が神道に好意的であったため、布教組織は比較的順調に形成された。宗忠は天命直授を体験した翌年の一八一五年から布教を開始した。武士階級から農民に至るまで幅広い階層に信者ができたが、講席においては身分差がもうけられず、やってきた順に座った。彼の弟子たちは嘉永三（一八五〇）年の宗忠の没後、岡山藩以外にも広く布教を行なっていった。弟子の一人の赤木忠春は、京都の公家たちにも布教を行なった。幕末において、岡山を中心に北九州から近畿地方にかけての広い範囲にわたっての布教が可能になったのは、幕末における社会的状況の変化が関係する。政治的混乱が広がり、もはや宗教活動を厳しく取り締まれる状況でなくなっていく。そして幕末には黒住教は、当時では信者数最大の新宗教となった。

独自に神道の行法を体系化した井上正鉄

禊教の教祖は井上正鉄である。寛政二（一七九〇）年、上野国（現・群馬県）の舘林藩士安藤真鉄の次男として江戸で生まれたが、養子となって井上姓を名乗った。代々の神職ではなかったが、志をもって神職となり、独自の行法を確立した。しかしその活動について江戸幕府の嫌疑を受け、疑いを晴らそうとしたものの結局三宅島に配流となった。同地でも島民に教えを説き、尊敬されたと伝えられている。

井上正鉄及び禊教については、『井上正鐵門中・禊教の成立と展開――慎食・調息・信心の教え』という荻原稔の長年にわたる緻密で実証的な研究がある(4)。これによって立教に至る正鉄の個人史、そしてどのような宗教環境にあったか、さらに正鉄没後の弟子たち（門中）の活動が各地にどう広がったかなどが、詳細に明らかにされた。幕末に広がっていたどのような宗教的継承物が正鉄によって選択されたかが示されている。また教団組織が確立しない段階で教祖が配流となった組織が、その後複数の流れを形成していく過程も整理している。

荻原は井上正鉄の思想形成過程について、それまでの通説に加え、女性の導師が果たした役割についてより深い分析を行なっている。正鉄は父親の真鉄からは救済の志の精神を受け継ぎ、医術の師である磯野弘道からは具体的な救済技術を学んだ。また観相家の水野南北からは慎食による開運思想とその行法を学んだ。この点は以前から知られていたことである。荻原は素性が明らかにされていない今井いよという女性の導師から、正鉄が「神祖の大道」を伝授されたことも重視している。「神祖の大道」は秘儀的な念仏信仰の行法のようである。

正鉄は国学とも接しており、天保二（一八三一）年に気吹舎の平田家を訪問している。求道を続けていた天保四（一八三三）年の春、「汝が迷ひの心の闇を破るの明玉」を「一人の若女子」から与えられるという神夢を得た。ここで父よりの遺言である「祝詞の事」と「信心・誠の心」を統合する確信を得た。同年、ていせうという女性導師から、伝授を受けて指導者となった。翌天保五年に白川家に入門して、神道の教化活動の道を歩み始める。天保七年には白川家から神拝式許状を得て江戸を中心とした教化活動を行ない、現在の足立区にある梅田神明宮の神主となった。

求道を続けていた正鉄が、指導者に巡り合って、神道の教化活動を開始したのだが、教理よりは身体を使っての行法が大きな意味をもつものであった。荻原は禊教の行法が具体的にどのようなものであったかについても調べている。現存する行法との比較を行ないながら、その行法の基本形は、無声の深呼吸と、一定の誦詞を大声でリズミカルに繰り返し唱え続ける行の組み合わせであることを確認している。

神職ではあったが、幕府が置かれていた江戸が拠点で取締りの目も厳しく、正鉄の活動は正統な神道の教えではないという嫌疑を招いた。天保一二（一八四一）年に『神道唯一問答書』を幕府に提出して嫌疑を晴らそうとしたが、結局、新義異流をなすと裁定され、天保一四年二月に三宅島に遠島の申し渡しを受けた。六月に配流され、嘉永二（一八四九）年に同島で死去する。しかし禊教の運動自体は、武士階級その他にも広まり、幕末維新期に関東から関西にかけての広い範囲に展開した。

正鉄の教化活動の原点は父の教えにあり、それは「さまざま学びを好み、貧者、病者、老たる者をたすけんとおもふ心又止時なし」という志であった。学問的素養に裏付けられた人々の救済活動ということになる。この精神は生涯貫かれ、三宅島に配流となったのちも、熱病等の治療、助産術や養蚕の技術指導、貯水池の試作などにより島民の生活向上に尽力したとされている。

教祖が配流になるという事態の中で、禊教は門中と呼ばれる直門の弟子たちによる各地の活動によって関東から関西へと広がっていく。正鉄の没後、本庄宗秀、三浦知善、村越正久、坂田鉄安ら主だった弟子（直門）の各地での活動により、維新前後に信者組織が複数でき、武士階級へも広まっていた。(5) 直門による活動の結果、明治五（一八七二）年に布教公認となる。

禊教が一派として認められるのは一八九四年だが、一部の信者は神道大成教に所属したので、一八八二年から神道教派として公認された活動を行なえた人たちもいる。維新後の活動には教会大意の要請も入ってくるが、維新前の活動では行法の占める位置がかなり高い。神社神道においては日常的にさほど実践されない行法への関心が特徴的である。「トホカミエミタメ」と唱えながら調息するというのは、念仏や題目の実践と通じるところがある。

山岳信仰を取り込んだ教派では富士山、御嶽山といった霊峰とされる山での修行を取り込んだが、禊教は日常生活における行法として展開した。神道の行法としては禊が代表的である。禊教はまさにその禊を教派名としている。行の実践の継承は、神社神道より教団神道に、より顕著である。

「おやさま」としての中山みき

井上正鉄が幕府から厳しい詮議を受けている頃、奈良県では天理教教祖の中山みきが、いわゆる神がかり体験を経て、宗教家としての道を歩み始めていた。みきは寛政一〇（一七九八）年大和国山辺郡（現在の天理市）に庄屋の家の娘として生まれ、数え年一三歳で中山善兵衛の妻となった。一男五女が生まれたが、天保九（一八三八）年一〇月に天理王命という神が彼女の口を借りて語るという体験をしたとされる。みきの実家は庄屋で浄土宗の檀家であった。みきも熱心な信者であり、五重相伝という浄土宗の篤信者が得られる秘伝を受けている。結婚後も寺参りを続けた。

神がかりはみきが数え年四一歳のとき、一人息子の秀司の病いの治癒を修験者に依頼しているときに起こった。その近辺で有名な修験者であった中野市兵衛は寄せ加持を常としており、加持台と呼ばれる女性を伴って祈祷し、病いの原因を探っていた。祈祷は一年ほどにわたり何回か繰り返されていた。そのときは、たまたまいつもの加持台を務める女性が都合がつかず、みきが代わりに加持台を務めることになった。加持台は人間に憑りついた霊の言葉を語る役と考えられていた。市兵衛が祈祷していると、突然みきに神がかり現象が起こった。市兵衛が鎮めようとしても鎮まらず、神がかり状態は三日三晩続いた。みきの体を借り受けるという神の要求を受け入れたことで、ようやく神がかり状態が収まった。みきの体を借りた神は「元の神、実の神」であり、「三千世界をたすけるために天降った」と宣べたとされる。

天理教ではこの出来事をもって、みきは一人の人間から神の社として「おやさま」と呼ばれる存在になったとみなしている。そうした観念の反映と考えられるが、教祖伝を映画化した『扉は開かれた』（一九七五年）では、少女時代のみきは全身が映されているのに、神がかり後では、みきの顔は映されていない。実際には天保九年の出来事があってすぐ宗教活動が始まったわけではない。数年にわたり自身の苦悩と周囲の困惑を招くが、やがてみきは自分の使命を受け入れるようになった。一八五〇年代に至り、人々の病いを治すことを通して人びとを救う活動を始めた。維新直前の一八六〇年代に信者が増え、各地に講ができた。しかし組織の拡大は取り締まりの対象ともなり、公に布教できるようにと、長男の秀司が、吉田家に願い出て、慶応三（一八六七）年に下級神職の資格をとった。ところが翌年は明治維新である。すでに述べたように吉田家が神職を管轄する時代が終わった。教導職時代に何の資格も持たなかったみきは、近隣において布教活動をしたことで度々取り締まられた。

大教宣布以前から宗教活動をしていたみきは、大教宣布に大きく影響された教団とは別の日本の宗教文化を選んだ。「せかいちれつ」という言葉に示されるように、神のもとの人間の平等という視点である。ただし、みき自身は「神のやしろ」であり、「おやさま」であったから、特別な位置にいる。谷底救済という言葉に示されるように、社会的に困窮している人の救済を優先するという考えである。

中山みきは「おやさま」として信者の崇敬を集めたが、天理教の影響を受けた教団では、女性を教祖とする教団が多く形成されている。[6] 朝日神社の井出クニ（一九一六年設立）、天理三輪講の勝ひさの（一九三三年設立）、日の本神誠講の岡本ツエ（一九四一年設立）、神一条教の米谷くに（一九四二年設立）、世界心道教の会田ヒデ（一九四四年設立）、ほんぶしんの大西玉（一九六二年設立）などがそうである。

天理教系以外でも、大本の出口なお、円応教の深田千代子、天照皇大神宮教の北村サヨ、神命愛心会の小松神擁など近代には多くの女性教祖が生まれている。女性が神の意のままに現世における救済の役を果たすという考えが、天理教以降、日本社会で広がったことを示す。

「おかげは和賀心」と説いた金光大神

金光教の教祖の金光大神（赤沢文治）は、文化一一（一八一四）年に備中国（現・岡山県）で農業を営む香取家の次男に生まれた。川手家の養子となり、さらに赤沢姓を名乗るようになる。小さい頃、庄屋の小野光右衛門から実語教、童子教の教えを受けている。儒教道徳を分かりやすく説いたものである。数え年一七歳のとき伊勢参宮をしている。結婚し農業を続け、三三歳のときは厄年ということで四国の霊場巡りをしている。ところが長男、長女、次男を相次いで亡くすなど、数々の不幸に見舞われた。「金神の七殺」と呼ばれる祟りに見舞われたと不幸の理由を考えたりした。また不幸は日柄方位のタブーを犯したことの祟りと考えたりもした。凶となる方角への引っ越しを避けたりもした。

四二歳の男の大厄とされる年に「のどけ」を患い一時重体となった。親類縁者が神に祈念しているとき、神に無礼をしたことへの謝りの言葉が自然に出た。以後神への信仰を深め、日柄方位の俗信からも離れていく。神は祟るという神理解から、神は人間におかげを与えようとしているという理解へと変わっていく。やがて神のしらせが自分に来ているという感覚をもつようになり、人々の相談に乗るようになる。安政六(一八五九)年に「立教神伝」と呼ばれる神の知らせを受けたとして、農業をやめ自宅を広前として取次に専念するようになる。これは神の知らせとされてはいるが、金光大神の当時の心境でもあったと考えられる。立教神伝には次のようにある。

(前略)外家業はいたし、農業へ出、人が願い出、呼びに来、もどり。願いがすみ、また農へ出、またも呼びに来。農業する間もなし、来た人も待ち、両方のさしつかえに相成り。なんと家業やめてくれんか。其方四十二歳の年には、病気で医師も手を放し、心配いたし、神仏願い、おかげで全快いたし。その時死んだと思うて欲を放して、天地金乃神を助けてくれ。家内も後家になったと思うてくれ。後家よりまし、もの言われ相談もなり。子供連れてぼとぼと農業しおってくれ。此方のように実意丁寧神信心いたしおる氏子が、世間になんぼうも難儀な氏子あり、取次ぎ助けてやってくれ。神も助かり、氏子も立ち行き。氏子あっての神、神あっての氏子、末々繁盛いたし、(後略)

ここにはまた、神と氏子の関係の捉え方がうかがえる。「氏子あっての神、神あっての氏子」という相互依存の関係である。以後、金光大神の自宅が人々の願いやお礼を神に届け、神の心や諭しを人々に伝える場となり、自身はそれを取り次ぐ役に徹した。文久二(一八六二)年、自宅を広前として訪れる人に対応していた金光大神(当時は赤沢文治)の所へ、修験者二人が訪れ、幟、神鏡、金幣、提灯、灯篭などを持ち去るという事件があったが、その年は別の修験僧が押しかけるなどの事件もあった(7)。これは修験者たちにとって、金光大神の宗教行為が自分たちの活動と競合するものと認識されたからと考えられる。そこで神祇伯の白川家に願い出て、元治元(一八六四)年四月に神拝式許状・広前建設の許しを受けた。自宅において神を拝むことや、屋敷内に宮を建てることができるようになった。白川家から「金光河内」の神職名を受け、以後金光姓となった。神号は生神金光大神となった。

ところがそれからほどなく明治維新となる。白川家の許状は意味を持たなくなる。中山みきの場合同様、教導職の資格のない金光大神は布教活動ができなくなった。一八七三（明治六）年には戸長から神前撤去を命じられている。しかし出社と呼ばれた直弟子たちは、金光大神の教えを広めるべく各地で活動を始めた。金光教が天地金乃神をまつることに対し、それは古典にない神だと問題にされたことがある。一八八三年に神道大阪事務分局の者二人が金光教の調査に来た。その際、まつる神は美濃国南宮神社の祭神の金山彦命にしてはどうかと述べたが、教祖はこれを断った。

金光大神はこの一八八三年に死去するが、その五十日祭の日から五男の金光宅吉が広前での取次を引き継いだ。その二年後神道備中事務分局所属金光教会の設立を、神道管長から許可されて、神道金光教会規約を制定した。

神の祟る側面から恵む側面に信仰の軸ができたことは、一つの特徴である。また互いに助かる関係になる神と氏子というとらえ方も特徴的である。近代的な神道信仰のあり方とみなせる。

幕末の教祖たちの選んだ宗教文化

明治維新前の宗教活動においては、大教宣布にあるような国家的な視点からの宗教活動への縛りはまだなかった。より広くそして柔軟に日本の宗教文化を取り込み継承できた。吉田家か白川家の許状を得られれば神職としての活動ができた。中山みきは神職にはなっていないが、黒住宗忠は世襲の神職であり、井上正鉄は教化を目指して神職となり、金光大神は少なくとも神職の形式をとった。江戸期の神職支配は明治国家による神職への要請に比べればゆるやかであった。日本の宗教史に継承されていたものから、自分の活動目的にあったものをとりあげることができた。神観念も、人間観も、また宗教活動の目的もそうである。

教派神道に求められた大教宣布には、国家というボーダーが強くのしかかっていた。明治維新以前に活動が始まっていた神道系新宗教においては、心の問題が焦点にある。それは宗教における重要な文化的継承物の一つである。黒住宗忠、井上正鉄、中山みき、金光大神は特定の教派や宗派の理念を継承とするという立場にはなかった。宗忠は神職であったが、独自の理念を展開できる状況にあった。

そうした教祖が選びとった宗教文化の中の理念や実践形態は、自分を取り囲む環境を理解する上に必要なものであった。家や共同体のつながりは重視されたと考えられるが、幕府や藩の意向を反映したものではないことが、明治以降に形成された教派の置かれた環境と大きな違いである。そこで選ばれた文化的継承は、日本の神道的な宗教文化をより包括的に継承している。国家からの要請とは逆に言えば制約であり、それから逸脱することには歯止めがかかる。そうした力ができあがる前の選択だからである。黒住宗忠に見られた伊勢信仰、金光大神に見られた氏子観念は、神社神道とも共通するものであり、新しいものではない。

神道系新宗教に特徴的なのは、病いとの取り組みとその意味づけが大きな比重を占めていることである。病気治癒はどの時代どの地域においても、宗教と深く関わっているが、神道系新宗教の教祖たちは、病いを通して神の意志を知る、生きている目的に気づくという考えを端的な言葉で表現した。宗忠は「病は道の入口」という言い方をした。中山みきは信仰に導くため神がわざとその人を病気にしたという説明をした。金光大神は神のおかげに対する自らの心得違いに気づくきっかけとした。病が神の知らせというのは、病は悪行の報いとする考えとは異なった思考法である。

神社神道には仲執持（なかとりもち）という考えがある。神職の役目を神と人々との間を取り持つこととする考えである。金光大神の取次はこの考えに近い。宗忠は神と人とは一体であると確信し、浮かびのままの説法を行なった。ここでは神は理解可能な存在であり、親のような存在ともとらえられる。中山みきの場合は「おやさま」という言葉に示されるように、神の表象と親の表象に深いつながりが生じている。

（2）明治以降昭和前期までに形成された神道系新宗教

教派神道体制にのみ込まれた教団

伊藤六郎兵衛を教祖とする丸山教は富士講を基盤とするが、丸山教が形成されるのは、ちょうど維新政府の宗教政策が二転三転する頃である。伊藤六郎兵衛は文政一二（一八二九）年に武蔵国橘樹郡（現在の川崎市多摩区）に生まれた。農業をしていたが、養子となり伊藤姓を名乗った。生家に伝わる富士講の一つ丸山講を再興しようという願いをもち、精神修養を重視する教えを築いていった。しかし明治維新の動乱を目の当たりにして、社会改革的な思いを抱いた。明治三（一八七〇）年に仙元大菩薩から「自身願われや」というお告げを得たとされ、以後修行に励む。断食修行によって人間は「天地の神と同根同体」なので、この真実を世に取り次ぐ「地の神一心行者」を名乗れという神のお告げを受けた。やがて人々から生神行者とみなされるようになった。『丸山教祖傳』(8)では、六郎兵衛が信仰を確立する上では三つの「生まれかわり」があったとしている。第一次は明治三年に「地の神一心行者」となる許しを得たとき、第二次は一八七三（明治六）年に「納魂」と呼ばれる修行をしたとき、そして第三次が翌七四年に富士八合目において「御役御免」を神に願ったときとしている。納魂の修行は登戸の富士塚で行なわれ、それまでの身体を葬って新しい生命に生き返るという式であった。御役御免のお願いは富士山の修行中になされた。もう命はいらないと神に訴えた。『丸山教祖傳』には六郎兵衛が次のように述べたと記されている。

ところが世間からはわるくいわれ、親類からはうとんじられ、その上警察からは信心をさしとめられ、前も後もみな反対反対で、立つところも居るところもなくなつてしまいました。けれども神さまのお心にまかせ、おめずおくせず、かくれみのかくれ笠、非人の行をつとめておりましたが、この頃になりまして、信者の中にうらぎりをするものができました。たとえ政府の政治のために死刑に行われましても、さらさらいといはいたしませぬが、肝心な信者のものはやこの世に生きているかいもないしだいであります。どうぞ今日限り私の命をおひきとり下さりませ。私のからだはこのまゝお山の石となりましても、たましいは神となつておゝせをまつとうする決心でございます。(二一四〜二一五頁)

当時、弟子たちが四分五裂状態にあったようで、これをひどく嘆いたと思われる。このとき神からの声がして、六郎兵衛がかつて自分を大麦にたとえたことを思い出させた。「その方が人にふまれ、人に不浄をかけられ、人に笑われ、役人にせめられて苦行をするのは、その方が身のるもとでゞある」という声も聞く。六郎兵衛は自分のいたらなさを悟って、さらに信心を進める決心を固めた。

官憲から活動を取り締まられ度々拘引されたのは、教導職の資格をもたなかったのが主な理由である。そこで、当時浅間神社宮司であった宍野半の勧めに従い、一八七五年、信者ともども富士一山講社と合併し、富士一山講社丸山教会本部を設置した。宍野半は六郎兵衛の苦行のことを知っていたようで、宍野の方から六郎兵衛を浅間神社に招いて会った。富士一山講社は一八八二年に扶桑教として一派独立する。扶桑教は宍野半が初代管長に就いたが、一八八四年に死去する。宍野の没後、丸山教会と扶桑教傘下の他の教会との対立があらわになり、八五年に扶桑教から神道本局に転属する。

丸山教の場合は、維新期の宗教政策が神道系新宗教の組織化にどのような影響を与えたかを如実に示している。信者が急速に増え、組織化がはじまった時点で、維新政府の宗教政策に向かい合うことになり、独自の教団を形成しつつも、ただちに教派神道の傘下に組み込まれていくのである。宍野半との出会いは富士信仰を介するものであり、両者をつなぐ共通の宗教文化がそこにあった。

しかし丸山教の中にあった世直し思想的な部分は、明治政府の宗教政策にはそぐわなかった。一八八四年から八七年にかけての「み組世直し」と呼ばれる運動は納税拒否の主張もあって弾圧された。当時は公称信者数が百万人を超え、「最大邪教」と目されていた。丸山教は「いろは四八組」に分けられており、み組はそのうちの一大勢力で静岡県で活動していた。一八八七年には富士をとりまく一周運動を完成したほどの勢いがあった。み組の運動を分析した当麻成志は、み組の布教は鉄道開通前のことであり、布教には河川と沿岸道路が利用されたと分析している(9)。

霊界の観念を広めた大本

大本では出口なおを開祖、出口王仁三郎を聖師と位置づけている。王仁三郎はなおの末娘であるすみ子と結婚するので、なおにとって王仁三郎は娘婿となる。なおは教育も十分受けられず、漢字もほとんどかけなかった。王仁三郎は国学も学び神道への知識も一定程度あった。なおの晩年は両者の関係は良好とは言い難かった。また大本系の教団の創始者たちは、主として出口王仁三郎の思想や実践から影響を受けている。

なおは天保七（一八三六）年に福知山で大工の娘として生まれ、叔母の養女となり出口姓となった。大工と結婚するが、夫が酒好きであったこともあり生活が苦しくなっていく。夫の死後行商を始めたが、一八九〇（明治二三）年に三女のひさが神がかり状態となった。精神的に異常な状態となるが、ひさの夫が金光教の祈祷を受けさせたことで夫妻は金光教の熱心な信者となる。なおも金光教会に通うようになった。

なおには金光教の影響が見られるが、大本という独自の宗教が形成される上では、一八九二年正月の出来事とされるなおの神秘体験が重要である。元旦の夜、おごそかで美しい楼閣のある宮殿において、尊貴な神々にまみえるという夢を見る。五日の夜、井戸端で水行をしているうち帰神状態となる。そのとき神は「艮（うしとら）の金神（こんじん）」と名乗る。次のような内容のことを告げたという。

> この神は三千世界を立替え立直す神じゃぞ。三千世界一度に開く梅の花、艮の金神の世になりたぞよ。この神でなければ、よの立替えはできぬのじゃ。天理、金光、黒住、妙霊先走り、とどめに艮の金神が現われて、三千世界の大洗濯を致すのじゃ。これからなかなか大謨（たいもう）なれど、三千世界を一つに丸めて万劫末代続く神国にいたすぞよ

なおはほとんど仮名しか書けなかったから、このように表記されるのは後のことである。ただ「うしとらのこんじん」が世の中の立て替え立て直しを宣言したと、なおが受け止めたのは確かであろう。大本ではこのときのなおの帰神状態が大本の開教のときとしている。

その後神示を再三受けるようになるが、それが騒動のもとになったため、長女よねの夫から座敷牢に入れられる。その不自由な状況のとき釘で柱に文字を書くようになった。これが大本で「お筆先」と呼ばれるものの始まりである。ほとんどひらがなで記されたものであるが、出口王仁三郎が漢字をあてて文章にしたものが教団で大本神諭と呼ばれている。なおが書いたものは半紙約二〇万枚に及ぶとされるが、散逸したものも多い。

出口王仁三郎は明治四年に京都府南桑田郡に上田家の長男に生まれた。幼名は喜三郎である。上田家の産土神社は小幡神社であった。小さいときに消化器系の病いにかかり、やせ衰えてしまった。祖母の夢に死んだ祖父があらわれ、喜三郎を小幡神社に連れていけば治ると告げ、そのとおりにすると二か月ほどで全快したという。二〇代のとき獣医の書生をするかたわら、一年少々であるが国学者の岡田惟平[10]に学んだ。

小幡神社に参詣したり、亀岡や近辺にあった神道系の小さい教会を訪問したりしていたが、一八九八年三月に亀岡の高熊山に籠り七日間の修行をした。このとき神人感合の境地に達して、異（こと）霊彦命（たまひこのみこと）から次の神訓三か条を得たとする。「一　天地の真象を観察して真神の体を思考すべし」、「二　万有の運化の毫差なきを見て真神の力を思考すべし」、「三　活物の心性を覚悟して真神の霊魂を思考すべし」。

この後、鎮魂で病気治しをしたりした。「穴太の喜楽天狗」、「金神さん」、「稲荷さん」などと呼ばれ近辺で有名になった。布教活動が円滑にいくようにと御嶽教に属した。一八九八年には静岡に長沢雄楯を訪ねている。長沢は国学を学んだ神道家の本田親徳の弟子であった。王仁三郎と国学や神道との関わりが深まった。

なおと王仁三郎が出会うのはこうした頃である。一八九八年一〇月、王仁三郎はその数か月前、偶然なおの三女ひさと会ったのを契機に、綾部でなおと初めて会った。翌年王仁三郎は、神の国を建設する時期が迫ったという内容の手紙をなおに出す。一八九九年八月に金明霊学会ができるが、これが大本としてのスタートとなる。なおと王仁三郎との関係は最初からしっくりいかなかったが、一九〇〇年に王仁三郎がなおの末娘すみ子と結婚したことで、組織内で指導権を得ていく。一九〇三年に出口王仁三郎と改姓している。

大正末から昭和初期の社会変動と「人類愛善」の思想

一九一〇年には山陰線の京都・綾部間が開通になり、大本にとって遠方への布教に便利さが増した。王仁三郎は以後国内外を股にかけた布教を始めるが、明治後半に鉄道や船といった交通機関が全国に整備されていったことは、その推進要因となったことは間違いない。一九一八（大正七）年に出口なおは死去し、出口すみが二代教主となるが、以後王仁三郎が教団を実質的に指導した。一九一六年に浅野和三郎が入信したことで、大本の社会的影響は一段と大きくなる。浅野は一高、東京帝国大学を卒業し、海軍機関学校の教官を務めていたという経歴であった。浅野が入信したことで、大本の信者の広がりに新たなルートを形成した。しかし軍関係者に信者が増えたことは、大本に対する政府の警戒を生む一因ともなった。

大正維新という主張をしていた大本は、一九一九年にかつて明智光秀の居城であった亀岡城跡を購入し、亀岡に天恩郷という聖地を形成した。同年台湾に宣伝使を派遣し、台南支部を開設したが、これが最初の海外支部であった。二〇年には大阪で『大正日日新聞』を日刊で発刊した。このような最中、一九二一(大正一〇)年二月一二日に大本への弾圧(第一次大本事件)が起こり、王仁三郎は大阪で検挙された。一〇月の一審判決で王仁三郎は不敬罪と新聞紙法違反で有罪となった。二審も有罪となった。この弾圧は元信者が内乱予備行為で大本を告発したのが契機であった。王仁三郎は不敬罪で懲役五年の判決となったが、四か月後保釈となった。一九二五年からの大審院の審理の途中で、大正天皇の崩御があり、大赦令が出され免訴となった。

大本の機関紙『人類愛善新聞』は一九二五年の創刊であるが、当時の教団の様子のみならず、社会全体の雰囲気を側面から映し出している。第一次大本事件が起こった頃、すなわち大正末から昭和初期という時期は、戦前における日本社会の大きな転換期の一つである。『人類愛善新聞』に記載された記事には、その時代の雰囲気が随所にうかがえ、きわめて重要な資料である。のち内閣総理大臣になった平沼騏一郎の寄稿があるが、将校たちからの寄稿が多数見受けられる。大本は軍人に影響が大きかったことが、ここからも読みとれる。

貴重なのは、戦前数多く存在したが、戦後はほとんど解散してしまった愛国主義的な団体の紹介があることだ。これらは名称さえ容易には知りえないものであるから、短い紹介であっても価値は高い。紹介の仕方から大本のスタンスが読みとれる。「愛善」とともに、「愛国」が重要なキイワードであったことが分かる。また、短いものだが、バハイ教、世界紅卍字会など大本が提携していた団体に関する記述がある。あるいは「王仁入蒙記」が連載された時期もある。出口王仁三郎は第一次大本事件後、一九二四年に合気道の創始者植芝盛平らとともにモンゴルに渡っているが、そのときの状況を描いたものである。

王仁三郎は弾圧が起こった一九二一年一〇月から『霊界物語』の口述を始めた。布団に横たわり口述するのを筆録者が横で書き、延べ三五名が加わったとされる。『霊界物語』は『大本神諭』と並ぶ教典とされる。以後の神道系新宗教に少なからぬ影響を与える。他方で国際的な活動に力を入れ、一九二三年にはエスペラント語の採用を決め、道院、世界紅卍字会との提携が開始された。

一九二一年の弾圧にも関わらず、大本の活動は広がりを見せ、これがより激しい弾圧をもたらすことになる。一九三五（昭和一〇）年に二度目の弾圧を受けた（第二次大本事件）。このときは亀岡の本部がダイナマイトで爆破されるなど、一九二一年の弾圧に比べて大規模で、かつ激しいものであった。王仁三郎は治安維持法違反と不敬罪に問われ、一審では有罪となり、二審では不敬罪のみ有罪となった。一九四五年第二次大戦直後の一〇月大赦令で不敬罪免訴となった。
勢力を拡大する一方で、政府関係者から非常に警戒されるようになった時期の大本の信者たちや、大本に関心を寄せた人たちの動向を知る上では、『昭和青年』、『昭和』という機関誌は貴重である。『昭和青年』は一九三〇年に創刊され、最初は同人誌の趣であるが、しだいに機関誌として整えられていく。三二年に『昭和』に改題されたが、その理由については、「昭和青年」では読者層が一部青年に限られてしまうので、全日本の大衆をつかむために「昭和」としたと昭和青年会名で告げている。二つの機関誌とも内容は宗教的主張、政治的主張、日常雑感、あるいは詩歌とさまざまである。

王仁三郎ら教団関係者以外の著名人からの寄稿も多い。三二年の一二月号には平凡社社長下中弥三郎の「世界における日本の使命」という題の寄稿もある。地球の明日を支配する国としてソビエトロシアと日本をあげている。ただロシアは人間を機械の食い物にしたという批判もしている。欧米が爛熟の極点にあるのに対し、日本は東洋において重大な使命をもつとしている。一九三五年の一二月号には赤尾敏の「日露必戦は天意」と題する寄稿もある。今泉定助も「真の世界平和の切り札」という寄稿している。「日本は一元であり、その倫理は絶対であるが、他の国々は悉く相対の倫理である」と日本の独自性を主張している。教団の内外からの多様な意見が交換されている。『昭和』は一九三五年一二月号で廃刊になった。この年の一二月八日に第二次大本事件が起こった。機関誌の刊行などとうてい覚束ない状況に至った。

近代における神道系新宗教の展開を見ていく上で、大本の思想とその社会的活動は非常に重要な位置を占めている。大本の研究としては研究者と教団とが協力して編集した『大本七十年史』があり、大本を研究する者はまずこれと取り組むことから始める。教学研究と歴史的研究、そして宗教学的視点も織り込まれたこの書は、以後の研究に大きな土俵を用意したと言える。またこの書の編集過程を細かく追いながら、宗教史を検討する際に生じる根本的な問題を扱っているのが、永岡崇『宗教文化は誰のものか』[11]である。永岡は『大本七十年史』の編集に教団外から実質的な役割を果たしたのが佐木秋夫、松島栄一、上田正昭、村上重良、鈴木良、安丸良夫、前島不二雄の七人であるとしている。これらの研究者が持っている研究フレームの影響を論じている。

永岡は大本事件についての経綸説、誤解説、必然説（弾圧）説という三つの関係について整理し、『大本七十年史』はその関係性を明確にした書であると分析する。経綸説とは大本事件もまた型であると理解し、「経綸」によった「型」の事件という見解。誤解説は、大本事件は、まったく当局側の、大本神諭や『霊界物語』などにたいする誤解からおきた事件という見解。そして必然説は、大本事件は、立教の精神にもとづき、世の立替え立直しをはげしい宗教情熱にもえて宣布したことにたいする、治安当局の弾圧であって、それはおこるべくしておきた事件という理解。

大本は教派神道の枠組みからは周辺的なところで運動が形成された教団だが、近代の政治体制が宗教にもたらした環境という観点からは、戦前は神道教派とさして変わらない力学のなかに置かれていた。大教宣布の精神は、神道的な色彩をもった宗教運動すべてに網をかけていた。天皇崇拝は当然であり、日本の国体を維持するために活動するという見えざる力は常に作動していた。さらに民俗宗教からの選択においてはほぼ同じ条件にあったと言える。大本のような団体にあっても、教派神道に作動していた見えざる力は及んでいた。ただ管長制度によってコントロールされていた組織ではなかったから、天皇や国体についての考えは比較的応用の幅が広かった。

出口王仁三郎の思想的影響——谷口雅春と岡田茂吉

大本は近代の神道的世界観の展開において、霊界観念のもつ比重を高めた。出口王仁三郎は国学を学んでいて、国学者の霊魂観からも影響を受けている。国学者であり、復古神道家でもあった平田篤胤は死後の世界だけでなく、この世と共存するが見えない世界である幽界という考えについて思いを巡らせた。愛妻の織瀬の死後のこととされているので、死後の世界と関係するが、時間よりも空間そして質的差というものが重視されている。この世の見える世界が顕界であり、顕界からは幽界は見えない。それを篤胤はすだれの比喩で説明している。夜に灯りのある部屋からすだれの外の世界は見えないが、外からは部屋の様子は見える。外が幽界の比喩である。

篤胤は、顕界と幽界は始めから分かれていたものではなかったとする。大国主命がこの顕世の事を皇御孫命に譲り、杵築宮に隠れてより、皇御孫命が顕明事を治しめすこととなり、大国主神は以後現在に至るまで幽冥事を治しめすことになったと説明する。また大国主が隠れたというのは、黄泉の国へ行ったということではないとし、黄泉―国土の区分と、顕界―幽界の区分は異なる話と考えていた。神社神道はそれまで死後の世界、不可視の世界について厳密な教えをもたなかったが、篤胤は神話の世界の出来事を現実に連なる話として扱い、また異界への関心も深めた。出口王仁三郎が展開した世界は、復古神道における世界観が踏まえられている。

大本においてかつてないほど霊界についての議論が深められたのは、いわゆる心霊現象への関心の広まりが、一九世紀以来世界的に広がっていたことも関係する。大本の霊界に関する観念は、出口王仁三郎から思想的影響を得た谷口雅春の設立した生長の家や、岡田茂吉が設立した世界救世教においてそれぞれに展開された。

谷口雅春は一八九三年に兵庫県に生まれた。一九一四年に早稲田大学中退後、一九一八年頃大本のことを知った。当時の機関誌『彗星』に記されていた世の建替え説に強く心を惹かれた。同年九月に綾部を訪れ、大本の鎮魂帰神を目の当たりにする。当時浅野和三郎が審神者をしていた。大本に入信した谷口はやがて機関誌の編集を任されるようになる。谷口はまた一九二〇年頃、一燈園の創始者西田天香の思想からも影響を受けている。[12] とくに一九二一年に刊行された天香の『懺悔の生活』に共鳴した。その後大本に不信を抱くようになり一九二三年に上京するも、関東大震災に遭い、関西に移住する。

雅春は「物質はない。実相がある。実相とは神である」という声を聞き、一九二九年「今起て」という声で執筆を開始し、翌年『生長の家』を創刊する。この年が立教年とされている。教勢を拡大する目的もあって、一九三四年に本部を東京に移転する。光明思想普及会が設立された。雑誌『主婦之友』に生長の家の紹介記事が載せられ、広く知られるようになる。第五章で詳しく述べるが、『主婦之友』はこの少し前、祖神道教祖の松下松蔵の記事を載せ、それで松蔵が日本中に知られるきっかけとなった。当時の雑誌メディアの影響がうかがえる。

世界救世教の教祖岡田茂吉は一八八二年に東京の浅草で生まれた。小学校卒業後画家を志して美術学校に入学したが、眼を患い退学した。一九〇六年、父の遺産を元手に日本橋区に小間物屋光琳堂を開業した。さらに一九〇七年には装身具の卸問屋岡田商店を設立した。しかし金融業にも着手して銀行の破産のあおりで苦境に陥った。こうした事業の失敗もあって、霊的世界への関心を抱くようになり、一九二〇年に大本に入信した。一九二三年の関東大震災で再び苦境に陥る。大本への信仰を深め、お筆先を熟読する。

一九二六年に自分は人類救済の使命があると悟った。二九年から観音菩薩の守護神である金龍神が守護神となったという。一九三一年に千葉県の鋸山にて「霊界の夜昼転換」の天啓を受けたとし、これを立教の年としている。一九三四年に大本を離れ、東京の麹町で岡田式神霊指圧療法を始める。しかしこれが医師法違反に問われ検挙される。また戦時中の一九四二年に刊行した『明日の医術』は現代医学に対立し、国家の医療行政に抵触するとして、四四年に発禁処分を受けた。

岡田茂吉が病気治しを中心とした活動を自由に行なえるようになったのは戦後である。四七年に日本浄化療法普及会として活動を始め、同年これを日本観音教団、そして五〇年に世界救世(メシヤ)教と改称した。このメシヤ教という教団名が注目を浴び、しばらくはメシヤ教としてメディアでも報じられた。一般に「手かざし」と呼ばれるようになった浄霊は、世界救世教の分派教団の多さもあって、神道系新宗教の儀礼を特徴づける一つとなった。茂吉は薬毒論という考えを広めた。薬は毒であるという考えである。戦前に多くの病気に罹り、薬を飲んでも治らず、薬をやめたら治ったという体験が関係していると考えられる。この場合の薬には農薬も含まれていた。化学肥料や農薬を用いない自然農法を主張し、田畑に手をかざす信者もいた。

浄霊は霊界や霊的存在を認めた上で、病いの原因をそれらと関連づける。そして霊を清めることで病気も治すことができるという考えに展開する。霊界の観念が現実生活において苦をもたらす大きな原因である病いの解決とつなげられている。教団の目的は、病、貧、争の三大苦を根絶した「地上天国」をこの世に建設することとされ、そのためには物質偏重の現代文明を正しい方向へ戻すことが第一であるとした。

神道教団における世襲化

教派神道、神道系新宗教においては、教祖の後継者や各支部の教会長などの世襲化という現象が戦前から顕著であった。黒住教は黒住宗忠の死後、長男の宗信が二代教主となり、またその長男の宗篤が三代教主となった。宗篤の時代に神道教派として認められ、宗篤は初代管長となった。

その後も黒住宗敬、黒住宗子、黒住宗和、黒住宗晴と代々長男が教主を継承している。名前も黒住宗忠の「宗」を通字としている。

天理教は一八八七年の中山みきの没後、飯降伊蔵が一九〇七年まで本席として、みきの後継者の役割を果たし、神意取り次ぎの中心を務めた。その一方で天理教の教派神道としての公認運動の中心になったのが、初代真柱の中山眞之亮（新治郎）である。中山みきの三女はるは梶本惣治郎と結婚したが、その三男の眞之亮が中山家に入籍し家督を相続し中山眞之亮となった。眞之亮は神道本局の教導職となり、みきの没した翌年の一八八八年に神道本局所属の天理教会公認を果たした。さらに天理教が独立した教派として認められるようにと尽力し、ようやく一九〇七年に一派独立が実現した。その後二代真柱は長男の中山正善、三代真柱は正善の長男中山善衞、四代真柱はその長男の中山善司と継承された。

金光教は一八八三年の金光大神の没後、五男の金光宅吉が二代教主となり、「二代金光様」と呼ばれた。三代金光様はその長男の金光攝胤、四代金光様は攝胤の長男の金光鑑太郎となった。一九九一年に鑑太郎の長男金光平輝が五代教主となった。二〇二一年に平輝の長男金光浩道が教団で初めての生前継承をして六代教主となった。現在金光教の教主は金光姓の中から選挙で選ばれることになっているが、結果的には二代教主以降、長男が継承している。

第四章で述べるが、神理教も世襲化している。実行教は初代管長の柴田花守が一八九〇年に没したのち鵜殿中行が後継者となるが、若くして没し、以後教規が変わって柴田花守の子孫が道主を継承することとなる。柴田忠行が二代管長、柴田孫太郎が三代管長、柴田道守が四代管長、柴田辰彦が五代管長、そして柴田尋之が六代管長である。神道修成派は教祖新田邦光が一九〇二年に没するが、長男の邦貞が二代管長となる。三代管長は邦貞の三男の邦達で四代管長はその長男の邦夫で、世襲化している。

このように高坏型の教派でも世襲化が見られるが、教派としての性格が弱かった神道本局（神道大教）や神道大成教では世襲化が起こっていない。御嶽教も世襲化していない。扶桑教は宍野半没後、長男の健丸、その長男の健弌と管長が継承されたが、四世管長は杉山一太郎になった。しかしその後宍野家の養子となった宍野史生が五世管長となっている。

明治四年の太政官布告（第二三四）で社家の世襲が禁じられたものの、新社家ができ、すぐ旧に復した。教派神道の管長も世襲化が多数派になっている。神道系新宗教の場合も世襲化がみられる。

丸山教教祖伊藤六郎兵衛が一八九四年に没した後、六郎兵衛の養子となった伊藤国義が二世教主となった。三世教主は国義の次男が伊藤六郎兵衛を襲名した。四世教主となったのはその孫の伊藤光海である。

大本の場合は特徴があり、女性が代々の教主になっている。一九一八年に出口なおが没し、王仁三郎が大本の運動を率いていくが、二代教主になったのは、なおの娘で王仁三郎の妻であった出口すみ子であった。その後教主にすみ子の長女出口直日、四代教主に直日の三女出口聖子、五代教主に聖子の養女となった出口紅とずっと女性が継承している。出口紅は廣瀬静水・麻子の次女としてうまれたが、麻子は直日の次女であるので、出口家の子孫が女系で後継していることになる。後継者が女性になる例は、戦後いくつかの新宗教で見られるが、戦前においては稀有である。

生長の家は初代総裁谷口雅春が一九八五年に没したあと、長女の輝子と結婚した娘婿の谷口清超が二代総裁となり、三代総裁はその次男の谷口雅宣が継いだ。世界救世教は一九五五年の岡田茂吉の没後、妻のよ志が二代教主、茂吉・よ志夫妻の三女岡田斎が三代教主となった。四代教主は茂吉の長男岡田三穂麿の長男の陽一である。これも基本的に岡田家に継承された。

教主だけでなく、教会長も世襲となる例が多い。黒住教、天理教、金光教の場合は、教会長も世襲が占める割合が高い。これは神道系新宗教だけの話ではなく、仏教系の新宗教においてもそうした傾向が強い。その意味では会長が世襲されていない創価学会は少数派に属する。初代会長牧口常三郎から、二代会長戸田城聖、三代会長池田大作、四代会長北條浩、五代会長秋谷栄之助、六代会長原田稔に至るまで世襲はなされていない。

カトリックは聖職者の世襲はありえない。神父や修道女は結婚が認められていないから、世襲しようもない。上座仏教の僧侶も同様である。ユダヤ教のラビは結婚できるが、一部の派を除いて世襲制ではない。日本仏教の僧侶の世襲は浄土真宗を除いて明治以降である。神職は社家の世襲が多かった。日本の近代の神道教団においては、教主や教会長などの継承においては世襲がもっとも一般的になった。家制度や家元的な観念が広く継承されたと言えるが、皇位継承のされ方も関わりを持つと考えられる。

（3）昭和前期の社会環境と神道系新宗教

『国体の本義』によって強調された愛国心

大本の『昭和青年』が発刊された一九三〇（昭和五）年という年は、形だけに近いとはいえ創価学会設立の年であり、霊友会の発会の年であり、さらに出口王仁三郎に影響を受けた谷口雅春を教祖とする生長の家の立教とされる年でもある。この少し前から一九四五年に至る昭和前期は社会が全体主義に向かい、日本が第二次世界大戦に突入する時期である。一九二五（大正一四）年三月に治安維持法が可決された。一九四〇年一〇月には大政翼賛会が発会した。翌四一年には改正治安維持法が公布され、宗教弾圧はさらに厳しくなる。近代において宗教教団がもっとも強い活動の制約を受けた時期である。宗教者に不敬罪が相次いで適用された。

一九三七年三月に文部省によって『国体の本義』が発行された。これは天皇を中心とする国体を護持する立場から国民教化用に刊行されたものである。『国体の本義』は一種の日本文化論を含んでいるが、学術的な立場からではなく、イデオロギー的あるいは理念的立場からのものである。日本文化を本質論として論じようとしているので、その当時推し進められていた思想教化の目的が非常に分かりやすい。

緒言にある刊行の主旨は、おおよそ次のような内容である。当時の日本の思想上・社会上のもろもろの弊害が、明治以降あまりに急激に欧米の文物・制度・学術を輸入したため、徹底した醇化ができなかった。日本に輸入された西洋思想は主として啓蒙思想あるいはその延長にある思想で、この根底にある世界観・人生観は合理主義、実証主義であった。しかし極端な欧化は日本の伝統を傷つけたため、欧化主義と国粋保存主義との対立が生じた。この昏迷状況を打ち破ったのが教育勅語であり、これにより国民が進むべき方向が見出された。社会主義、無政府主義、共産主義等の「詭激な思想」は究極的には西洋の個人主義に基づく。そこで国体の本義を編纂し、肇国の由来を詳らかにし、国体が国史のなかに顕現した姿を明示し、国民の自覚と努力を促す。

このように述べた後、「第一　大日本国体」の章で、「肇国」「聖徳」「臣節」「和と『まこと』」について述べられている。天皇を中心とした一大家族国家という捉え方であり、その天皇は記紀に記された神話の文字通りの理解に従っている。神話と歴史の区別はなされていない。

「第二　国史に於ける国体の顕現」の章では、日本の歴史の展開を一貫した精神の表現としてみようとする。それは「挙国の精神の展開」であり、「永遠の生命の創造発展」である。実際はかなりの部分が天皇に対する忠義の重要性に言及している。「我が国民の使命は、国体を基として西洋文化を摂取醇化し、以て新しき日本文化を創造し、進んで世界文化の進展に貢献するにある」という部分だけ見ると、温故知新あるいは和魂洋才という精神を連想するが、同時にまた次のように述べてある。

我等が世界に貢献することは、たゞ日本人たるの道を弥々発揮することによつてのみなされる。国民は、国家の大本としての不易な国体と、古今に一貫し中外に施して悖らざる皇国の道とによつて、維れ新たなる日本を益々生成発展せしめ、以て弥々天壌無窮の皇運を扶翼し奉らねばならぬ。これ、我等国民の使命である。

「日本人たるの道」に特別の意義を与えているが、原理主義的な国体思想の主張である。結語において、個人主義、自由主義がふたたび批判されている。中国の儒教と老荘思想にも触れ、これらは個人主義的傾向をもつものであったが、日本に摂取されてから個人主義的・革命的要素は脱落し、とくに日本化した儒教は国民道徳の発達に寄与した。またインドの仏教は瞑想的・非歴史的・超国家的なものであったが、日本に摂取されて国民精神に醇化され現実的・具体的な性格を得たとする。西洋の学問や思想が分析的・知的であるのに対し、日本のものは直観的・行的であると特徴づけている。

個人主義を是正するために生まれたのが、社会主義、共産主義、さらに国家主義、ファッショ・ナチス等の思想・運動だが、日本ではこれらを模倣してもだめだとする。「今や我が国民の使命は、国体を基として西洋文化を摂取醇化し、以て新しき日本文化を創造し、進んで世界文化の進展に貢献するにある」という立場をとる。これによって「天壌無窮の皇運を扶翼し奉らねばならぬ。これ、我等国民の使命である」と結んでいる。

この精神を継承する形で一九四一年七月に文部省より刊行されたのが『臣民の道』である。日米開戦の直前の刊行であるから、国防、皇国臣民をさらに高めようとの意図で刊行されている。序言には、国体の本義、皇国臣民としての自覚が徹底していないこと、国体の尊厳が単なる観念に止まっていることを憂える言葉がある。

「第一章　世界新秩序の建設」においては、一九三七年七月の盧溝橋事件を機に日中戦争が始まり、一九四〇年九月に日独伊三国同盟が調印された事態を踏まえて、総力戦体制への心構えを説いている。同盟国であるドイツが全体主義を採用し、イタリアが独裁的全体主義に立脚しているのに対し、日本は肇国以来、万世一系の天皇の御統治の下に、「一国一家の大和の中に生成発展を遂げて来た」とする。政治・経済・文化・軍事その他百般の機構は如何に分化しても、すべては天皇に帰一すると述べている。

日本の家は祖孫一体の連繫と家長中心の結合からなるとし、そこでは敬神崇祖の精神が強調されるとする。また敬神の精神を一貫するのは「神を通じて天皇に帰一し奉るところにある」と述べている。ここでの論理構造は、戦後、伊藤幹治が家族国家観と特徴づけたようなものに相当する。神格化された天皇を家長として、国民（臣民）を「赤子」として位置づけ、大日本帝国を「家」の延長として理解する国家観である。ここには祖先教と呼ばれるような観念が作動してい

る。(13)

『日本文化』に展開された精神論

日本文化協会が発行する『日本文化』の創刊は一九三七年七月で、ときあたかも日本が戦時体制につき進んでいるさなかであった。同年三月刊行の『国体の本義』と同じ潮流の中にある。文部省は一九三四年六月に学生部を拡充し思想局を設置した。この思想局を拡大再編する形で、文部省教学局が設置された。教学局官制が公布されたのは一九三七年七月である。『日本文化』の刊行はこれに呼応している。

日本文化協会が国民精神文化研究所の協力機関として発足したのは、一九三四年二月一一日である。現在の建国記念の日、戦前の紀元節に当たる日に発足したことに象徴されるように、同協会は日本文化の称揚を一つの目的とした。戦時色が強まるとともに、国体思想を国民に広めることが重要な機能となった。日本文化協会はいわゆる「赤化教員」の「思想善導」を行なったことでも知られる。一方で国体思想を広めながら、他方でその脅威になると思われた社会主義的思想などを排していく役を担った。

『日本文化』は『国体の本義』をバックボーンとして編纂されているので、掲載された講演録、論文、エッセイ等には、しばしば『国体の本義』において主張された特有の表現が見出される。ときには講演や論文の最後に、いささか唐突にその主張があらわれたりする。それでも学術的な記述のスタイルを終始崩そうとしないもののいくつかある。学術的な立場を基調とする若干の講演・論文の他に、おおむね学術的であるが、結論部分においてつけたし的に「国体の本義」の主旨との調和的表現を加えた講演・論文がかなりの数見受けられる。

まさに明確に「国体の本義」路線を踏襲したもの、さらには『臣民の道』の主張に沿った講演・論文の類は数多くある。ここに収められたものからは、知識人や論壇が当時どのような社会状況や国家の要請を基盤にしていたかがよくうかがえる。今日からすると強い民族的偏見、科学的知見の無視あるいは否定、極端な宗教観などが並んでいる。当時はそれらが堂々と掲載される時代であった。いくつか具体例を示してみる。

三国同盟を前にしての時期であるが、第四冊（一九三七年八月発行）に掲載されている孫田秀春「独逸の現状とその指導精神」は、ナチス賛美でありヒットラー賛美である。ほとんど無批判に当時のドイツの状況を賛美している。ナチスの考えはファシズムと異なると指摘する。イタリアのファシズムは国家を前面においているが、ナチスは国家は民族の維持発展のために存在する手段形式であるとみなしていると述べる。ナチスは物事をすべて具体的に考えており、ヒットラーはあらゆる制度手段を利用して国民教育に力を注いでいると評価する。

当時明らかになっていたドイツのユダヤ人排斥の方針にも、きわめて好意的な評価がなされている。つまり、これを人道問題というのはドイツに少し酷ではないかとする。ユダヤ人を排斥することによって生じるであろうドイツ文化の後退損失は甚大であろうという意見に対しても、ドイツ人はそれは覚悟の上で、一〇年たてば取り返すという態度であると述べる。またユダヤ人の排斥はやむを得なかったのであり、また排斥といっても、殺したり、追放したりしたわけではなく、血の純潔を保つために、ユダヤ人との結婚を禁止したのだとしている。「ヒットラーの生きてゐる限りはドイツは微動だにしない」と結論部分で断言している。

第一二冊（一九三七年一二月発行）には、「日本精神と自然科学」と題された文学博士紀平正美[14]の講演録が掲載されている。この中ではダーウィンの進化論が批判されている。進化論が日本の若い学生をどれくらい迷わしたか分からないと述べる。その論法は今日におけるアメリカのキリスト教原理主義者たちの進化論批判ときわめて似通っている。紀平は次のように述べている。

「君のお父さんは何だつたかい」とかう問うて見せます。「お父さんはやはり人間さ。」「そのお父さんは」、「そのお父さんは」と問ふた時に、少くも日本人であるならば猿だの或は猿と人間との中間のもの（その何たるかを知らず）更に下等動物だと言ふものはないと思ひます。

進化論批判はまた人種問題にからめられている。アメリカ人は祖先がイギリス人であるかスコットランド人であるか、ドイツ人であるかイタリア人であるかはもはや問題ではない。しかし日本人にはこれが大問題である。なぜなら我等の国土一切は伊弉諾伊弉冉（イザナギイザナミ）の産みたもうたものであり、我々の祖先は神であるからだとする。ダーウィンの考えは個人主義の考えのもたらしたものであるとする。アメーバから人間に進化したという考えは誤りであると明確に述べている。全体として論理的に説得性はないが、当時はこういう講演会が開かれる時代状況であった。日本では進化論が宗教に及ぼした影響は、西洋と比べるとはるかに小さかったが、こうした内容の進化論批判の言説が、文学博士の講演としてなされた。

第二〇冊（一九三八年五月発行）に、久松潜一「我が風土・国民性と文学」がある。前半は文学論なのであるが、後半に神道神学的な言及がある。敬神ということは多くの国に見られるが、日本は敬神と忠君愛国が一体になっていて、これは外には見られない。日本の最高の神が、国家をはじめた神すなわち天照大神であるからとする。「敬神の精神は、肇国の神に在す天照大神に対する絶対の信仰であり、大神のみこともちて国をしろしめす天皇に対する絶対の随順となるのである。」と述べている。全体として、神話と歴史とが区別されていない記述となっている。

第二五冊（一九三八年八月発行）で、小西重直が「天地の大道と親心」と題して、日本人の親と子に関する議論を展開しているが、むすびの項で、やはり唐突な感じで国際問題に言及する。日本は日本のみの和平幸福を目指してきたのではなく、常に世界人類の和親福祉の増進を念願し、「世界大の親心」を発揮している。しかし中国は「帝国の真意を解する能はず、遂に事変の勃発」となったのだと論じる。

同じ号に人類学者の棚瀬襄爾が「神話の復活」という短い文を寄せている。神話は人々に影響を与えているという意味で生きた実在であるとした上で、「それは民族の宗教的選択を経たものであり、従つて神話を聖なるものとして把握し、其の権威を肯定する為には言はば民族的廻心を経なければならぬ」とする。民族的廻心を経るというのはよき民族の一員となることを意味するとし、神話の本質をこのように把握するときに、現代における神話復活の現象を正常に評価することができるとしている。もっともこれに類する言説は、今日においても見受けられる。神話を教えることが、日本人の精神を正しく伝えることに資するという主張である。

戦時体制下であらわになった思想構造

一九四一年九月一日発行の第七一冊には、先に述べた文部省教学局編『臣民の道』が収録されている。日米開戦を控えて、国民の一致団結を呼びかけ、とくに教育をその手段として重視する方針がみてとれる。

同年一二月一日、日米開戦の直前に刊行された第七四冊には「教育審議会資料」が掲載されている。いよいよ戦時色の濃くなった時点での教育の方針が示されている。最高学府たる大学の目的達成のためとして、次の四点が示されている。

①国体の本義を体して真摯なる学風を振作し学術を通して皇運を無窮に扶翼し奉るの信念を鞏固ならしむること
②皇国の使命の自覚の下に独創的研究に力め広く東西の学術、文化を摂取醇化して我が国学術、

文化の創造発展を図ること
③学の総合的理解を旨として専門的研鑽を遂げしめ識見を長ずると共に学徳一体の修練を積ましめ国家有為の指導的人材たらしむること
④東亜及世界並に国防に関する認識を深からしむること

さらに、日米開戦直後の一九四二年一月一日に刊行された第七五冊には、伊東延吉「国民学校の精神に就いて」という講演会の筆記録が掲載されている。講演自体は前年の六月一四日に日本工業倶楽部においてなされている。ここには国民学校の考え方というものが述べられている。個人本位の教育であったものが国家本位の教育になった。知識主義を精神的なものにするということである。「教授学校」から「錬成学校」になったのだとも表現している。また我々は天皇の赤子であり、肇国以来の神々の後裔である。それが日本国家の特質であり、自分たちの血肉の中にもしっかりそれを持っているとする。これまでの論調の踏襲であり、強化である。

一九四二年一〇月発行の第八三冊に大串兎代夫「大東亜戦争の意義」が掲載されている。冒頭で戦果の偉大さを述べつつ、「なお緒戦の段階にあるのであつて、我々国民は勝利の輝かしさに幻惑せられて、この戦争が真に国家興亡の決戦であることを忘れてはならない。我が国は今や戦争の最中にある。」という認識である。

従来戦争といえば、国家間の対立闘争だと考えられたが、大東亜戦争はそれ以上に建設的内容をもたらしているとする。それは米英的秩序を乗り越えて、世界に道義秩序を建設する心持ということである。国体の中には、土地と人とを一体不可分の関係とする考えがあり、これが国生みの神話に見られるとする。国生みの神話にヨーロッパを中心とする世界制覇の思想、あるいはヨーロッパ文明の従来のあり方を批判する根本の態度が存しているという見解である。大東亜共栄圏の発想を国生み神話で根拠づけようという論法である。他方、同盟関係にあったドイツ、イタリアについては、その国民主義ないし民族主義は自由民主主義の矛盾に飛んでいる諸国家に向かって大いなる魅力を有し、国境を越えて一定の思想勢力となると、一定の評価を下している。

愛国主義と全体主義が露わな主張の多い『日本文化』であったが、戦況が不利になってくると、それを反映するかのような内容になってくる。最終号の第九七冊（一九四四年一二月発行）は、前号から一年を経ての発行であった。一九四三年度高等学校入学試験作文の課題「我が母」の優秀なる答案から五七篇を選んで掲載していて、それまでのものとは、がらっと異なっている。一つ一つの文章は六〜八百字程度の短いもので、母親に対する切々たる思いを書いたものが大半である。中には、次のような特攻隊的な精神を示したものがある。「母は子の為なら喜んで死地に入る。我々は母を死地に入らせてはならぬ。我々が死地に入らねばならぬのだ。」「我々は大日本臣民として立派な人物となり、醜の御楯となつて君国の為に粉骨砕身し、母の心に報ゆる決心である。」

最終号が刊行された時期には、戦局の悪化は明らかになっていた。太平洋のあちこちで日本の輸送船が撃沈され、孤立した軍は絶望的な戦いを強いられた。四三年四月には山本五十六連合艦隊司令長官が、ソロモン上空で撃墜されている。第九一冊（一九四三年六月発行）の編輯後記には「アッツ島の悲報により喚起された北方領土への関心により、北方問題の歴史に関する小論文を掲載出来たのは会員各位に少しでも御参考になると思ふ」とあって、事態の深刻さを覆い隠せない状況である。最終号の発行の少し前の一九四四年六月には、米軍のB29が北九州を空襲し、翌七月にはサイパン島の日本軍守備隊が玉砕し、東条英機内閣は総辞職となっている。五月にアッツ島の日本軍守備隊が玉砕したことを指している。

こうした状況の中で「我が母」が最後の号のテーマであり、しかもこれが高校入学試験作文の課題であるというのは考えさせられる。『日本文化』は若者に母を語らせて終わった。

（4）戦後形成された神道系新宗教

敗戦直後の文化的激動と二人の女性教祖

宗教法人というカテゴリーは第二次世界大戦後にできたものである。明治以降多くの近代法が制定されたが、宗教団体を包括的に対象とする法律は長く存在せず、ようやく一九三九年に宗教団体法が公布された。この法律においては宗教団体と宗教結社という二つのカテゴリーがあったが、宗教団体と認可される基準は厳しかった。戦後一九四六年に宗教法人令、五一年に宗教法人法が施行されて、以後日本では公的に宗教団体であると認証された団体は宗教法人という法人格が得られることとなった。宗教法人となると、公益法人として税制上の優遇が得られたり、社会的信用が一定程度得られる。

ただし憲法二一条には「集会、結社及び言論、出版その他一切の表現の自由は、これを保障する」とある。宗教法人として認証されなくても宗教活動はできるし、宗教団体と称することもできる。それゆえ宗教法人であったものが解散させられても宗教活動は続けられる。良く知られた例がオウム真理教である。一九九五年三月に地下鉄サリン事件を起こしたオウム真理教は、同年宗教法人の解散命令が出され、翌年一月に解散が確定したが、その後も宗教活動を続けた。二〇〇〇年に「アレフ」と名称を変え、また二〇〇七年にはそこから上祐史浩（じょうゆうふみひろ）を代表とする「ひかりの輪」が分派したが、両団体とも活動を続けている。

一九四六年の宗教法人令は宗教団体法に比べて、宗教法人としての登記がきわめて容易になった。宗教団体法が認可制であったのに対し、法人令は準則主義と呼ばれ、法定の要件を満たし登記すれば宗教法人となることができた。それゆえ脱税目的などの団体さえ、宗教法人に登記しようとした。

宗教法人法は認証制であり、宗教活動であるかどうかの見定めをするものになった。包括宗教法人と単位宗教法人では管轄が文部大臣（二〇〇一年から文部科学大臣）と都道府県知事という違いがあった。この違いは認証の際の厳密さに関係してくる。文部科学省管轄の包括宗教法人や全国的に活動する教団は文化庁の宗務課が担当して認証作業に関わる。宗務課には宗教研究の専門家がいる。しかし都道府県の場合、宗教法人の認証を扱う専門の部署がない場合もある。学事課などが行ない、担当者が宗教についての基礎的知識が十分でないこともある。「宗教法人法の悪用」のような事例が起こり得る。裏返せばそのような団体はないだろうという性善説に立っていたと言える。

宗教行政も大きく変わることとなった敗戦直後の日本で、社会的に大きな話題になった女性教祖が二人いた。璽宇の教祖璽光尊と、天照皇大神宮教の教祖北村サヨである。この二人の女性教祖の主張や行動から、敗戦がもたらした社会的混乱の中で、日本の宗教文化における選択基準も激変したことが分かる。二人とも年号を昭和の代わりに独自に定めたものを用いることを信者に指示した。璽光尊は「霊寿」を用い、一九四六（昭和二一）年を霊寿元年とした。北村サヨは「紀元」を用い、やはり一九四六年を紀元元年とした。戦前の日本社会を覆っていた男性優位の支配的価値観への異議申し立ても鮮明であった。璽光尊は一九四六年に天変地異を予言し、その後の始末のためとして、璽宇内閣を組閣した。北村サヨは痛烈な政治家批判を繰り広げた。璽宇の社会的影響は小さいものであったが、天照皇大神宮教は一時期とはいえ、かなりの社会的影響をもった。

璽光尊の本名は長岡良子で一九〇三年岡山県に生まれた。本名は大沢ナカで、神戸で働いているとき結婚して長岡姓となった。結婚後横浜に移り住んだ。宗教活動を始めてから良子と名乗るようになった。宗教的な世界に関わったのは一九三四年頃のようである。一九四〇年代前半に東京に住むようになり、大本系の団体菊花会に影響を受けた。戦時中に信奉者が小さな組織を作っていたが、話題になったのは、敗戦直後の活動内容であった。璽光尊は戦時中から「御神示」と呼ばれるものを受けるようになっていたが、敗戦直前の一九四五年六月二五日に「長岡良子は既に汝らの導師ならすして世を救ふ神なり」という御神示を受けたという。

この頃、御神示は神巫役を務めた中原和子、叶子姉妹を通してなされるようになっていた。御神示は一九四六年一一月まで続き、大学ノート約四〇冊分にのぼった。対馬路人は璽光尊の活動を三期に分けた上で、第二期の一九四五年から四八年頃までが、最も世直し運動が盛り上がりをみせた時期だとしている。[15] それは社会的な注目を最も浴びた時期でもあった。

一九四六年五月一日、元号を霊寿とあらため、「岩戸ヒラキハ岩戸カクレノ真威璽光ヲ以テ迎ウルノ儀ナリ」として、璽光尊に天皇的な位置づけがなされた。さらに五月二二日にはマッカーサーへの神示の手渡しという行動にでた。中原姉妹が米国大使館前でマッカーサーを待ち、車の前に立ちふさがって、マッカーサーに神示を手渡した。一一月三〇日に璽宇の一行は金沢遷都を断行した。この金沢遷都に双葉山と呉清源が加わり、「天璽照妙」と唱えて町中を練り歩いたことで、一気に璽光尊の名が全国的に知られることとなった。六九連勝の輝かしい記録をもち名横綱とうたわれた双葉山は一九四五年に引退したばかりであった。中国生まれの呉清源は当時囲碁の八段であり、棋聖とうたわれた人物である。宗教との関わりは深く、紅卍会に所属したことがあり、また妻は璽宇の信者中原和子であった。この二人が璽宇の信者であることが新聞等に大々的に報じられた。

石川県警は取り締まりを決め、一九四七年一月に璽光尊に出頭を命じ、秋元金沢医大教授に精神鑑定を求めた。秋元教授が妄想性痴呆と診断し、凶暴性はないとしたことで、釈放された。双葉山は事件後、関係者の説得により璽宇から離脱した。

璽宇は大きな信者組織には至らなかったが、璽光尊に心酔した少数の信者がいた。勝負の世界で頂上をきわめたような人物が信者となったことには、心理的な側面の考察が必要である。ただ、璽光尊の主張が当時の日本社会で一部であっても人々を惹きつけた理由を考える上で、日本の宗教文化がどのような形で継承されたのが検討される必要がある。天皇を重視すると同時にGHQも重視するなど、そこでの宗教文化の継承は整合性がないように見える。天皇に特別の宗教的意義を認めるのは、日本の宗教文化では広く見られることである。だが、マッカーサーという日本の宗教文化とはそれまでまったく関わりのなかった人物へのつながりを求める行動も、日本の宗教文化のあり方からすれば、特異ではない。

ハワイのホノルルにはハワイ大神宮がある。一九七七年に日系人の宗教調査に加わって、この神社を訪問したとき、社殿にジョージ・ワシントンの肖像画が飾ってあるのに気付いた。神職に理由を聞くと、ハワイは米国であり米国の産土神(うぶすながみ)として、初代大統領のワシントンを祭神に加えたという説明であった[16]。類似の現象はいくらでも指摘できる。これらは神道的な伝統の柔軟性、あるいはボーダーの不明瞭さを示している。

点と線の布教

璽宇の活動がそれほど広がらなかったのに対し、天照皇大神宮教は国外にも支部ができるなど、一定の社会的な影響を与える運動となった。北村サヨの布教方法は、多くの人々を前に直接語りかけるという宗教のもっとも古くからの形態が生涯を通して貫かれている。サヨの言行は教団刊行の『生書』全二巻によって知ることができる。教団にとっては重要な教典であるが、伝記としての意味も持っている。

サヨは一九〇〇年元旦に山口県熊毛郡田布施町に九人の兄弟姉妹の四女として生まれた。小学校を卒業するとすぐ家事、農業を手伝った。父親は「女に学問させると虚栄心が強くなる」という意見をもっていた。一九二〇年に農業を営む北村清之進と結婚し、厳しい姑のいる家で農業に励んでいた。姑はすでに五人の妻を追い出していたので、サヨは六人目の妻であったという。突然の変調が訪れたのは結婚後四半世紀近くが経っていた一九四四年五月である。その二年ほど前自宅の離れや屋敷が放火とみられる火事になったことで、原因を突き止めようと修行を始めていた。

そのさなか、肚がものを言うという体験をする。自分の身体内部から、自分とは異なる何かが言語化されたメッセージを送っている感覚と理解したらいいであろうか。やがて祈りながら「名(な)

妙法連結経（みょうほうれんげきょう）」と唱えるようになった。「南無妙法蓮華経」に似ているが、意味を変えている。「少し名のある女が、天から法の連絡をとって結するお経」という意味である。一九四五年元旦に「来年は紀元元年神の世になる、世の輪廻、神の国建設、世界絶対平和達成の神の国の回覧板が日本に回ってきた」と説いた。自宅での説法が始まるのは敗戦直前の七月二二日である。

サヨは戦時中に喧伝された「神州不滅」のスローガンを「神衆不滅」と一字を変えながら主張した。語の入れ替えで国ではなく人の重要性へとフレームを転換させている。愛国主義の悪用に対する批判になっている。

> 口に愛国唱えても、利己、利己、利己に走りゆきゃ、なんぼ武運長久祈っても天の神様知らぬ顔。無理な祈りをするじゃない。神州不滅とほこった覚えがあるなれば、先ず己れが神の子に帰れ。神州不滅の州は大衆の衆と書け。神の子だけが、不滅じゃよ。

サヨは一九四六年四月に米の供出を拒んで警察に連行されたことなどから、地元の防長新聞で報じられ、一九四七年に「第二の璽光尊」、「新璽光尊」、「璽光尊北九州版」などと呼ばれて、全国的に話題となった。一九四八年に「踊る宗教」としてニュース映画に紹介され、「踊る神様」という表現が用いられるようになった。

天照皇大神宮教の信者の広がりは北村サヨがどのような地域に足を運んだのか、誰に語ったのかということに大きく関連する。米の供出拒否で取り調べを受けたときは、連行されるトラックの車上から説法したと伝えられる。このときの判決は「懲役八か月、執行猶予三年」であったが取り調べにあたった検事は、サヨを呼び出し話を聞いて、翌年入信した。この事件の直前の三月には上京するが、山陽線でも車中でも説法した。東京では生長の家の谷口雅春と討論したり、吉祥寺で説法したりした。

一〇月に宗教法人として届け出て、翌四七年一月に法人が設立された。教団規則には無償で伝道。自弁自費で神に奉仕するとあり、伝道資格は「無我の境地にて神に使われること」であった。

戦後の国外布教の着手も新宗教の中ではもっとも早かった。一九五一年九月八日に対日平和条四七年一月、四八年と上京を重ね、さまざまな人に面会している。大阪、神戸にも足を運んだ。約（サンフランシスコ条約）が調印され、翌五二年四月二八日に発効した。サヨがハワイに赴くのは、その直後の五月八日のことである。日本が主権を回復してすぐ国外布教に着手した。しかもそのときの目的が「荒れすさんだ人の心の開墾に行く」であった。サヨの夫はハワイに移民労働をしていた時期がある。田布施から横浜まで列車で行ったのだが、見送る信者のため三両が増結されたという。すでに多くの信者が形成されていたことが分かる。

ホノルルでは宗教円卓論議に参加したが、そのとき、キリスト教などからの批判を踏まえてであろう、次のように演説した。

わしの肚がハワイへ人間の開墾に行くといって出て来た。人間の開墾とは、人間の心の開墾をして、正しい神の種をまくのだ。神行して神人合一になったら、八百万の神とは人間なのよ。

ハワイの時代おくれのこじきどもが新聞に、経典のない宗教は邪教だ、と書いているが、シャカやキリストが経文やバイブルを持って説いたか。シャカが死んで、千二百年と三百年の間にできた経文も千岐に分かれ、キリストの教えも幾百とおりにも分かれ、もう経文や本では救われないようになった。そのとき天なる神が天降って、わしの口を使い体を使って説かしておるのがわからぬか。

今日では使えないような表現まで用いたかなり激しい口調である。ハワイでのサヨの言動に対し、非常に憤った日系人も少なくなかった。敗戦後の日本社会の混乱と経済的苦境を知って、何か手助けはできないかと思っていた日系人も多かった時期である。ハワイの人々の精神的な未熟さを指摘するような論調は、一部に怒りをもたらした。他方でこうした宗教の現況をためらいもなく指摘する姿に共感を覚える人もいくらかいた。(17)

サヨの海外布教は積極的であり、まさに先陣に立ってという形容がふさわしい。五四年には再びハワイを訪れ、さらにサンフランシスコ、ボストン、シカゴ、ワシントン、そしてニューヨークへ行っている。五月にはハーバード大学での説法の機会があった。六四年からは世界巡教として、中華民国、香港、タイ、インドで巡教した。六五年にはイラン、レバノン、ギリシア、イタリア、スイス、ドイツ、さらに南米にも行っている。

こうした各地の活動の一方で、晩年にはあまり本部へ帰りたがらなかったようである。「帰ったらまた皆がわしをもの問い神様にする」と言っていた。本部ではサヨへの期待が病気治しや占であったことを示しており、サヨは「心の開墾」を掲げていたから、むしろ国外の布教で手ごたえを感じていたのかもしれない。

サヨは一九六七年一二月に死去し、孫娘の北村清和が翌年後継者となり元旦に「姫神様お世継ぎ式」が本部道場で行なわれた。清和は生まれる前からサヨに後継者と定められていた。教団内でサヨは「大神様」と呼ばれ、清和は「姫神様」と呼ばれていた。サヨは一九〇〇年元旦に生まれ、一九四五年元旦に次の年から新しい紀元が始まると宣言した。清和の世継ぎ式も元旦であった。元旦が節目になることの多い教団である。

サヨの生前の国内外における布教活動の様子は、一九七〇年に制作された『大神様』という教団作成の映画の中に収められている。この映画には瀬戸内海における布教、上京しての無我の舞の様子、横浜港からの旅立ち船上での布教の様子も断片的だが紹介されていて、当時の北村サヨの布教とそれに耳を傾ける人々の雰囲気がよく伝わってくる。

サヨの説法の中には、八百万神という表現も出てきたりするが、神道的表現を踏まえているとはいえ、独自の解釈がある。それぞれの宗教を始めた人は経文やバイブルをもって話していない、と指摘していたように、固定化されたテキストの中に宗教の拠って立つところがあるのではないという立場である。それぞれの宗教の出発点にあったものを取り出そうとする姿勢としてみると、言葉遊びのように見えるさまざまになされた言い換えの背後に、確固たる宗教信念が存在していたのを見てとれる。

神衆不滅同様、合掌を合正（神と人の肚が正しく合う）、信仰を神行（神に行く）などと言い換えた。「神行、神に行く、合正、正しく合う、神と人との肚が正しゅう合うようになったら神人合一、天使」と繰り返し述べた。天使は天に使われるの意味である。真人間になれと繰り返し説いたが、真人間については「口と心と行と、三つが一つになり、かつがつ人間の型にはまる、それを毎日、我が良心で磨いて行く時、初めて真人間になる」と述べている。文化的に継承されているものから選ばれた観念や用語は認知的に馴染みがある。さらにそれに新しい意味づけをすることで、認知のあり方を劇的に変える信者が中にはいただろうと推測される。

神道教派の支部教会からの展開

善隣教は力久辰斎（りきひさたつさい）によって一九四七年に設立されたが、それは父親の宗教活動を継承するものであった。辰斎の父辰三郎は神道教派の一派である実行教に所属し、一九〇二年に佐賀県で神道実行教力久教会を設立した。実行教は富士信仰が中心であるが、行を重視する教派である。ただ苦行というよりは日々の生活の中での行を重視する。お祈りして誓うということが「つくいき」

で、それを実行することが「ひくいき」であるといった説き方がされている[18]。

力久教会の教会長であった辰三郎は数々の予言が当たったことで、その透視能力が話題になったという。二六年に辰三郎は死去するが、次男で末子の辰斎は父の五十日祭を終えた夜に、最初拒否していた教会継承を決意した。輝く星から自分の使命を自覚した[19]。その頃から透視能力があったとされるが、一九二〇年代後半から数々の苦行を行なった。さらに「酒は飲まない」、「睡眠は最少限度に」、「いったん実行を決意したことは絶対に中止しない」といった厳しい戒律をみずからに課した。一九二七年に天山で初修行をした。天山は筑紫山地に属し、標高千メートル余の山である。そして「心霊実験透視会」と銘打った活動を全国的に展開した。

一九二九年には朝鮮総督府の依頼を受け韓国に赴き、犯罪者を透視で探したりもした。またソウルにある北漢山の洞窟で、厳寒の中、肌着一枚で行をした。一九三三年に朝鮮から帰り、翌年西国三十三所を巡る。これによって次のような結論に至った。人間の不幸や病気の運命的悪業に立ち向う最後のものは、学問の世界、観念の世界にあるのではない。人生の霊妙なあたたかい内的生命を感得して、神の愛の豊かなる恵みに喜びと生きがいを見出し、人間それ自体がもつ「愛」が信仰を通して発現されるところにこそ幸福と健康への道が開けてくるのではないか。

その後も各地を巡り、一九四〇年に平戸で五〇日間の大行をする。高さ七メートルの松の木に台座を組んで行をしたこともある。透視の術はこの時期でやめた。こうした厳しい行を重ねる理由について問われたとき、「透視には当たる場合と当たらぬ場合とがあり、ご祈祷では助かる人と助からぬ人がある。世の中すべての人を満足に助ける方法を見つけるため苦しんでいる」と答えた。レンガの行、面会謝絶の行など、数々の修行を重ねた。レンガの行ではレンガ一〇枚にそれぞれ病名など人々の苦の原因になるものを書いて、それを袋に詰めて背負い歩いた。こうした苦行の末に四〇年に「心は運命の製造者にして生活は運命の製造所なり」の悟りを得た。

　戦時中の苦行を経て、戦後すぐ新しい宗教活動を開始した。一九四七年に佐賀県小城郡で開教し、五二年に天地公道善隣会として宗教法人の認証を得た。一九六〇年に現在の福岡県筑紫野市に本部を移した。「おすがり」と呼ばれた治病儀礼には多くの信者が教祖に殺到した。上半身をさらした辰斎の腕に触ると難病もたちどころに治癒すると信じられた。治らないと諦めていた病いが辰斎によって癒された、と信じた人が少なからずいる。

　辰斎は一九七七年に死去したが、そのちょうど一〇年後の一九八七年一〇月に、教団本部で行われた「御神尊(ごしんぞん)感謝祭」を見学する機会があった。本部で行なわれた祭典の檀上にはガラスケースがあった。その中に辰斎をかたどったほぼ等身大の教祖像が置かれていた。通常は外から見えないガラスケースが祭典のさなかに開かれ、教祖像が見えた。そのとき会場を埋め尽くしていた信者たちの間から、「オー」というようなどよめきに似た声があがった。その像の右腕には辰斎の腕の骨が埋め込まれているのである。辰斎の腕にすがって重い病いを癒されたという記憶を持つ信者にとって、そのときのありさまはエピソード記憶として刻まれていると考えられる、等身大のその像は、癒されたときの感情を思い起こさせるものに違いない。

辰斎の死後長男の隆積（りゅうせき）が二代教主となった。隆積は父にならって行を追体験しようとした。レンガの行なども行なった。一九六〇年以来善隣会と称してきた教団は、二代教主時代の一九九二年に善隣教と改称した。「教」と称するにふさわしい段階になったとの認識に基づいている。隆積は新宗連の活動に加わるとともに、あらたに「ともすがり」を信者に示した。教主だけでなく、信者同士で救いが実践できるような考えである。隆積は二〇一九年に没し、長男の力久道臣（みちおみ）が教主を継いだ。

善隣教の崇拝対象は天地大御親祖之神（てんちおおみおやのかみ）という創造神であり、天地自然を生み育ててくださる神、いのちの親様とされる。また力久辰斎は救世神であり、神如幽顕自在之尊（しんにょゆうげんじざいのみこと）とされた。創造神と救世神の二柱一体の尊称が「御神尊」である。だが「御神尊感謝祭」という行事を参与観察した印象では、これは実質的には教祖祭である。御神尊、祖霊、自己霊が生命三斎とされる。

神道教団においては、こうした崇拝対象のあり方がしばしば見受けられる。黒住教では天照大御神を祭神とすると同時に、宗忠を教祖神と位置づけている。禊教では造化三神、須佐男神、大国主神、天照大御神などのほかに井上正鉄神霊をまつっている[20]。これと同様の崇拝対象の形態である。古代の神道の神観念を継承すると同時に、吉田神道以来の人を神格化する面も継承している。

善隣教においては、明治期に要請されていたような愛国主義的な要素は前面になく、人々の苦しみの救いという目的が主になっている。天理教、金光教などの幕末維新期における教祖の活動のもっていた方向性と近い。その意味では、より古くから継承されていた宗教文化を掬い取っている。

(5) グローバル化の影響

「世界人類が平和でありますように」のメッセージ

日本各地、さらに国外でもピースポールと呼ばれる柱を見かける。日本語で「世界人類が平和でありますように」と書かれ、英語では「May Peace Prevail on Earth」とある。国外ではその他の言語でも記されている。これは白光真宏会の中心的なメッセージであり、各地に見られるこのピースポール、あるいはステッカーは信者たちの活動の足跡でもある。

白光真宏会の教祖は五井昌久である。昌久は一九一六年に東京浅草で生まれた。一九四〇年に日立製作所亀有工場に勤務したが、やがて宗教的な関心を深めていく。どのような体験を経たかは、自伝的な書である『天と地をつなぐ者』[21]の中に記されている。一九四五年八月一五日、玉音放送を聞いたときの心境をこう述べている。「私の祖国日本は、私にとって絶対なる存在であり、天皇は現人神であったのである。その現人神の降伏放送、終戦の大詔は私の心を慟哭させた」。

敗戦から半年後、岡田茂吉の教えを知る。人間の病気はすべて毒素排泄作用によって起こるのであるという彼の理論に強く共感した。「霊線療法」の講習を受けたりした。他方で、その頃友人から借りた本で谷口雅春の思想に接する。『生命の実相』二〇巻を読んだ。岡田も谷口も霊界の存在を書き、魂の個性的存続を実証しようとしていると昌久は理解した。二人の教えに接したことで、「霊界幽界の研究と人間の直毘（神）を求める必死永生の第一歩を進めた」としている。

二人には直接会いに行っている。岡田茂吉からはあまり感銘を受けなかったが、谷口雅春の語る内容には強く惹かれた。「谷口先生は釈迦、キリストと同格の人物であり、生長の家の思想こそ日本を復興させ、世界人類を救う唯一無二の教え」と堅く信じた。「生命の実相の根柢を流れてゐる、人間神の子、実相円満完全、人間の本来性には悪もなく悩みも病苦もないのだ、と喝破してゐるその思想に深く打たれ」て、葛飾信徒会を結成し副会長となった。その当時は無報酬で病気治しなどの活動をしていた。

しかしやがて生長の家の教えを説いても人の心に響いていないのを感じ、心霊科学協会に顔を出したりする。自動書記現象も体験したという。その後、精神的な苦悶の時期が訪れるが、これを霊界からの試みと解釈した。一九四九年、霊との問答という体験を経て、自身の宗教的使命についての確信を得る。就寝前の瞑想で「自己の本体を直接把握しえた」と感じる。「汝はキリストと同体なり」という声を聞く。「汝は今日より自由自在なり、天命を完うすべし」という内奥の声を聞き、霊覚者と自分を位置づけるようになった。

身近な人たちの悩みに対応しているうち、信奉者が増え一九五一年に五井先生讃仰会が発足した。会員が増え五五年に白光真宏会として宗教法人の登記をした。本部は、当初、千葉県市川市にあったが、一九九八年に現在の静岡県富士宮市に移転した。

白光真宏会についての初めての本格的研究書といえる『五井昌久の思想と生涯』の中で、吉田尚文は「白光真宏会は大本を源として派生した教団群の一つであり、特に生長の家から分派して出来た教団とするのが適切である」としている。[22] 世界救世教も生長の家もすでに述べたように、大本の出口王仁三郎から強い影響を受けている。霊界への関心はそこに発するとみなされる。同書は五井昌久が関わりをもった人物を丹念に調べて執筆されたものであり、五井の思想形成や白光真宏会の展開過程を知る上で欠かせない。

五井昌久が提唱した『世界平和の祈り』の文言は、日本を対象とした場合はこうなる。「世界人類が平和でありますように／日本が平和でありますように／私達の天命が完うされますように／守護霊様ありがとうございます／守護神様ありがとうございます。」他の国を対象とした場合には、「日本」の部分にその国名が入り、あとは同一である。

この文言は一九五六年には定着している。愛国心は重視されているが、守護霊、守護神という考えが中心的なものである。また世界平和の祈りという形で表現される理念は一国愛国主義ではない。戦後の日本社会には平和運動が広がり、宗教界でも一つの新しい流れとなった。新宗教では多くの教団が平和運動に参画しているが、日常的活動のうち平和運動が非常に大きい例としては、仏教系では日本山妙法寺が挙げられる。日本山妙法寺の創始者藤井日達は自分が行なった戦争中の戦争祈願に対する反省懺悔を経て、平和運動に向かった。昌久の場合も戦時中の世界観へ

郵便はがき

料金受取人払郵便

神田局
承認

1280

差出有効期限
令和5年3月
31日まで
（切手不要）

101-8791

535

千代田区外神田
二丁目十八―六

春秋社

愛読者カード係

＊お送りいただいた個人情報は、書籍の発送および小社のマーケティングに利用させていただきます。

(フリガナ) お名前	歳	ご職業
ご住所 〒		
E-mail 小社より、新刊／重版情報、「web春秋 はるとあき」更新のお知らせ、イベント情報などをメールマガジンにてお届けいたします。	電話	

※**新規注文書**（本を新たに注文する場合のみご記入下さい。）

ご注文方法　□**書店で受け取り**　□**直送(代金先払い)** 担当よりご連絡いたし

書店名	地区	書名	

読ありがとうございます。このカードは、小社の今後の出版企画および読者の皆様と
連絡に役立てたいと思いますので、ご記入の上お送り下さい。

名〉※必ずご記入下さい

●お買い上げ書店名(　　地区　　書店　)

書に関するご感想、小社刊行物についてのご意見

※上記をホームページなどでご紹介させていただく場合があります。(諾・否)

読メディア	●本書を何でお知りになりましたか	●お買い求めになった動機
他 ィア名 ( )	1. 書店で見て 2. 新聞の広告で (1)朝日 (2)読売 (3)日経 (4)その他 3. 書評で(　紙・誌) 4. 人にすすめられて 5. その他	1. 著者のファン 2. テーマにひかれて 3. 装丁が良い 4. 帯の文章を読んで 5. その他 (　)

容	●定価	●装丁
□満足　□不満足	□安い　□高い	□良い　□悪い

近読んで面白かった本　(著者)　(出版社)

名)

秋社　電話 03-3255-9611　FAX 03-3253-1384　振替 00180-6-24861
E-mail:info@shunjusha.co.jp

の反省が含まれているが、日達ほど大きな転換ではない。吉田尚文は前掲書において、他の新宗教の戦後の平和運動と比較した上で、五井昌久の平和運動は本質的には「静」的かつ「内」的であると特徴づけている。

昌久の死後、養女となっていた西園寺昌美が二代会長として教団を継承した。昌久の平和運動の理念を国際的に展開すべく、一九九九年に五井平和財団が設立された。西園寺昌美が財団の会長、夫の西園寺裕夫が理事長となった。白光真宏会による平和の祈りの集会では、しばしば他宗教の代表者が招かれ、また各国の国旗が祈りとともに掲げられる。平和運動の国際的な連携を重視している。

世界救世教の分派教団の特徴

世界救世教からは多くの分派教団が形成された。世界救世教も分派教団も、儀礼においては神社神道の祭式を大幅に取り入れている。儀礼面では神社神道に伝わってきた文化から多くを引き継いでいる。他方で教えや実践の面では、日本の宗教習俗の中に伝えられてきた諸要素からの選択が見られる。維新期であれば呪術的な要素が強いとして批判されたかもしれない儀礼が中心的になった。

岡田茂吉の死後、支部が丸ごと分派するという例が多く生じた。茂吉は一九五五年二月に死去し、妻のよ志が二代教主となるが、以後一九七五年までの二〇年間に十数の教団が分かれて独立した宗教法人となった[23]。茂吉の死後、地区制を導入し教団の一元化を図るという方針が打ち出されたことへの反発が大きな理由である。それまで支部ごとに指導者的人物がいて、その人物への信頼もあってまとまりがあったのだが、地区制にするとその関係が薄れる傾向が生じる。地区制は教団組織論的にはカトリックの教区制に近い。この制度の下では、各支部の指導的立場の人間は本部の命で移動する。カトリックでは教区制が全世界にわたっているが、日本の新宗教でも教区制のようなシステムをとっているところがある。

世界救世教からの主な分派教団は図Ⅲ―1に示した。分派教団が形成される一方で、世界救世教自体も内部で複雑な対立が続いてきている[24]。世界救世教の分派教団は多いが、ほとんどの教団は、茂吉を「明主様（めいしゅさま）」として信奉しており、浄霊を中心的な宗教実践としている。茂吉が提示した思想や特徴的実践は、分派教団にも広く継承されている。茂吉は「薬毒論」の立場から自然農法を主張したが、分派教団でもこれが重視されている。

新宗教の中には宗教活動だけでなく、各種の文化的な活動に力を注ぐところもある。その一つに美術館・博物館の類の設立である。とはいえこれは新宗教が新たに形成した類のものではない。神社や寺院には宝物殿・宝物館を備えたところがある。古代や近世に至るその社寺ゆかりのものが展示されていたりする。その社寺の由来を示すと同時に、文化的遺産への敬意を表している。新宗教の場合、近代に形成されたので、由来やゆかりになるものに数百年以上前というような歴史的なものはない。近代社会において文化的な評価の高いものを収集することが中心になる。二代真柱中山正善の時代に大量に収集された国外の民俗資料、その他を展示している天理大学附属天理参考館がその代表例である。一九三〇年に天理大学の前身である天理外国語学校に設けられた海外事情参考品室を起源としている。中山正善が、天理教を海外に広める人材を育てるためには言葉の習得だけではなく、現地の風俗・習慣もあわせて学ぶことが必要だと考えたことによるとされる。

図Ⅲ—1　世界救世教系の教団

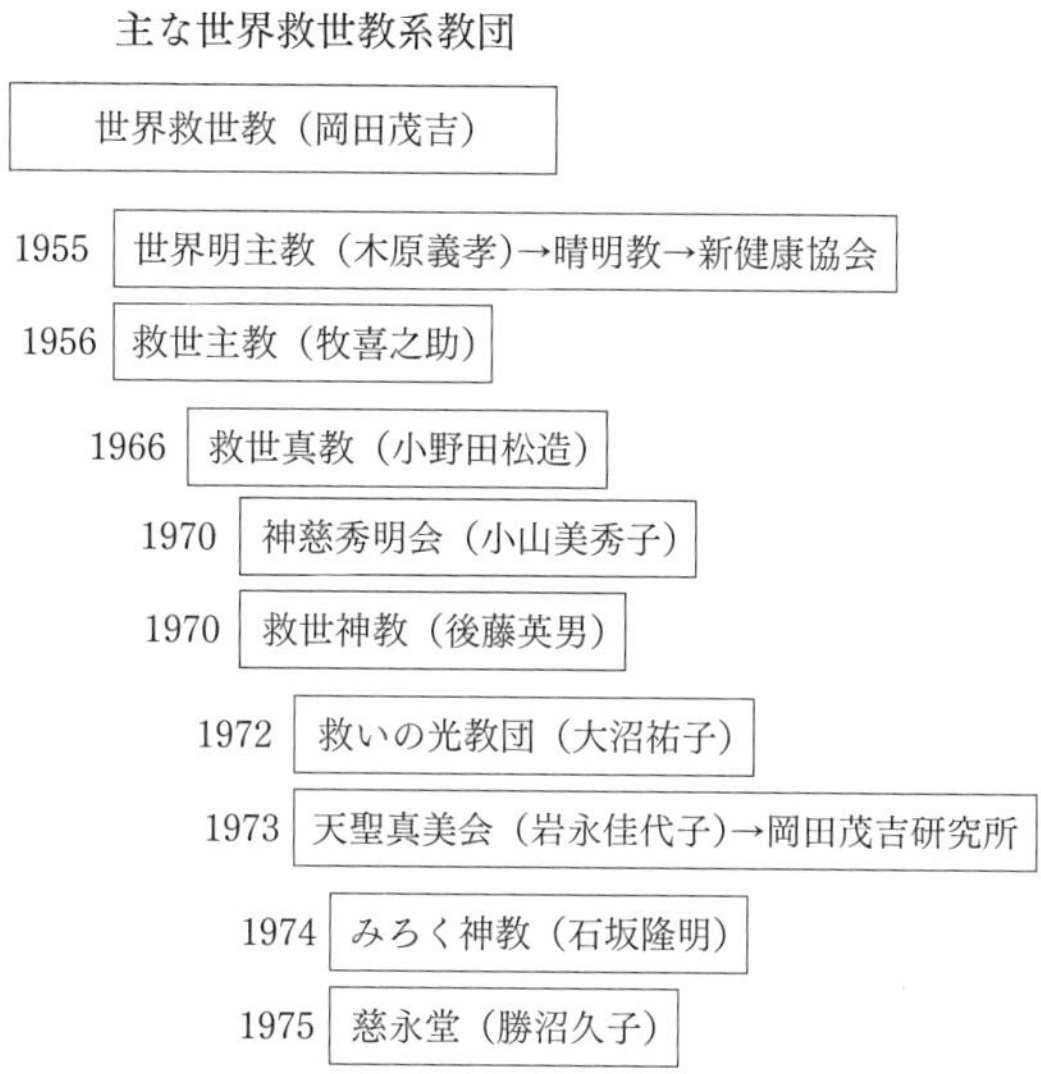

主な世界救世教系教団

年	教団
	世界救世教（岡田茂吉）
1955	世界明主教（木原義孝）→晴明教→新健康協会
1956	救世主教（牧喜之助）
1966	救世真教（小野田松造）
1970	神慈秀明会（小山美秀子）
1970	救世神教（後藤英男）
1972	救いの光教団（大沼祐子）
1973	天聖真美会（岩永佳代子）→岡田茂吉研究所
1974	みろく神教（石坂隆明）
1975	慈永堂（勝沼久子）

世界救世教には岡田茂吉の生誕百年にあたる一九八二年に開設されたＭＯＡ美術館がある。先に述べたように、岡田茂吉は画家を志したことがあり、美術品には目が利いた。貴重な美術品を収集してもいた。ＭＯＡ美術館には尾形光琳の「紅白梅図」など国宝が三点、その他重要文化財なども数多く収蔵されている。ＭＯＡはMokichi Okada Associationの頭文字からとっている。

分派教団の中で、滋賀県に一九七〇年に設立された神慈秀明会は、当時世界救世教に属する教会の中で最大の信者数であったとされる秀明教会が分派したものである。神慈秀明会は一九九七年に滋賀県甲賀市にＭＩＨＯ　ＭＵＳＥＵＭを設立した。ＭＩＨＯは会主の小山美秀子の名前からとっている。創始者の名前を美術館の名称に使用するやり方は世界救世教と似ている。

天聖真美会は岩永佳代子により一九七三年に広島県で設立された。岩永は世界救世教に入信し、広島の宇品支部長を務めたりしたが、脱会して天聖真美会を設立した。二〇一五年に滋賀県大津市に「TENSEISHINBIKAI 岡田茂吉研究所」を設立し、二〇一八年にこれを岡田茂吉研究所と改称した。琵琶湖畔にあるこの研究所にはＭＯランドという施設があり、二〇二〇年の時点で美術館を建設中である。天聖真美会という教団名を岡田茂吉研究所と、世界救世教の教祖名に変えたことに、教祖に還るという原点志向がうかがえる。

新健康協会は一九五五年に福岡市に設立された。創設者の木原義彦は大本に入信していたことがある。大本で岡田茂吉の教えを受け、大本を離脱して岡田の宗教活動に従う。一九五五年の設立当初は世界明主教と称していたが、六〇年に新健康協会、八〇年に晴明教と改称した。二〇〇八年に再び新健康協会とした。一九八七年に完成した晴明会館にはそれほど点数はないが、浮世絵など美術品展示場が設けられている。

仏教系新宗教の一部にも美術館等を設ける教団がある。一九七三年に開館した創価学会の富士美術館が規模の大きいものである。(25) ただ総じてみるなら、美術館・博物館への関心は新宗教においてそれほど広くはみられない。美術館等は宝物殿の近代的展開とみなすこともできるし、その教団に関わりのないものを広く収集という点では、新しいタイプの文化活動とみなすこともできる。信者の教化や布教活動に直接関わるものではなく、宗教の近代的展開の過程で特徴的になったものの一つである。

分派教団とは言い難くても世界救世教の影響が明らかなのは、岡田光玉（かうたま）を教主とする世界真光文明教団である。光玉は一九〇一年に東京都港区に生まれた。陸軍士官学校卒業し、戦時中はインドシナ半島での戦線に赴いていたが、病気のため帰国し、軍人をやめ飛行機会社を設立した。四五年の空襲で工場が全焼し莫大な借財を抱え、宗教に関心を抱くようになり、やがて世界救世教に入信した。五九年に「天の時到れるなり。起て、光玉と名のれ。厳しき世となるべし」という最初の啓示を得たとして、同年八月に東京の神田須田町にL・H陽光子友乃会を設立した。六二年には「本年は火の洗礼の第一年なり」という神示を受けたとされる。物質文明を霊主文明に転換させるべきことを説き、救いの道として「真光の業」が神から与えられたとした。一九六二年に教団名が世界真光文明教団と改称された。六九年に教えを「御聖言」にまとめて教典としたが、そこには人類文明の崩壊の危機、終末、断絶の危機が説かれている。

七四年の光玉の死後、後継者争いが起こり、裁判となり最高裁までもつれたが、弟子の関口栄が継承者となる。敗訴した養女岡田恵珠は七八年に崇教真光を設立し、岐阜県高山市に本部を置いた。光玉の教えに従い、世界真光文明教団は八三年に静岡県中伊豆に主座世界総本山本殿（ス）を建立した。一方崇教真光も高山市に神殿を建てた。神社は一般的にはそれほど大きな社を建てない。しかし世界真光文明教団の伊豆の本殿は四方切妻造りという形式で、建物内に一万数千人を収容できる巨大な建物である。本殿の内部には黄金の神殿があり、その大きさは通常の神社ほどである。しかも表面には多くの金が用いられている。一方、一九八四年に設立された崇教真光の世界総本山奥宮本殿も同様に巨大であり、中に黄金の神殿がある。黄金の神殿は従来の神社の建築様式を踏襲しているが、全体としては、欧米の教会建築をはじめ世界の宗教建築を考慮した建築様式がうかがえる。

国境を超える「手かざし」

神社神道や仏教宗派が国外に多くの外国人信者を得る例はあまりない。ハワイにある神社も、ハワイ・北米・南米にある仏教各宗派の寺院も、日系人を主たる布教・教化の対象としてきている。そうした中では欧米に多くの禅センターが設けられたのが例外的である。禅センターは日系人を対象とした国外の寺院とは異なった展開と活動をしている[26]。

これに対し新宗教の中には、外国人を対象とした国外での布教を積極的に行なうものが少なくない。国外での布教活動自体は天理教、金光教では戦前からなされていたが、仏教宗派同様、当時は日系人を対象としたものであった。これは「移民依存タイプ」と呼べる。東アジアでは日本が植民地化した地域に神社や寺院、一部の教派神道が施設を建てた。これは「国策依存タイプ」

と呼べる。移民社会を基盤とせず、国策とも関係がなく広がったのが「無基盤タイプ」の布教で、外国人の信者が増えたのは第二次大戦後である。[27] 新宗教全体で見るなら、外国人信者数の多さでは、創価学会が群を抜いている。韓国をはじめ世界各国に百万人以上の信者がいる。[28] 各国の組織は、一九七五年に設立されたSGI（創価学会インタナショナル）という組織でつながっている。

神道系の新宗教のうち、国外にも広がったものの大半を占めるのが、世界救世教とその分派教団、及び世界救世教から影響を受けた教団である。世界救世教、新健康協会、世界真光文明教団、崇教真光などは、南米、アフリカ、東南アジア、ヨーロッパなどに海外支部がある。世界救世教いずのめ教会は米国、カナダ、ブラジル、タイ、スリランカ、ポルトガル、アンゴラなどに支部がある。また新健康協会は米国、ブラジル、フランス、台湾、インド、ネパールに海外支部がある。[29] 崇教真光は欧州方面（ルクセンブルク）、アフリカ方面（コートジボワール）、北米方面（米国）、ラテン・アメリカ方面（ブラジル）、オーストラリア・オセアニア方面（オーストラリア）、アジア方面（シンガポール）に指導部がある。[30]

一般に「手かざし」として知られている宗教的実践ないし儀礼は、世界救世教では「浄霊」、世界真光文明教団では「真光の業」と称される。これらが南米などで日系人だけでなく、現地の人々の一部に受け入れられたのは、この実践・儀礼の背後にある観念との親和性が、一つの重要な要因と考えられる。生来的にあるいは修行によって備わった特別な力によって病いを癒すというのは、宗教が古くからもっていた機能の一つである。浄霊には神道の浄めの観念が一部継承されている。霊のもたらす作用を鎮めるとする観念は、シャーマニズムと総称される各地の民俗信仰の中にも継承されている。

これらは神道系新宗教によって生み出されたものではあるが、類似の宗教文化は世界の多くの地域に存在するゆえに、浄霊という行為と観念が受け入れられやすかったと考えられる。キリスト教でもローマ・カトリックにはエクソシスト（祓魔師）という役職がある。悪魔祓いはカトリック教会の正式な役割として認定されている。聖書には悪魔祓いの類を退ける記述があるが、実際のキリスト教の広がりにおいては、それが息づいている。『エクソシスト』（一九七三年）あるいは『ザ・ライト――エクソシストの真実』（二〇一一年）というアメリカ映画が製作され話題となるのは、悪魔祓いの観念への関心が現代でも根強くあることを示している。

それを傍証するのは、手かざしを行なう教団の一部が、もともと日系人という布教基盤があったハワイや米国、ブラジルといった国々だけでなく、東南アジアやヨーロッパの一部、さらに中部アフリカにおいても信者を得ている点である。[31] これらの中には日本から直接布教されたのではなく、ある国から別の国へというパターンもある。それらに注目した研究もすでにある。樫尾直樹はフランスの崇教真光の信者の中に、カリブ海出身者のほかコートジボアールの出身者もいることを述べている。[32]

三浦尚仁は二〇一九年に開催された「宗教と社会」学会学術大会で「アンゴラ・世界救世教におけるる体験談の諸相―アフリカに進出した新宗教の事例として―」という発表を行なった。この発表では、世界救世教が一九九一年からアンゴラで布教活動を始め、二〇一〇年までに約六万人の信者を得たと述べられた。この他モザンビークに約六千人などアフリカに約八万人の信者がいるとした。(33)

手かざしの多様な宗教文化圏での受け入れが示唆しているのは次の点である。生命の危機を感じたら直ちに回避法を求めるというのは遺伝的に継承されている。そしてこの遺伝的な要因と深く結びついた宗教的あるいは呪術的観念は現代においても強い影響力をもっている。この点は新宗教だけに特徴的に観察されることではなく、歴史的な宗教の広まりにおいて、重要な要素として作用してきた。宗教の受容に際しては、キリスト教、イスラム教、あるいは仏教の教義的な面への注目がまずなされる。なぜその宗教が受容されたかについて、世界観や基本的観念のもつ影響が論じられる。

他方で、実際の効用という点に着目するなら、教義的な差異は大きくても、心身の病を癒すという行為は、普遍的な関心を喚起する。ただそれは単独では呪術師が果たしている機能とあまり違わなくなる。一定の世界観がその補強となる。その世界観は複雑である必要はない。身の回りに起こっていることを理解する上でのフレームとなることが最小限の条件である。神道系新宗教の場合、神道自体がキリスト教や仏教に比べるなら体系的な教義は乏しいので、そのことがかえって広がりやすくした可能性がある。

多様な神々と宗教文化の多様な選び取り

一九七〇年代以降に広がりを見せた新宗教研究の分野では、天理教、金光教、大本などの神道系新宗教について実証的な研究が増えた。新宗教が神道系新宗教と仏教系新宗教に大別されるときは、その教えの系譜が重視されている。神道系新宗教は創唱宗教的性格を帯びることが少なくないが、日本の神観念や神社の儀礼等に大きな影響を受けている。仏教系新宗教は日蓮宗・法華信仰あるいは密教の影響を受けたものが多く、しばしば在家仏教的な性格を帯びている。仏教系新宗教の場合は、日本仏教あるいは日本の仏教文化から継承しているものが比較的明確である。法華経や涅槃経などがあり、また先祖供養の観念を重視しているものが多い。とくに霊友会系はそうである。

これに対し神道系新宗教はより多様性がある。神信仰であっても、しばしば独自の神が信仰される。天理教は天理王命であり、金光教は天地金乃神である。また天照皇大神宮教は宇宙絶対神、松緑神道大和山は大和山大神、世界真光文明教団は主の大神、白光真宏会は宇宙神である。もともと神道の神は多様で、古事記や日本書紀に出てくる神だけではなく、民間で信じられている神もある。神社ごとにまつっている神に違いがある。稲荷神、八幡神、天神、天照大神として多くの神社にまつられている神はあるが、それぞれの神社でまつる祭神が異なることに対しておかしいとは思われていない。祭神が何かを知らず神社参拝する人も少なくないから、神道系新宗教にもそうした日本の宗教文化のあり方は継承されている。独自の神名を提示されてもさして戸惑わない。

教派神道体制のもとでは、神社にまつられている神は祭神と呼ばれ、神道教派にまつられている神は奉斎主神（ほうさいしゅしん）と呼ばれていた。形式上はそのように区別されていたが、信者の側にそのような区別が意味をもったとは考えられない。神道系新宗教も教派神道と同様、文化的継承から選びとっているが、それはより柔軟になしうるものであった。教派神道体制が消失した第二次大戦後も、教派神道は戦前に活動の骨格に取り込んだ要素をおおむね維持している。それは愛国主義的思想、天皇及び皇室崇拝、敬神崇祖としてまとめられる思想である。これに対し戦後の神道系新宗教は、多様な宗教文化の採り入れが、各段に柔軟になされている。

また教派神道が地鎮祭や神葬祭など、人生儀礼、年中行事を中心とする活動を主体にしたのに対し、神道系新宗教の多くは、心身の病いの治癒、その他、個人的な問題の解決に活動を広げ、むしろそれが中心的活動になっている場合がある。これは歴史的に宗教活動の重要な一環をなすものであったが、戦前の宗教行政下ではさまざまな制約があった。治病行為などが「公序良俗」に反するという理由で淫祠邪教とみなされた。戦後もその傾向は大きくは変わらないが、少なくとも政治的な理由による弾圧はなくなった。個人的な問題への対処法は大幅に自由になった。グローバル化や情報化が進む中に神道的伝統とそれ以外の伝統というようなボーダーは低くなり、多様な宗教的要素の取り込みが観察される。

註

（1）黒住宗忠に関する記述は、黒住宗子編『黒住教教書』（黒住教日新社、一九五八年）、黒住忠明『黒住教教祖伝』（再版、黒住教日新社、一九六四年）、河本一止『教祖様の御逸話』（黒住教日新社、一九六〇年）を参照。

（2）幕末には黒住教は太陽をあらわす、現在の日本の国旗に当たる図柄を教旗としていた。しかし、明治三年以降、これが国旗の意味をもつようになったため、国旗と同じになるのを避け、その太陽のシンボルの中に「教」の文字をいれて、これを教団旗に変えた。

（3）黒住教日新社、一九五八年。

（4）荻原稔『井上正鐵門中・禊教の成立と展開――慎食・調息・信心の教え』（思想の科学社、二〇一八年）。同書は禊教についてのきわめて詳細な研究である。関係する新しい史料をいくつか見出し、また禊教の細かな流れを追い、他の教派で活動している組織についても調べている。

（5）荻原稔（同前）は、この経緯を詳しく研究している。それによると、正鐵が遠島の処分を受けてしばらくは布教を慎み「忍修行」と呼ばれる状態にあったが、妻である男也の活動が門中の分裂を招くことを憂えた正鐵の指示で一八四七年頃から教化活動が再開された。

（6）天理教の分派や天理教に影響を受けた教団については、弓山達也『天啓のゆくえ――宗教が分派するとき』（日本地域社会研究所、二〇〇五年）を参照。

（7）この経緯については、金光教本部教庁『金光大神』（金光教本部教庁、二〇〇三年）を参照。

（8）伊藤六郎兵衛の伝記としては、柚利淳一『丸山教祖傳』（丸山教本庁出版部、一九五五年）がある。

（9）同書は一九四一年に上下合本として刊行された教祖の伝記を土台にしたものである。丸山教の社会活動については当麻成志「丸山教団の発展と土着化過程について」（『地理学評論』三一―八、一九五八年）を参照。当麻はまた「天竜河岸の一農村における宗教受容と地域構造の関係」（『地理学評論』三三―四、一九六〇年）において、宗教の広がりと地理的環境に着目している。丸山教が広がった遠州平野の北部は天理教も早くに受け入れた地域であり、自然・経済・社会が相対的に安定している南部に比べて、新しい宗教を受け入れやすい状況にあったとしている。

（10）岡田惟平（一八二二～一九〇九）は摂津川辺郡大原野村の生まれ。

（11）名古屋大学出版会、二〇二〇年。

（12）この当時、谷口がどのような宗教的影響を受けたかについては、小野泰博『谷口雅春とその時代』（東京堂出版、一九九五年）を参照。この書は小野泰博が一九九〇年に没したのちに遺稿がまとめられたものである。

（13）祖先教については、森岡清美「近代日本における「祖先教」の登場―とくに一九一〇年前後を中心として―」（『中央学術研究所紀要』第五号、一九七六年）を参照。

（14）紀平正美（一八七四～一九四九）は、東京帝国大学文科大学哲学科を卒業し、学習院教授を経て、一九三二年から国民精神文化研究所所員であり、研究所の中心的存在であった。戦後公職追放となっている。

（15）璽光尊の活動については対馬路人「敗戦と世直し―璽宇の千年王国思想と運動―（1）」（関西学院大学社会学部紀要六三、一九九一年）を参照。璽光尊の生い立ちなども記されていて、璽光尊研究の基本文献である。

(16) 拙著『海を渡った日本宗教』(弘文堂、一九八五年)の「民族宗教の異文化体験」の章を参照。

(17) ハワイでの布教の思い出を信者が記した崎山了知「ハワイ随行記」が、天照皇大神宮教の機関誌『天聲』第二号(一九五四年二月一日発行)に載せられている。

(18) 栗田幸子編『ふたつなき道(上)』(二〇一一年)参照。同書は実行教の大教正であった栗田行雄が一九七九年から二〇〇八年まで実行教教報に寄稿したり編集者としてかかわった記事をまとめたものである。

(19) 力久辰斎の生涯については小宮章『教祖伝』(善隣会、一九七六年)に詳しく記されている。

(20) 新宗教における崇拝対象については、井上順孝他編『新宗教事典』(弘文堂、一九九〇年)の「Ⅳ教えと思想」の「崇拝対象一覧」を参照。

(21) 五井昌久『天と地をつなぐ者』(白光真宏会出版局、一九五五年)参照。

(22) 吉田尚文『五井昌久の思想と生涯』(興山舎、二〇一九年)

(23) 一元化はなかなか進行せず、一応達成されたと言えるのは、三代教主岡田斎の時代の一九七二年である。岡田斎は岡田茂吉の三女である。

(24) 世界救世教の内部の対立は複雑であるので、ここでは言及しないが、隈元正樹『療術から宗教へ―世界救世教の教団組織論的研究―』(ハーベスト社、二〇一八年)において、分派や内部の対立についての詳細な言及がなされている。対立しつつ世界救世教として併存している東方之光、世界救世教いづのめ教団、世界救世教主之光教団の三団体の関係の概要が分かる。

(25) 仏教系新宗教であると、真如苑の半蔵門ミュージアムが二〇一八年に教団施設友心院に併設された。仏教美術の展示が中心である。

(26) 禅仏教の西欧への広がりについては、藤井修平「西洋における禅の広がりの様相」(宗教情報リサーチセンター編・井上順孝責任編集『海外における日本宗教の展開――21世紀の状況を中心に』宗教情報リサーチセンター、二〇一九年、所収)を参照。

(27) 「移民依存タイプ」、「国策依存タイプ」、「無基盤タイプ」については、拙論「グローバル化する世界と日本宗教―21世紀における海外での展開を中心に―」(宗教情報リサーチセンター編、前掲書)を参照。

(28) 韓国における創価学会の広がりに関しては、会館の数に注目して分析したものとして、李和珍「韓国SGIの展開と現況」(宗教情報リサーチセンター編、前掲書)を参照。

(29) https://shinkenko.jp/shibu.html 参照(二〇二〇年一二月二七日閲覧)。

(30) http://www.sukyomahikari.or.jp/index.html 参照(二〇二〇年一二月二七日閲覧)。

(31) アフリカにおける日本の新宗教の活動については、まだそれほど研究が蓄積されていない。上野庸平『ルポ　アフリカに進出する日本の新宗教』(花伝社、二〇一六年)は、ルポルタージュであるものの、興味深い事例がいくつか紹介されている。コートジボワールでの崇教真光の活動への言及もある。

(32) 樫尾直樹「霊的価値論」(落合雄彦編『スピリチュアル・アフリカ』晃洋書房、二〇〇九年、所収)。

(33) 三浦のこの発表内容の一部は、『グローカル天理』第二〇巻一〇号(天理大学おやさと研究所、二〇一九)に短く掲載されている。

第四章　神理教の展開

はじめに

戦前は神道教派の一派とされていた神理教は、佐野経彦（一八三四〜一九〇六）により明治初期に設立された。現在の北九州市小倉南区にあたる地域が運動の発祥の地であり、かつその後の展開の中心地でもある。経彦は幕末に国学者の西田直養（なおかい）に入門して国学を学び、また皇国医道を唱道するなどの活動をしていた。しかし、幕末維新期の社会変動のなかで、病気を癒すことによる人々の救いよりも、教えを説くことによる人々の教化に、より強い使命感を抱くようになった。とくに西洋文明の到来、そしてキリスト教の布教が日本に及ぶことによってもたらされる影響に危機感を抱き、日本古来の教えを広めることが重要という認識をもった。明治維新後、一八七七年に講席を開き、やがて神理教を組織してその活動を具体的に進めていく。

その後西日本を中心に積極的な布教活動を行なった結果、一八九四年に神道教派として一派独立を認可された。北九州を中心に運動を展開し、中央政府の宗教政策とも遠いところに位置していた彼が、新しい神道教派を設立し、日本全国へ展開させていく過程は、近代化の中で教団神道がどのような教えを中核に据え、どのように布教を行なったかなどについての興味深い事例となる。

佐野経彦の思想形成や神理教の組織が形成される過程などについては、すでに拙著『教派神道の形成』において論じたので、本章では概要を述べるにとどめる。(1) 中心的な分析対象とするのは、『教派神道の形成』の刊行後、神理教本院で閲覧及び入手できたきわめて貴重な資料・データから分かってきた神理教の地域的展開の過程である。(2) 近代における神道教団の展開は交通機関の発達や情報伝達手段の発達など、近代化によって大きく変わった社会環境による影響を大きく受けている。神理教の場合、明治後期に至る教祖存命時代、没後戦前まで、そして戦後における時期と、社会環境の変化はどう及んだかを見ていく。

神理教は北九州を中心に広がったので、日本のどの地域にいつ広がったのかについて、他の教派とは異なる展開をしている。教祖時代は北九州から京阪地域への移動では、まだ海路が重要な機能を果たしていた。教祖没後から第二次大戦後にかけては、鉄道網の発達が遠方への移動に果たす役割が大きくなっていく。戦後は宗教法人法の影響が組織の縮小をもたらした。こうした点を考慮しながら、教師層の広がりから見られる特徴についての分析を試みる。(3)

（1）佐野経彦と神理教

佐野経彦の生涯

『教派神道の形成』の「第四章　佐野経彦と神理教の形成」では、佐野経彦の生涯、思想形成について述べ、その宗教家としての生涯を次の三期に分けた。それぞれについての細かな説明は省くが、以後の記述において必要な部分だけを概説しておく。

①思想形成期（出生〜明治維新の頃）　幼少期よりの学問の蓄積と、青年期のさまざまな人物との交渉を経て、独自の思想・教えを練っていく時期。

②布教期（明治初年〜神理教が一派独立する一八九四年頃）　教部省の設置に刺戟され、神道教化運動を精力的に展開し、やがてこの活動を神理教会の設立、さらには神理教としての一派独立に展開させていく時期。

③管長期（一派独立以降）　神理教の一派独立により管長に就任してから、教団の内部組織の整備に力を注いだ時期。

経彦の基本的思想は、思想形成期においてほぼ固まっていた。各地で積極的な巡教活動に携わり、上京して皇族や多くの神道家たちと接触・交流を試みるのは、布教期である。資料的には、この時期に関するものがもっとも豊富である。一派独立以後の管長期に教線は広まり、朝鮮半島における海外布教も開始される。明治後期には、教団組織はもっとも拡充される。

佐野経彦は、天保五（一八三四）年二月に、佐野経勝・佐陀の長男として豊前徳力に生まれた。父の経勝は神道を興隆しようとの意志をもち、甲斐国二宮神主栄名井聡翁から影響を受けたとされる。経彦の神道への関心はこうした父親に育ったことによるところが大きいと考えられる。経彦は少年時代から多くの素養を身につけたが、嘉永三（一八五〇）年に西田直養に入門して国学を学んだことは、思想形成にあたって、とりわけ大きな意味をもった。安政元（一八五四）年に二一歳にして初の書『天津皇産霊考』を著している。この頃、母の病気を契機に以前からあった医道への関心をさらに深め、皇国医道を業とするようになった。

皇国医道というのは経彦が名付けたものであるが、これは幕末に国学者で神道家の権田直助らが唱えた皇朝医道、あるいは古医道というものと、同類のものと考えられる。中国あるいは朝鮮の医学が日本にはいってくる以前に、わが国固有の医道があったとして、それを再興しようとするものである。経彦が依拠した書は、『神遺方』と『大同類聚方』であったというから、そう判断できる。[4] しかし、ほどなく医道から神道家へとその生きざまを変える。医道は人を助けるといっても肉体だけのことであると考え、身体的な治癒にとどまらず、心の治癒を意図する宗教実践家へと転向していった。維新前後のことのようである。

神道家としての活動が積極的になるのは、明治五（一八七二）年に教部省が設置された頃である。一八八三年には、主要著書の一つである『神理図図解』を著した。『神理図図解』はのち経彦が上京したおりに、政府関係者に見せてその意味について説明するなどしている。さほど厚いものではないが、内容的には彼の世界観が凝縮されたものである。著作活動だけでなく、神道家としての実践にも足を踏み出し、教会開設を目指しての運動を開始した。当時は宗教活動をするためには教導職となる必要があったので、申請をして一八七九年一月、神道事務局より教導職試補を申しつけられた。これで経彦は公に布教活動ができるようになった。同年六月には一二級にあたる権少講義となっている。

一八八〇年七月に神理教会開設の願いを出して、同月許可となった。早速教誡十条を制定して、信者に授けている。これにより経彦がどのような宗教実践を重視していたかが分かる。神、祖先、国家、家業の重視が読み取れる。最後の十条には「外の教を信ふことなかれ」とある。これはキリスト教を念頭に置いたものであり、経彦の活動の目的の一つがキリスト教対策であったことが読み取れる。

神道事務局所属の教会となった神理教会は、北九州を中心に信者組織が形成され、各地に講社が結成された。経彦は、神道事務局の人々や皇室とのつながりを求めるべく、一八八一年から八二年にかけて、京都、東京に赴いている。各地に支部が増え、所属していた神道（本局）からの一派独立を希望するが、なかなか認められなかったので、八八年に鴻雪爪が管長をしていた御嶽教に転属した。経彦が記していた『千代田日誌』の一八九〇年一月二六日の箇所に、神理教は「分教会五十と信徒五十万に及んでおり、じゅうぶん一教となるべきものである」とある。[5] 信徒五〇万人というのは確かめようもないが、分教会の数はそれくらいあったのであろう。念願の一派独立は一八九四年一〇月一九日に果たされた。

神理教管長となった頃、経彦はやや体力も衰えたようで、主に本院において布教・教化をするようになった。著作活動は晩年まで続けられ、生涯の著書は約二七〇部千巻に及ぶ。一九〇六年一〇月一六日に死去するが、神理教の幹部であった藤江伊佐彦はその著『教祖様の面影』[6] のなかで、経彦死去の時点で、門人は約七千人、公称信徒数は一五〇万人に達していたとしている。

教祖没後の神理教の展開

経彦が死去したのち、長男の佐野伊豆彦が二代管長となった。伊豆彦は慶応四（一八六八）年九月四日、明治への改元への直前に生まれている。一八八四年に教導職試補となり、経彦と共に各地の布教活動を経験している。一八八一年に宮崎県、鹿児島県への派出布教を行なったのを皮切りに、翌年には長崎県の壱岐島に布教するなど、経彦の命により、すでに一〇代の頃から九州内における布教経験を積んでいた。一八八六年には中国地方にも向かい、岡山、広島の布教を手がけている。八九年からは、神理教の一派独立請願委員として、度々上京している。一派独立の五年後の、九九年に三六歳で新大教主となり、老齢に向かいつつあった経彦を補佐する。各地の布教の日誌や紀行文が残っており、これらによって神理教の明治期における布教の様子が、いくばくかうかがい知れる。[7] 管長在任中の一九一二年六月に、機関誌『神理』が創刊された。

一九三六年に伊豆彦が死去し、佐野伊豆彦の三男の佐野珍彦（うづひこ）が管長を継承した。珍彦は一九一七年生まれで、日本大学国文学部宗教学科を卒業した。兵役で一九四四年に満州に渡ったが、病気となり大分陸軍病院に転送となった。復員後、教団の復興のために尽くした。佐野珍彦は一九四一年に巫部に改姓した。珍彦は若くして管長となり、また修学、兵役などで教団を離れることが多かったので、伊豆彦の弟である佐野高嶺が補佐した。

珍彦が一九四八年に死去したとき、長男の巫部倭文彦（しずひこ）は幼少であったので、佐野伊豆彦の弟の佐野高嶺（たかね）の長男であった巫部健彦（たけひこ）が四代管長に就任した。倭文彦はのち副管長となる。二〇〇六年に巫部健彦が死去し、長男の巫部祐彦（さちひこ）が五代管長に就任した。

神理教は、初期においては、経彦の教えに共鳴した弟子的存在の人々の活動によって、支部教会を増やしていったのであるが、初期からその傘下には必ずしも経彦の思想に共鳴して加入したのではない教会も含まれていた。つまり高坏型の教団の様相を含んでいた。教会認可直前の頃、信者には狐使いが多いと福岡の警察に呼ばれたこともあったという。しかし経彦はそうしたことにはあまり気に留めなかったようである。警察署に呼ばれたとき次のように答えたことが、井上蛙登見談「教祖言行録」にある。[8]

福岡の警察署によばれてお前の教会は狐つかいが多いと言はれました。教祖はそうですかそんなものはないと思ひますが人ですからそれ位の事は出来るかも知れません、私も実は少年時代は家業の農に従事しておりし時には牛使ひしことがありましたから門人に狐狸位をつかふ人もないとも言えませんなどお答へになり警官も唖然として聞いておられた。

一派独立後は、神理教の理念、活動目的とは関わりのあまりない支部教会が次第に多くなった。このことが関係するが、戦後一九四五年に宗教法人令が施行されると、いくつかの教団が神理教から次々に独立していった。戦後、神理教を離脱し、独立した教団となったものは、『宗教年報』昭和二五年版に基づくと、次のとおりである。

一九二一年に神理教高知教会として設立された長生教。一九三六年に金丸日親によって広島で設立された日の本教。一九三八年に鈴木光によって熊本で神理教春日支教会として設立された聖晃教団。北海道で設立された神道真光教団（設立年不明）。一九四二年に迫カンによって奈良に設立された大三輪教。一九四二年に樋口元亨によって大阪で神理教所属鎮宅教会として設立された鎮宅護符神教派本部。

この他、神理教本院に保管されている書類によって、創始者が神理教に所属していたことが確認できる次のような教団がある。一八九七年に免許を得た馬渕利与（兵庫県神崎郡）によって設立された洗心教。一九三一年に免許を得た小金六兵衛によって設立された稲荷教本庁。小金は、福岡の六根地教会の紹介で免許を得ている。一九四二年に免許を得た村上徳松によって設立された日本不動教。

戦後神理教を離脱した教団の概要

これ以外にも神理教から離脱したものがある。離脱した教団のうち、その後の展開がある程度判明しているものを地域別に概説しておく。

北海道では、神仙霊道教が一九五〇年に離脱した。後述するが、中島秀晃は一九五一年に神理教を離脱し、その間新たに新制派神社神道を法人化する。これが六一年に日本神宮本庁と改称され、ここに帯広地方を中心とする神社が数多く加わる。その他、川端堂聖を創始者とする神道真光教団も離脱した。川端は黒住教に入信していた時期もあるようだ。

奈良県では、迫カンを教祖とする大三輪教が一九四八年に離脱した。大三輪教は教祖の死後教えを引き継いでいた長男の迫栄が神道大教の教師となった。一九四三年に神道大教から神理教に転属し、四六年に神理教の大教会になっていた。それからほどなく離脱したことになる。現在本部は桜井市にある。(9) こうした転属経緯から、神理教との教えの面でのつながりは乏しいことが分かる。

大阪府からは数教団が離脱している。寺村民蔵によって一九二八年に立教された電神教が離脱した。村上徳松を創始者とし一九四二年に立教された日本不動教が一九四九年に離脱した。香川ツマが創始者の天地守教団は一九三七年に神理教天地守教会となっていたが、一九五二年に離脱した。当初単立の宗教法人であったが、六一年に包括宗教法人となった。『古事記』を教典とし、敬神崇祖、報本反始などを教えに据えているので、神理教と理念的には近い教団である。

兵庫県では、山川霊獄を創始者とする神道整体教が離脱したが、この教団はその後大阪天王寺区へ本部が移った。山川は一八九〇年生まれで本籍は滋賀県である。後述する神理教の資料により、一九三四年に神理教の免許を得ていることが分かるが、神理教を熱心に布教した形跡はない。魚住正信を創始者する天地教は一九四六年に離脱した。魚住は最初金光教の信者であったが、一八九四年に神道大成教所属の天地教会本部を設立し、九七年に神理教に転属した。一九〇一年に免許を得ている。二人の神理教教師の紹介人になっている。二代教長の魚住金晃（かねてる）のときに離脱した。現在兵庫県姫路市に本部がある。

馬渕利与を創始者とする洗心教は一九四八年に離脱している。洗心教は兵庫県神崎郡で一八八六年に洗心講として始まり、一九一八年に洗心教会となった。馬渕利与は一八九七年に、また二代管長の馬渕圓路呂（えんじろう）は一九二三年に神理教で免許を得ている（馬渕圓次郎と表記されている）。三代管長の馬渕孝軍（こうぐん）のときに、信者と協議の上独立することにしたという。

広島県では、藤田宣彦（のりひこ）を創始者とする誠光教が一九五三年に離脱した。藤田は一九一四年に日本誠光社を設立し、二一年にこれを誠光教とし、四〇年に宗教結社誠光教本院とした。他方、神理教に属し広島教会長ともなった人物である。「免許名簿」では、一七八名の紹介者となっている。影響力の大きい人物であったと考えられる。また高田君与を創始者とする赤心会が一九五一年に離脱した。

高知県では岡林正神を創始者とする長生教が一九四七年に離脱し、翌年独立した宗教法人となった。長生教は一九二一年に神理教高知教会として設立されていた。岡林は一九二〇年代から三〇年にかけて三人の神理教教師の推薦者となっている。長生教として独立したのちは、岡林が同教団の管長となった。現在高知県吾川郡に総本部があり、包括宗教法人となっている。

福岡県では小金六兵衛を創始者とする稲荷教本庁が離脱した。小金は福岡の六根地教会の紹介で入信し一九三一年教師免許を得ているが、一九五〇年に一身上の理由で辞職となっている。

以上の例には、他の教派神道から神理教へ転属し、戦後神理教から離脱した教団が含まれているが、逆に以前神理教に所属していたが、他の教派に転属してそこを離脱した例もある。たとえば天崇教（てんしゅう）は海上晴帆（うながみはるほ）により光徳協会として東京で創始され、最初神理教に所属した。一九四〇年に「海上晴」の名で免許を取得している。だが翌四一年に神理教から扶桑教に転属し、戦後一九四八年に天崇教として独立した。現在は埼玉県さいたま市に本部がある。これらで分かるように、戦後神理教を離脱した教団は、ほとんどが神理教教祖佐野経彦の没後に支部教会となったものである。これについては後述する。

戦後多くの教団が神理教を離脱し、独立した宗教法人となったが、神理教自体も、一九四七年に宗教法人令のもとで一九四七年に宗教法人となった。一九五二年に宗教法人法のもとでの宗教法人に認証された。新しい宗教法人法のもとで、一九五〇年代に神理教の教勢は一時急激に弱まり、その後はゆるやかに減少傾向にある。

教派神道のなかでの神理教の特徴

神理教は高坏型と区分できるが、神道大成教や神道修成派、神道本局に比べると、樹木型の要素をいくらか含んでいる。初期には、佐野経彦の布教活動によって門人ができ、支部教会が設置されていった。そもそも樹木型の組織が部分的でも存在しないと、比較的短い期間に一定規模の組織にするのは困難であった。というのは、第二章で述べたことから分かるように、高坏型の組織を数年ほどの短期間に形成しえたのは、維新期の宗教行政に深く関与できた人物が管長であった場合に限られている。出雲大社教の千家尊福は、第八〇代出雲国造であり、維新期の宗教行政の重要人物である。神道大成教及び御嶽教を組織化した平山省斎は、維新期に宗教界に転じたが、幕末には外国奉行等の幕府の要職にあった人物である。扶桑教を組織して初代管長となった宍野半は、薩摩出身であるが教部省に仕えていた。神道本局の初代管長は稲葉正邦である。稲葉は幕末には京都所司代、老中などを勤め、維新後は、一八六九年に淀藩知事に任じられたが、平田派の国学を学び、神道界に身を投じた人物である。また、神道修成派の新田邦光は武士から神道家へ転じたが、一八六八年には、神祇官御用掛りとなるなど、それなりに中央政府に人脈をもっていた人物である。

これに対し、佐野経彦は、北九州という中央政府とは地理的に遠い地域で活動を開始した神道家である。国学を学んだとはいえ、中央の政界との人脈は乏しかった。それを端的に示すのが、教導職制度における扱われ方である。たとえば、新田邦光は一八七五年六月の段階で権少教正となっている。これに対し、経彦は一八七九年にまず教導職試補からスタートしている。教導職試補は教導職でいえば正規の一四の階級の下位に設けられたものである。高坏型の組織を短期間で形成できるような人的ネットワークを有していなかった。北九州で小さな講社を設立し、信者を育てるということから出発した。

戦前の神道十三派のうち、設立当初に東京以外の地を本部としていた教派は、神理教以外では天理教、金光教、黒住教、出雲大社教の四教派である。御嶽教の現在の本部は奈良県にあるが、戦前には東京に大本庁があった。第二次大戦中、空襲により焼失し移転した。このうち、奈良県に設立された天理教、岡山県に設立された金光教と黒住教は、新宗教として、新たに信者組織を築きあげたものである。一方、島根県に本部を置く出雲大社教は、出雲大社がその神社としての側面と教派としての側面を分けるために設置されたもので、基本的には近世までの出雲大社の信仰圏を基盤としている。西日本を中心に存在していた出雲講を結集するなどして高坏型の原理が導入されたものである。神理教の発祥の地は十三派のうち、もっとも中央政府から離れていたうえ、神社信仰や山岳信仰の基盤もほとんどなかった。[10] さりとて、天理教や金光教のように、創唱宗教的な性格がはっきりと前面に出ていたわけでもなかった。

経彦の教えに傾倒し、弟子となった人々もいた。しかし、今日の神理教の支部教会の多様性からしても、全体が基本的に樹木型の組織として展開したとみなすことはできない。また戦後、宗教法人令ができたとき、いくつかの教団が独立したのも、この法令のもとでは神理教にとどまる必然性がなかったからである。

これも神理教が樹木型の組織として展開してきたとはいい難いことを傍証している。樹木型を基本とする神道系新宗教においては、こうした形での一派独立はほとんど見られない。種々の事情により内部分裂が生じ、その結果分派が生じて新たな教団が組織されるという形が一般的である。

以上の点からすると、神理教は初期には樹木型の要素を一定程度含みながらも、全体としては高坏型タイプの組織を築いていったと考えられる。では二つの要素はどのように絡みあい、運動が展開していったのであろうか。初期の支部教会がどのように組織化されていったかを明らかにするような資料が整っているわけではないので、展開過程を明らかにすることには限界がある。ただ神理教所蔵の資料や調査資料その他、いくつか手がかりとなる資料もあるので、主として初期の地理的展開を追いながら、その過程を推測してみたい。

(2) 教祖時代の神理教の教勢と地理的分布

教師及び禁厭祈祷等の免許所持者

神理教は明治中期から後期にかけて信者数が増え、教師数もかなり安定した割合で増加していく。一派独立してからの公称教師数は内務省に報告されているので、毎年の『内務省統計報告』によってその推移が分かる。(11) 神理教が一派独立した一八九四年から、一九一二年までの間のデータがこの統計によって得られる。これをもとに男女別の教師数の推移を示したのが次頁のグラフⅣ—1である。なお、神道教派は、一九一三（大正二）年に内務省宗教局から文部省宗教局へと管轄が変わり、内務省の統計数値はなくなる。

一派独立の時点で、各地にすでに相当数の信者及び分教会が存在していた。一派独立する以前の信者数や教師数の変化状態を詳しく知れる資料はない。これに対し、一派独立以後の展開に関しては、信者の地理的拡大、その他の状況を考察する上で参考になる資料が存在する。これによって、一派独立以後、どの地域にどれくらいの数の布教師的な人物が存在したかが明らかになり、神理教全体の展開を知るきわめて重要な手がかりが得られる。

それは現在の神理教大本庁に保管されている、一派独立以来の禁厭祈祷等の免許を得た教師の名簿（「巫神占免許臺帳」）である（以下「免許名簿」

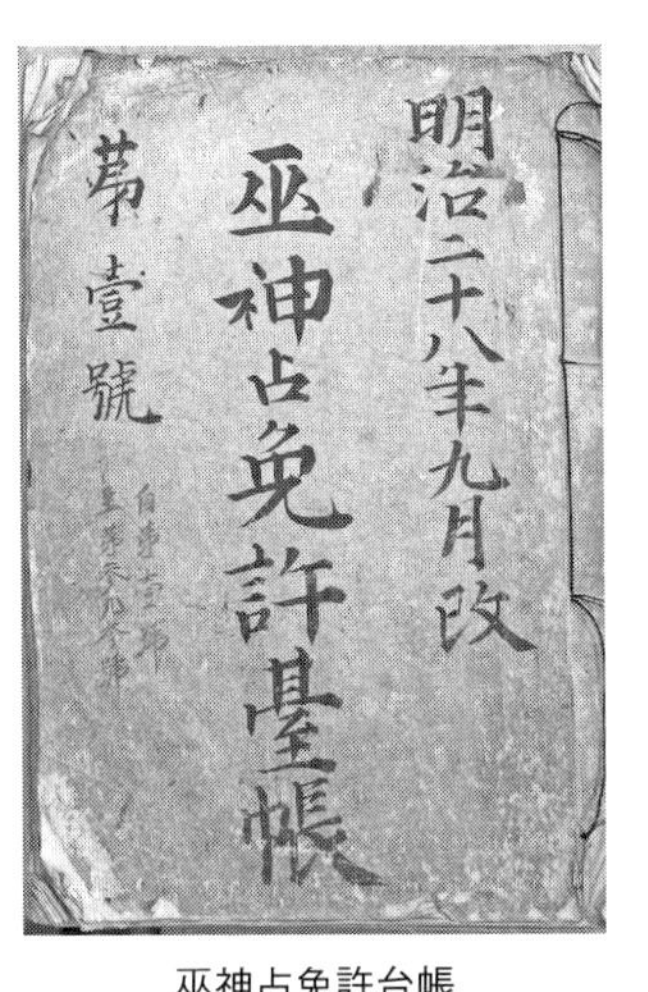

巫神占免許台帳

グラフⅣ—1　内務省統計の教師数

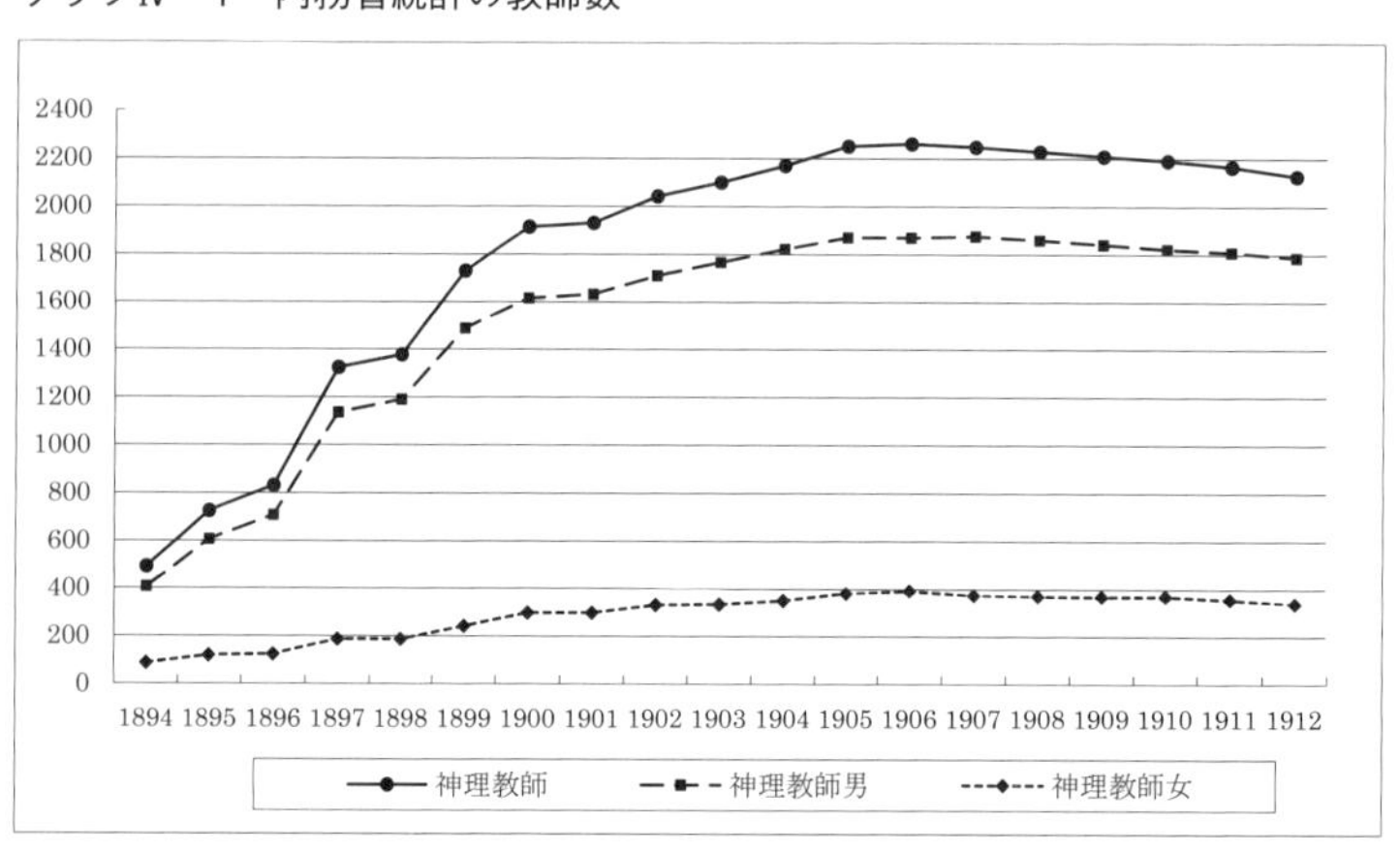

と表記する）。これを取得した者は、佐野経彦が教えた禁厭法や神理教独特の占い法、その他を信徒に対して行なうことを許可される。「免許名簿」には、そうした人物一人ひとりの本籍地、住所、紹介人、任命年月日、生年月日、その他の情報が記されている。

この名簿のうち、一九七〇年代までの分について神理教大本庁で閲覧と部分的複写の許可を得ることができたので、データを数量的に分析することが可能となった。合計約一万人余の人物のデータをコンピュータに入力し、神理教の地域的展開に関する分析を行なった。便宜的に以下では三つの時期に分けてデータを分析する。

第一期……一派独立後から佐野経彦の没した年まで（一八九五〜一九〇六年）

第二期……経彦没後第二次世界大戦敗戦まで（一九〇七〜一九四五年）

第三期……戦後一九七〇年代まで（一九四六〜一九

グラフⅣ—2　第一期の「免許」取得者の年別・性別の人数

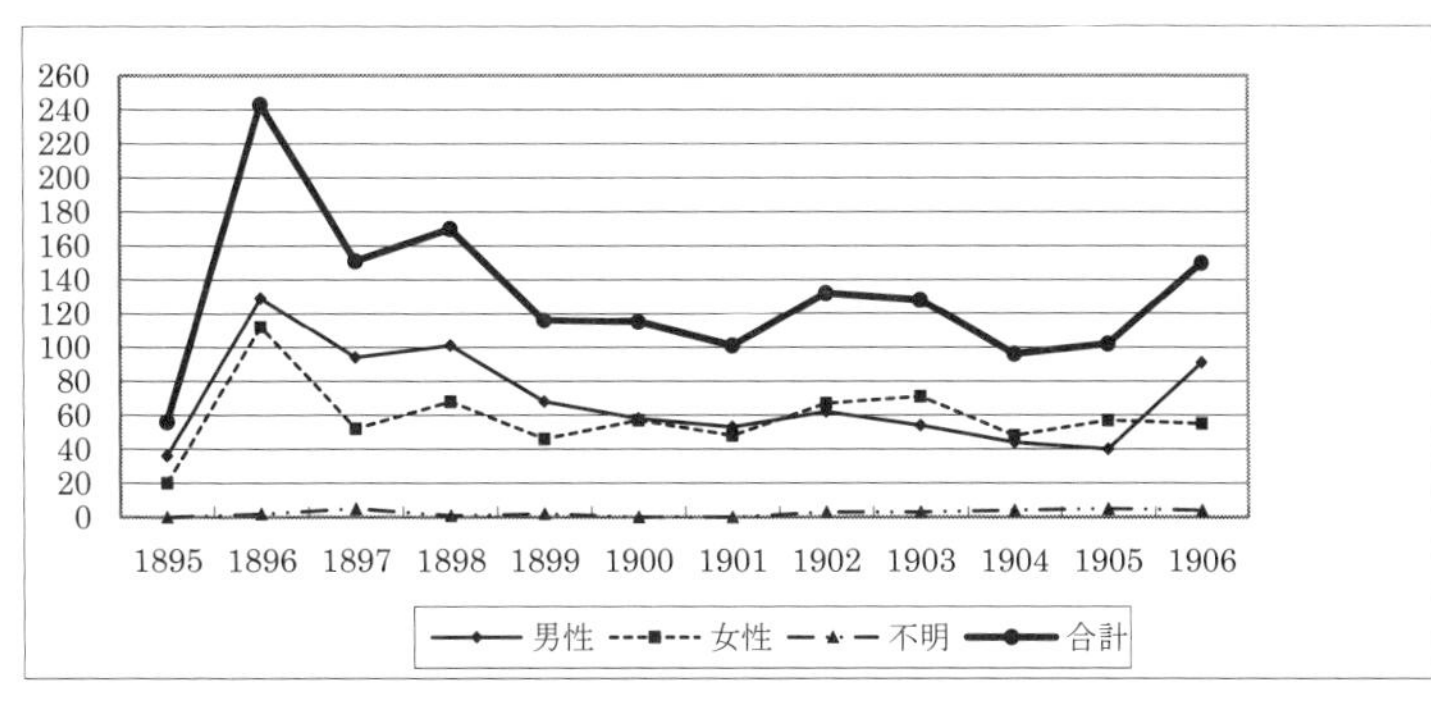

七七年）

第一期の免許取得者の人数を、年別、男女別に分けて示したのがグラフⅣ—2である。一八九五年から一九〇六年までの一二年間の免許取得者の数は一五六〇名にのぼる。男性が八三〇名、女性が七〇一名、性別が判断できない人が二九名である。内務省に届けられた教師数のデータと比較すると、教師の数よりも免許取得者の数が七〇〇人近く少なくなるが、女性に限ってみれば、逆に免許取得者の方がやや多い。教師では男女比は大きな差があり、男性が八割強を占めるが、免許取得者では半々に近い。これからすると、免許を得ても教師ではないものもいることになるが、数から判断すれば、どちらかといえば教師より厳しい資格であったと考えられる。

この時期のものには旧身分を記す欄もあり、氏族、平民の別が記載されたものが大半である。それによると、「平民」と記載したのが一一三一人、「士族」と記載したのが五〇人である。残りは無記入である。そして多くの人を紹介した人の身分は平民、士族のどちらかに偏るわけではなく、ほぼ比例した数となっている。

第一号の取得者は一八九五年九月一七日任命となっており、一九〇六年まで平均すると、毎年おおよそ一三〇名程度が免許を得ている。運動の地理的展開を見ていく上では、免許取得者がどこに住んでいたかが一つの有力な手がかりとなる。居住地を知るには免許名簿の住所欄を参照するのがもっとも適切であるが、住所欄はしばしば空欄がある。これに対して、本籍はほとんどすべてが記載されている。そこで本籍によって地理的分布を調べた。明治期ということもあるが、本籍と現住所がともに記されている人物のものを比べると、両者が異なっている例は少なく、マクロに地理的分布を調べるには、この方法でもかなり有効である。

神理教の地理的展開には、経彦の活動範囲と初期の門人たちの活動範囲が大きく関係してくる。経彦の場合、幕末の教祖たち、たとえば、中山みきや金光大神に比べれば、当初からその行動はかなり広範囲にわたっていた。また平山省斎のようにもっぱら中央政府とのかかわりのなかで既存の大小の組織を結集していった人物に比べれば、布教のために行動した地理的範囲はかなり広い。地理的活動範囲には、時代社会的要因が大きく関わる。経彦は主として明治中期から後期にかけての時期に布教活動を行なったので、江戸時代と違って遠方に移動することに関する法的な制約はない。交通の便も幕末と比べて、はるかに便利になっている。鉄道網が全国的に普及していく時期と、経彦が各地を巡教した時期とはほぼ重なっている。

参考のために経彦が布教を開始した明治一〇年代から死去する一九〇六年までの鉄道網の充実

表Ⅳ—1　鉄道網の充実

1872年	10月	15日	新橋（現・汐留）・横浜（現・桜木町）で開業
1874年	5月	11日	大阪・神戸間開業
1877年	2月	6日	京都・大阪間開業
1888年	10月	28日	伊予鉄道松山外側・三津間開業（四国最初の鉄道）
1889年	7月	1日	東海道線新橋・神戸間全通
1889年	12月	11日	九州鉄道博多・千歳川（筑後川付近）間開業（九州最初の鉄道）
1891年	7月	1日	九州鉄道門司港・熊本間（1908年、鹿児島本線と改称）全通 1日3往復、所要7時間24分。
1898年頃			東京—大阪間15時間35分
1901年	5月	27日	山陽鉄道、神戸・下関間（現・山陽本線）全通
1905年			鳥栖—長崎間を開業

をみてみる。神理教の布教にとって、大きな関わりを持つのは東海道、山陽道、四国、九州であるので、これらの鉄道網の整備の過程を表Ⅳ—1に示した。一九〇一年には東京から下関まで鉄道で行けるようになっている。ただし下関と門司港をつなぐ関門トンネルによって列車が九州から中国地方に行けるようになるのは一九四二年のことなので、それまでは北九州からの東への旅は船旅を経由せざるを得なかった。九州内は一八九一年に熊本まで、また一九〇五年に長崎まで鉄道が開通している。

経彦は鉄道も利用したが、瀬戸内海では多く海路を用いた。この時期は大阪商船等によって瀬戸内海を中心とした海路が充実されていく時期であった。交通の便が格段に改良されていくことは、運動の展開に関わる社会的要因において、幕末期との大きな違いの一つである。客船の中で同乗の客と宗教問答をしたことが、経彦の日記に書かれている。旅行そのものが一種の布教の場ともなった。

経彦が訪問した地域と「免許名簿」から知れる免許取得者

の地理的分布との間には、ある程度の相関性が見出される。経彦が神理教会開設の願いを出したのは、一八八〇年七月のことで、願い出は同月許可となった。一八八一年から翌年にかけて上京しているが、このときの日記が「東行記」として残されており、細かな旅程や、誰に会ってどのような面談をしたかといったことも一部分かる。どのような人に会ったかは、『教派神道の形成』において示したが、そこでは経彦のやり方を「要人主義」と特徴づけておいた。重要と思った特定の相手に対して、重点的に論議を試みるやり方である。

要人には大きく三種類が見て取れる。その一は天皇、久邇宮、有栖川宮という皇室関係者、その二は、政府関係者とくに宗教行政に関わりをもっていた人々、そしてその三は、神道界において重要な地位にあったと思われる人物である。二番目と三番目のカテゴリーにまたがる人も多いが、政府関係者としては、岩倉具視、桜井能監（よしたか）、三条実美らに会っているし、田中頼庸、折田年秀、久保悳鄰（のりちか）、丸山作楽らの神道家に会っている。また、神道修成派を率いた新田邦光、扶桑教を組織した宍野半、大成教を組織した平山省斎にも会っている。

一八八七年には山陽各地、信濃を巡教し、ふたたび東京に至っている。八九年にも神理教独立願いのため上京し、途中、神戸、西京などで布教している。北九州から東京の間は何度か往復し、その途中、山陽各地近畿地方に滞在している。一派独立した一八九四年の翌年、広島、岡山、伊勢、名古屋、東京、その他、関東各地から、北陸地方にも足を伸ばしている。一九〇二年には九州各地を巡教したが、このときの様子は「熊本日誌」として残されている(12)。一九〇六年の死去に近い時期まで各地を巡っていたことが知れる。西日本、九州が中心であるが、関東、北陸にも足を伸ばしている。こうした布教活動には、やがて息子の佐野伊豆彦が加わった。

近代における交通網の発達は、宗教運動の地理的展開を促進する要因になった。短期間でより広い地域に情報を伝達する手段ができたからである。樹木型の組織のみならず、高坏型の組織にとってもこうした条件は組織の展開に大きな要因となる。神理教の場合、中央政府から離れたところで運動が始まったので、九州を中心にみた交通の発達が運動の展開に関わりをもつ。経彦の行動範囲が広かったというだけでなく、彼の門人たちの活動範囲も広まったし、本部と分教会との行き来も便利となる。

広がりの特徴

神理教の第一期における地理的展開にどのような特徴があるか。一九〇六年までの「免許名簿」を本籍の都道府県別に集計すると、免許取得者数にかなり差があり、一部の県に集中している。地図に示すと一目瞭然である（次頁図Ⅳ―1参照）。免許名簿に記載された者の数が五〇人以上にのぼるのは表Ⅳ―2に示した九県である。なかでも九州の三県（福岡、長崎、熊本）と瀬戸内海沿岸の愛媛県、山口県、広島県、岡山県という山陽地方の県が多い。交通網を考慮すると、経彦の活動範囲を含めて神理教の本部との交通の便が広まりの条件として重要な要因であることが明らかである。海路を中心に考えると、福岡を起点に瀬戸内海沿岸県の山口、愛媛、広島、岡

図Ⅳ—1　第一期の免許取得者

表Ⅳ—2

	1895	1896	1897	1898	1899	1900	1901	1902	1903	1904	1905	1906	
岡山	0	7	12	41	22	4	5	20	36	33	21	56	257
福岡	14	49	16	25	20	19	14	24	13	11	15	13	233
愛媛	9	60	15	29	21	14	9	22	24	8	7	12	230
山口	5	32	5	9	4	11	13	10	16	1	8	11	125
長崎	6	15	27	17	8	9	6	1	5	6	11	10	121
広島	1	12	1	2	11	15	9	13	9	11	4	8	96
熊本	8	12	5	7	6	6	7	8	5	8	7	13	92
兵庫	0	4	12	5	8	10	16	12	5	1	4	2	79
高知	1	7	28	11	0	5	7	5	1	3	2	5	75
	44	198	121	146	100	93	86	115	114	82	79	130	

山、兵庫が含まれている。高知も船のルートであろう。また九州では長崎が主に海路によって広まったと考えられるが、熊本は先に述べたように一八九一年までに鉄道が開通しているので、これを利用したと考えられる。その意味では交通網と当時の信者数とは強い相関関係が見いだされる。ただ距離的には山口や広島より遠い岡山だが、人数では山口、広島の倍以上となっている。本部との絶対距離以外の要因も関わっている。

年ごとの変動について検討してみると、安定した県と変化が大きい県とがある。ある年に集中するタイプは、愛媛県と高知県に目立つ。さらに細かく見ていくと、同じ県内でも比較的特定の郡等に集中していることが分かる。それぞれの県について、一年に五人以上免許を取得した人がいる市郡、もしくは一二年間に一〇人以上が取得した市郡を表にすると次頁の表Ⅳ—3のようになる。免許を得た人物が多い地域を比較し、それらの年度別の推移を分析してみると、次のような特徴が浮かび上がってくる。

①市部は比較的少なく、郡部が大半である。
②一部の郡部への集中が見られるが、それらは多くが沿岸部であり、港が近くにある場合が多い。
③年ごとの変動が極端に大きいケースがいくつか見られる。
④全体的には免許取得者の年ごとの数値は比較的安定している。

表Ⅳ—3　市郡別

		1895	1896	1897	1898	1899	1900	1901	1902	1903	1904	1905	1906	合計
岡山	浅口郡	0	7	2	6	0	1	1	3	0	1	2	2	25
	小田郡	0	0	0	14	0	0	2	0	0	1	2	0	19
	上道郡	0	0	0	0	4	1	0	3	3	5	0	3	19
	児島郡	0	0	0	0	1	0	0	0	4	2	2	7	16
	邑久郡	0	0	0	0	1	0	0	0	9	3	0	1	14
	都窪郡	0	0	0	0	0	0	0	6	2	1	1	4	14
	御津郡	0	0	0	0	0	0	0	1	5	0	2	2	10
	下道郡	0	0	0	6	0	0	0	0	0	0	0	0	6
福岡	企救郡	4	8	4	6	2	3	1	5	0	0	0	1	34
	朝倉郡	0	8	1	3	1	0	3	3	1	0	1	1	22
	遠賀郡	1	0	0	4	2	2	2	1	1	5	0	0	18
	田川郡	2	1	0	1	0	2	1	0	1	1	3	3	15
	三潴郡	1	3	4	4	1	1	0	0	1	0	0	0	15
	福岡市	0	5	0	0	0	0	1	0	3	0	0	0	9
愛媛	西宇和郡	1	19	8	9	11	7	0	11	11	2	1	1	81
	喜多郡	4	23	7	7	5	3	3	7	8	4	1	7	79
	東宇和郡	0	7	0	0	1	0	1	3	1	0	0	2	15
	上浮穴郡	0	6	0	2	0	0	1	0	0	0	1	0	10
山口	豊浦郡	2	2	2	3	1	2	3	0	0	0	3	2	20
	下関市	1	9	0	1	0	1	1	0	3	0	1	1	18
	吉敷郡	0	2	0	0	0	3	2	5	2	0	1	2	17
	厚狭郡	0	3	2	0	0	1	4	1	1	0	1	1	14
	都濃郡	0	6	0	2	1	1	0	1	2	0	0	0	13
長崎	北松浦郡	1	11	6	2	1	3	1	0	3	3	4	3	38
	東彼杵郡	0	3	1	10	2	2	1	0	0	2	4	1	26
	西彼杵郡	1	0	9	1	3	2	2	0	0	0	0	1	19
	長崎市	0	1	7	1	2	0	0	1	1	1	2	0	16

これからどのようなことが推測されるだろうか。①によって、都市部を中心に広まったタイプの運動ではないことが明らかである。②によって、当時の布教にとって、海路の占めていた役割が大きいと推測できる。③と④によって、免許を取得する理由については、ある程度の推測も可能である。

岡山県と愛媛県には免許取得者が多いが、その理由を考える上で、一人で多くの人を紹介した人物が存在することに注目する。両県では比較的近い場所で、それぞれ別の人物が数多くの人を紹介している。おそらく布教所なり集会所なりの支部が結成され、そこから免許を取得するよう紹介した可能性が高い。一八九五～一九〇六年の間に、一人で二〇人以上を神占免許を得るために紹介した人物は八人いて、多い順に並べると表Ⅳ—4のとおりである。アルファベットは名前のイニシャル、人数は紹介者数、県名は紹介者の本籍地、また（ ）内は、紹介された人の本籍地でとくに目立つ地域である。

いくつかの地域では、免許取得者がある年にまとまって出たかと思うと、以後ぱったり途絶えるといったようなパターンがある。一人の人物を介在して短期間にかなりの人数が免許を取得する例も示される。また内務省に届けた教師数では多くが男性であった

表Ⅳ—4　第一期で紹介者数の多い人

KT（男性）	58人	岡山県（和気郡、吉備郡など）
KK（男性）	53人	愛媛県（喜多郡、西宇和郡など）
HU（男性）	47人	愛媛県（喜多郡、西宇和郡など）
TS（男性）	40人	岡山県（川上郡、苫田郡など）
TO（男性）	36人	熊本県（天草郡、八代郡など）
HS（男性）	30人	長崎県、佐賀県
UK（男性）	29人	岡山県（小田郡、川上郡など）
MY（女性）	21人	福岡県（三潴郡、八女郡など）

のに、免許取得者は女性が約四六％であり、男女比は半々に近い。免許取得者の年ごとの数値が、全体としてかなり安定しているということは、この時期、免許取得者が加速度的に増えていたわけではないということを意味する。これらもまた、組織形態が基本的には樹木型より高坏型であったとすると理解しやすくなる。

つまり、すでになんらかの宗教的な活動をしていた人物、すなわち巫者、山岳宗教関係者、霊能祈祷師といった人々が活動の公認を得るために神理教の教師あるいは神占の資格を取得して活動しようとした結果の数値と解釈できる。これらの人々が実際にどれほどの割合を占めていたかについては、今日残された資料からは断定することはできない。戦前において宗教活動を行なうため便宜的に神理教に所属した例がいくつかあることは、戦後神理教から離脱し独立の宗教法人となった教団の例を調べて分かったが、戦後消滅した教会も多いと思われるので、資料的には限界がある。

（3）教祖没後の神理教の地域的展開

第二期の神理教の展開過程

佐野経彦が一九〇六年に満七二歳で没したとき、門人は約七千人に達していたとされる。一派独立した翌年の一八九五年から佐野経彦が死去するまでの一二年間に任命された教師の数を調べた結果、一五六〇名にのぼることが分かった。地域的には北九州を中心に四国、中国地方、さらに関西から北海道まで広がっていた。

第二期の一九〇七年から一九四五年までの期間における神理教の地域的展開はどのようなものであっただろうか。この時期は、二代管長佐野伊豆彦、三代管長佐野珍彦時代にまたがっている。先に示した内務省統計の教師数の変化を見ると、ゆるやかではあるが減少傾向になっていく時期である。

第一期の分析において、神理教の教師免許を得た者の本籍地を手がかりに分析した結果、神理教が北九州を中心に瀬戸内海沿岸に広まり、さらに近畿にも基盤を築いたことが分かった。明らかに西日本型の分布であり、本部がある北九州からすると同心円的な広まりに近かった。こうした第一期の地域的展開の仕方は、当時の陸上交通及び水上交通の条件と深く関係していたことが想定される。

第二期の展開に交通の発達はどう関わったであろうか。二〇世紀前半というのは、次第に鉄道網が発達し、水上交通にとって替わっていく時期である。明治中期以降、鉄道網は全国に広がっていく。当初私鉄中心であったが、日清及び日露戦争を契機に、軍事的見地もあって国家が鉄道を管理するようになった。経彦が死去した一九〇六年は、鉄道国有法が公布された年でもある。これ以後、日本の多くの幹線鉄道は国有化されていく。一九〇一年にすでに山陽本線が全線開通していたが、一九〇九年になると、鹿児島本線も全線開通となる。こうして人々の国内での往来がしだいに頻繁になっていく時代を背景に、神理教の教師たちの分布も全国的に広がりをみせる。

教師の地域的展開を検討する前に、教師の属性について確認しておく。第二期に教師となった数は五三四二人である。うち、男性が二六〇二人、女性が二七一九人、性別が判断できないのが二一人である。女性が約四％多いが、おおよそ半々に近い。年別に見てみると、一九一〇年代半ばまでは男性の方がやや多いが、以後は概して女性の方が多い（グラフⅣ―3参照）。ちなみに、第一期の一二年間に任命された数では、男性が八三〇名、女性が七〇一名と、男性が二割近く多い。第二期にはいってしばらくたった大正時代に入る頃から、若干女性が多い傾向に変わった。教師の性別に関して、神理教の布教方針が変わったわけではないので、女性で神理教の教師を目指す者が、全体として若干増加したと考えられる。教師たちが、地方教会の後継者として免許を得たのか、すでに宗教活動をしていた者が神理教の教師になったのかを逐一判断することは困難であるので、こうした性別の変化に関して、これ以上の細かい分析は困難である。

免許を得た年齢も確認しておく。五一三五人分については、生年及び教師免許年の両方が分かっている。そこで免許取得年から生年を差し引くと取得時の年齢が分かる（正確な満年齢ではないが誤差は一歳以内である）。このやり方で得られた平均年齢は四三・四歳である。もっとも多いのは、四〇代後半であり、三〇代後半から五〇代前半にかなり集中していることが分かる。三五歳から五四歳までの年齢層が六一・六％を占めている。男女別に見ると若干の違いがある。男性が若い方に少し偏っており、女性は五〇代への集中度がより高い（グラフⅣ―4参照）。これ

グラフⅣ—3　第二期の男女別免許取得者

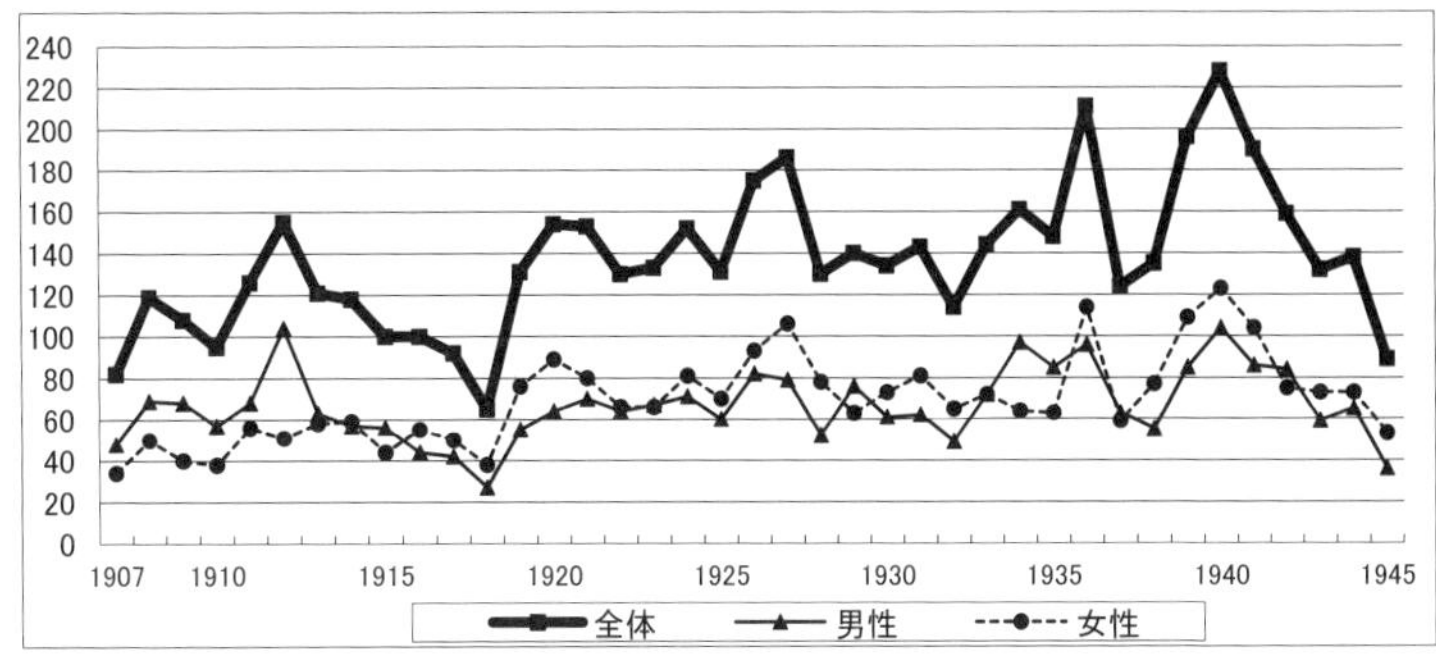

グラフⅣ—4　年齢別及び男女別教師免許

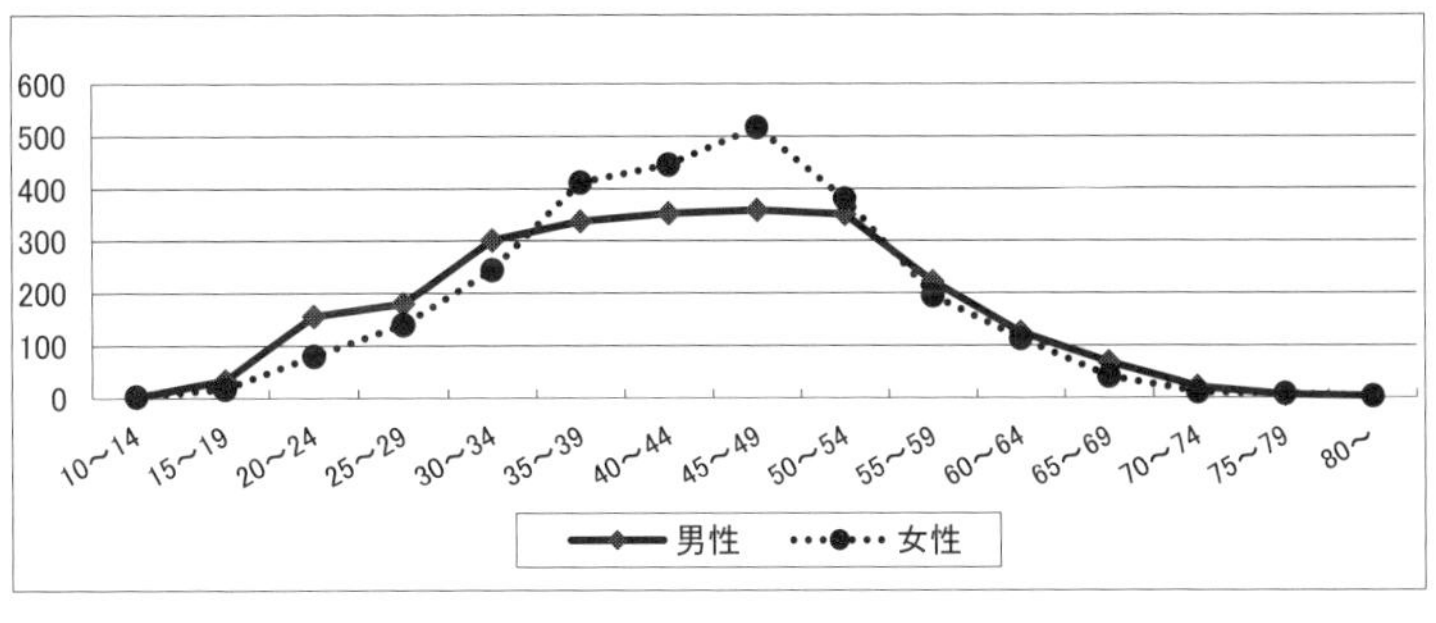

らにより、性別では男女で顕著な差がなく、また年齢層は、四〇代後半をピークにほぼ正規分布型の分布になっている。

次に第二期における地理的展開の傾向について分析する。第二期の免許取得者の全体的な傾向としては、一九一二年、一九二七年、一九三六年、一九四〇年に小さいピークがあり、また一九二〇年代以降にほんの少し増加傾向が見てとれる。地域別では、福岡県、山口県、長崎県を中心に九州各県、四国、中国地方に多いが、この点については第一期とほぼ同じと考えてよい。つまり神理教は本部のある北九州を中心に同心円的に広まったというのが一つの特徴である。

第二期の免許取得者の数が一〇〇名を超える都道府県は一六ある。多い順に挙げると、次のようになる。

①福岡県一一五九人、②長崎県四七七人、③山口県三七五人、④大阪府二八五人、⑤広島県二八〇人、⑥大分県二五一人、⑦岡山県二三〇人、⑧熊本県二二八人、⑨愛媛県二一〇人、⑩佐賀県二〇三人、⑪鹿児島県一八八人、⑫北海道一四九人、⑬高知県一四八人、⑭兵庫県一三八人、⑮東京都一二一人、⑯京都府一一八人（東京都は一九四三年七月までは東京府である）。

免許取得者数の多い都道府県について、年別の取得者数を比較してみると、神理教全体における傾向に近いものや、初期は多いが後期に減っているもの、初期は少ないが後期に増えているものなど、いくつかのパターンが見出せる。分かりやすいようにグラフで示す。佐賀県や大分県は全体の傾向に近い推移を示しているので、グラフⅣ―5に大分県の場合を示した。もっとも免許取得者の数が多く、それゆえ全体の傾向にもっとも影響を与えている福岡県の場合はどうであろうか。福岡県は一九二〇年代をピークにそれ以後やや減少気味である（グラフⅣ―6参照）。本拠地の近くにおいて、免許取得者が減少傾向にあるのは、その地域における教会規模に対し、教師の数が飽和状態に近づいたからかもしれないし、また教会数が減少傾向になったことを示すのかもしれない。福岡県に次いで免許取得者が多い長崎県も福岡県とかなり似た傾向を示している。三位の山口県はピークが一九三〇年代と福岡県とは少しずれるが、それ以後はやはり減少傾向である（グラフⅣ―7参照）。福岡をはじめ、長崎県、山口県と神理教の本部に近い地域で、教師数が減少したことは、高坏型の性格がより強まった可能性を示唆する。

第二期に明らかな減少傾向を示す県はほかにもある。岡山県は一九〇九年がピークで以後少ない状態が続く（グラフⅣ―8参照）。高知県も一九一二年がピークで、同様に以後少ない状態が続く。これらの県は第一期は比較的多かったが、第二期には減少している点で共通している。ことに岡山県は第一期には二五七人で、福岡県をしのいで第一位であったが、第七位に落ちている。このことに交通の要素がどれほど関係するかは判断が難しいが、少なくとも高知県の場合、九州と四国を結ぶ海上交通が衰えていくことが影響した可能性を考えておきたい。というのも第二期全体に顕著に減少した県として愛媛県があるからである。愛媛県は第二期だけの推移は変化が分かりづらいが、第一期と比較すると減少傾向は明確である（グラフⅣ―9参照）。第一期には二三〇人の取得者がおり、三番目に多かった。しかし、第二期は二一〇人で第九位である。第一期が全体で一五六〇人、第二期が同じく五三四二人であることを考慮すると、相対的に大幅に減少していることになる。

逆にしだいに増える傾向の県もある。京都府の場合、一九二〇年代後半から少しずつ免許取得者があらわれ、一九四一年にピークとなっている。この年だけが特別のようでもあるが、その後も若干いて、第二期としては増加傾向とみるのが適切である（グラフⅣ—10参照）。大阪府も一九四〇年にピークがあり、四〇年代は増加していて京都府と似ている。北海道も第二期に大きく増えている。第一期はわずか五人であったが、第二期は一四九人と大幅に増えており、一九三九年に一度に一五人が免許を得ている（グラフⅣ—11参照）。兵庫県もやや増加傾向である。一九二四年がピークだが、第二期の後半に多くなっている。鹿児島県も第一期と比較して明らかに増加した。第一期は一〇人であったのが、一八八人となっている。一九二〇年代、三〇年代から増えているのが分かる（グラフⅣ—12参照）。東京は第一期はゼロ人である。それが第二期は一二一人となる。とくに一九三〇年代半ばの増加が顕著で、一九三五、三六年にそれぞれ一四、一三であわせて二七人である（グラフⅣ—13参照）。

こうして見ると、福岡県、山口県、長崎県という本拠地に近い県の他、高知県、岡山県という第一期に比較的多かった県に減少傾向がうかがえる。他方、京都、大阪、兵庫という関西地方では第二期に教師免許取得者が増えたことが分かる。さらに注目したいのは、東京、さらに北海道という地理的にきわめて離れたところに取得者が一定数出るようになったという点である。交通

グラフⅣ—5　大分県

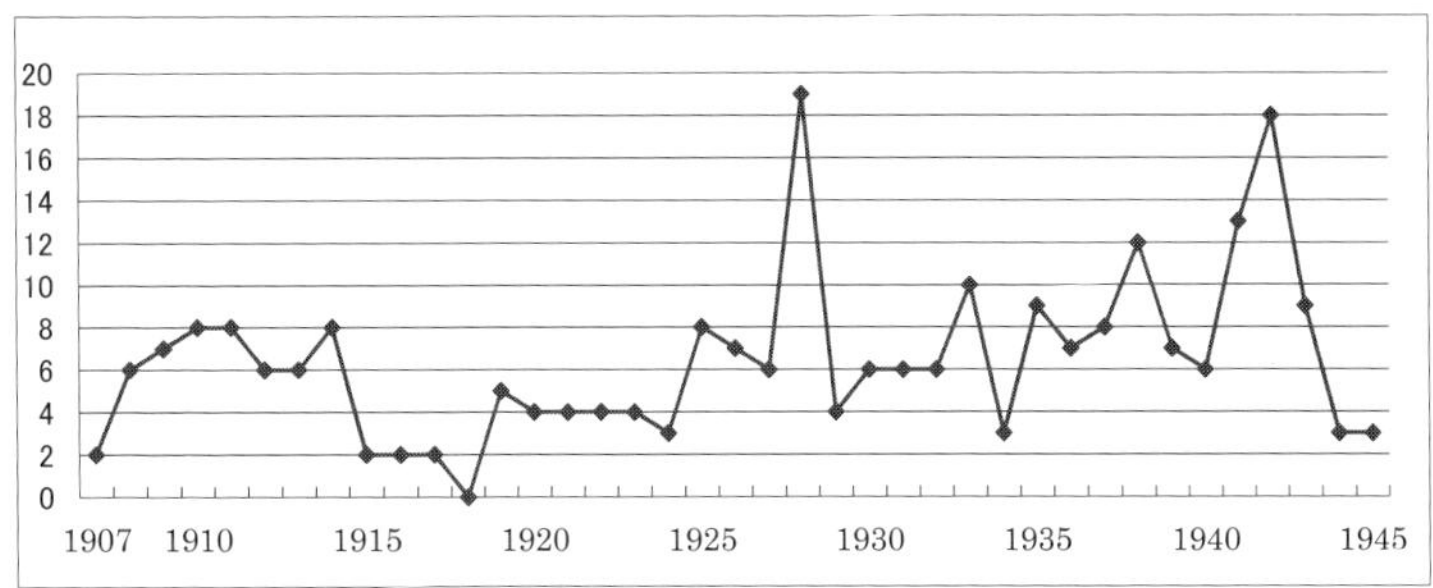

グラフⅣ—6　福岡県

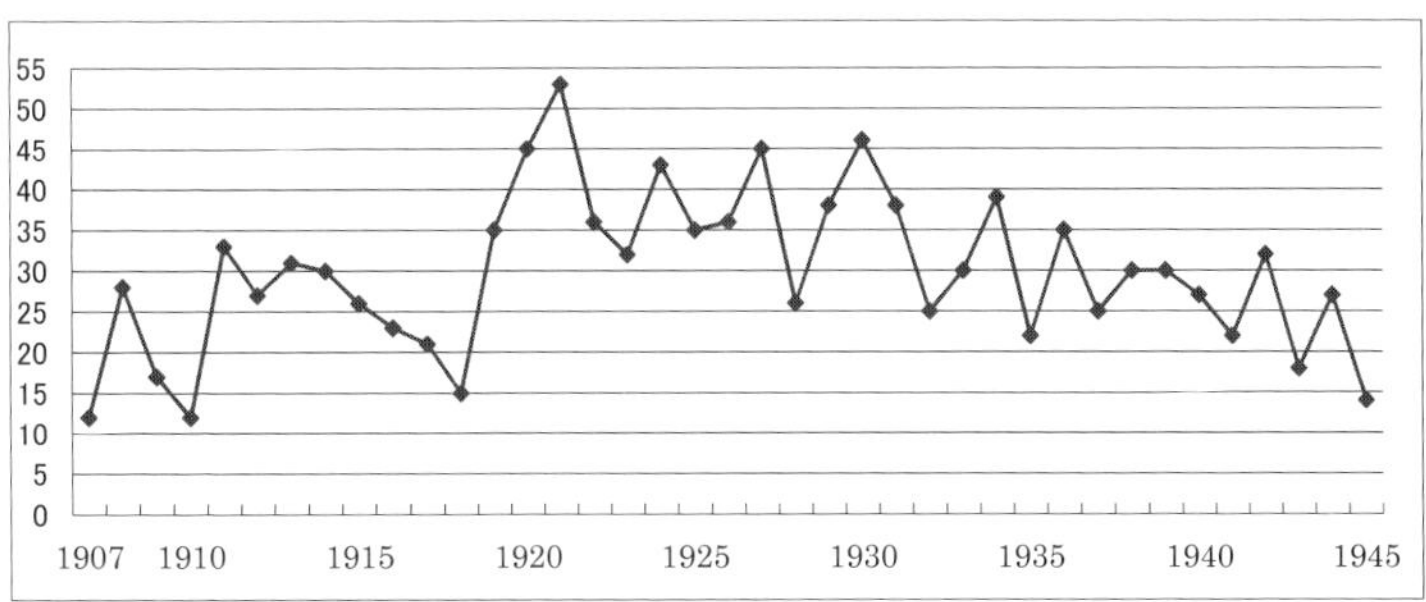

グラフⅣ—7　山口県

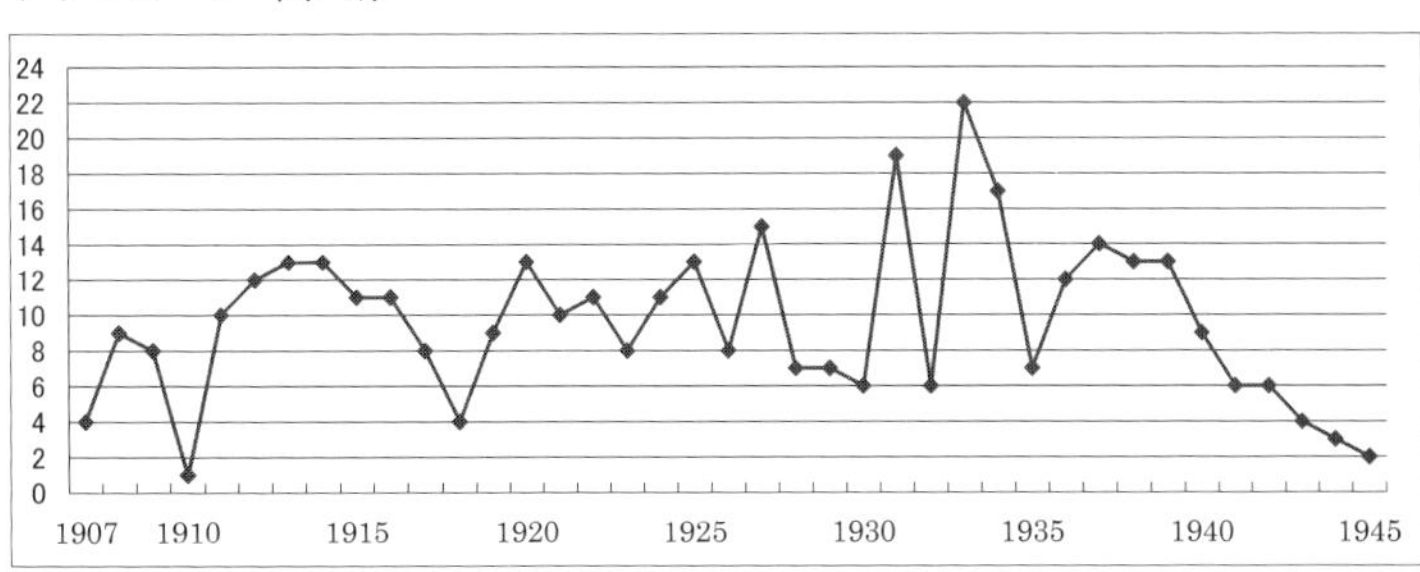

グラフⅣ―8　岡山県

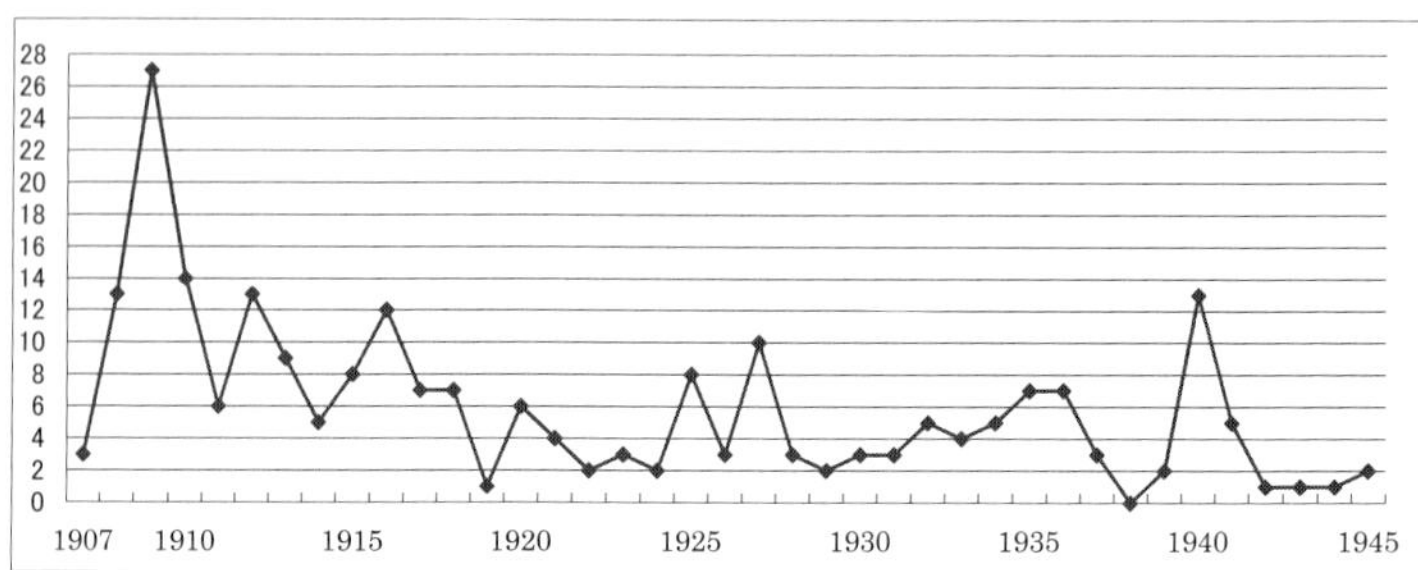

グラフⅣ―9　愛媛県

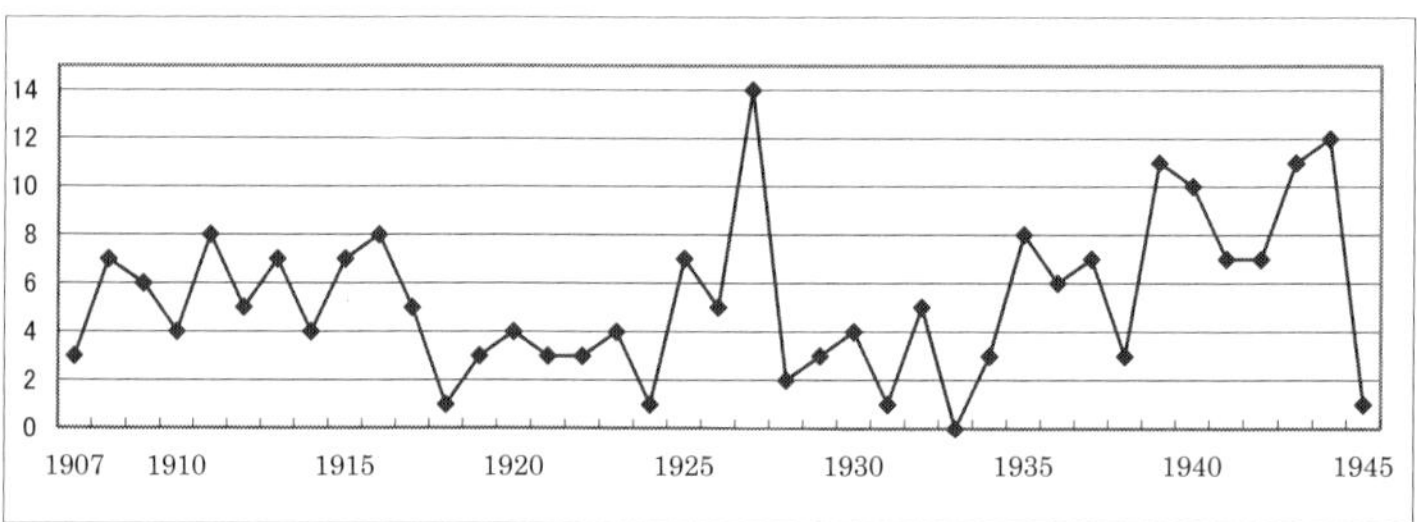

グラフⅣ―10　京都府

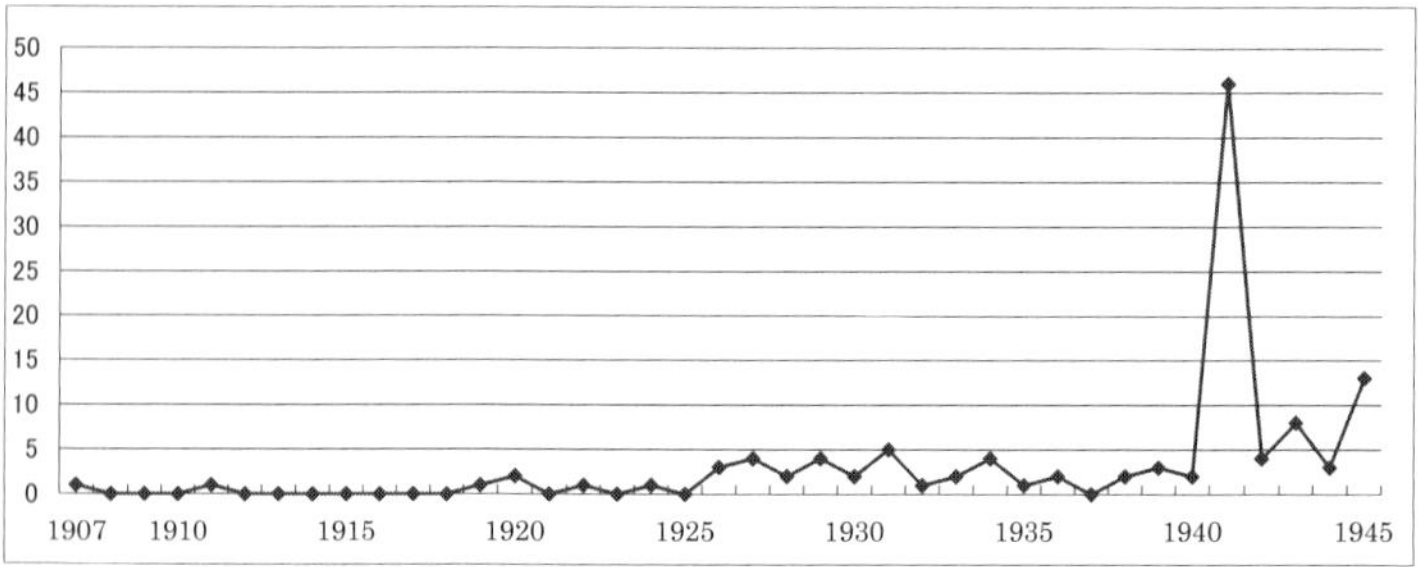

グラフⅣ—11 北海道

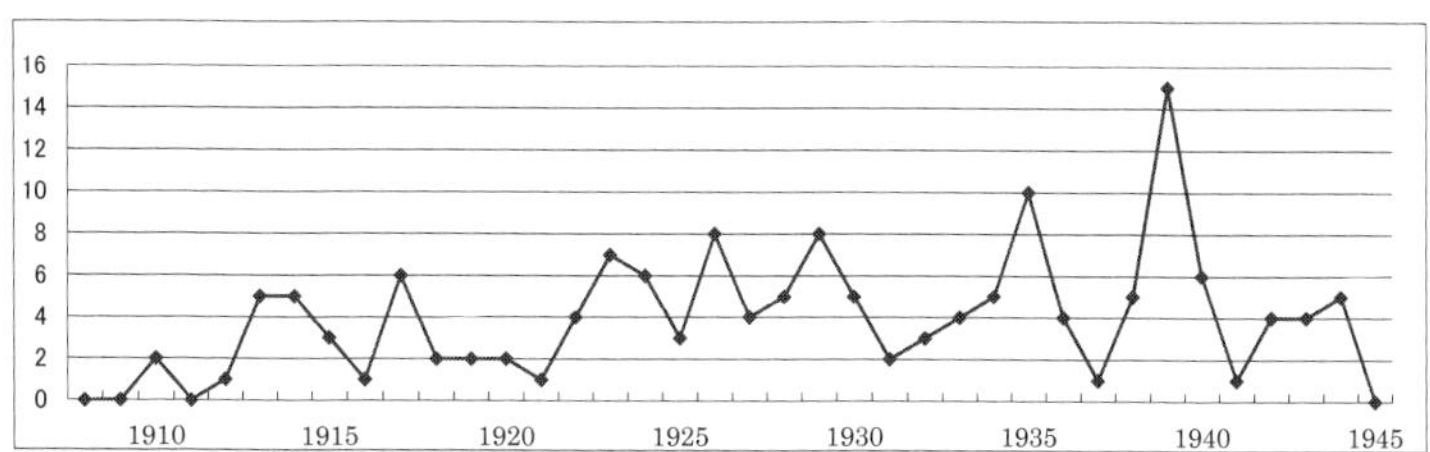

グラフⅣ—12　鹿児島県

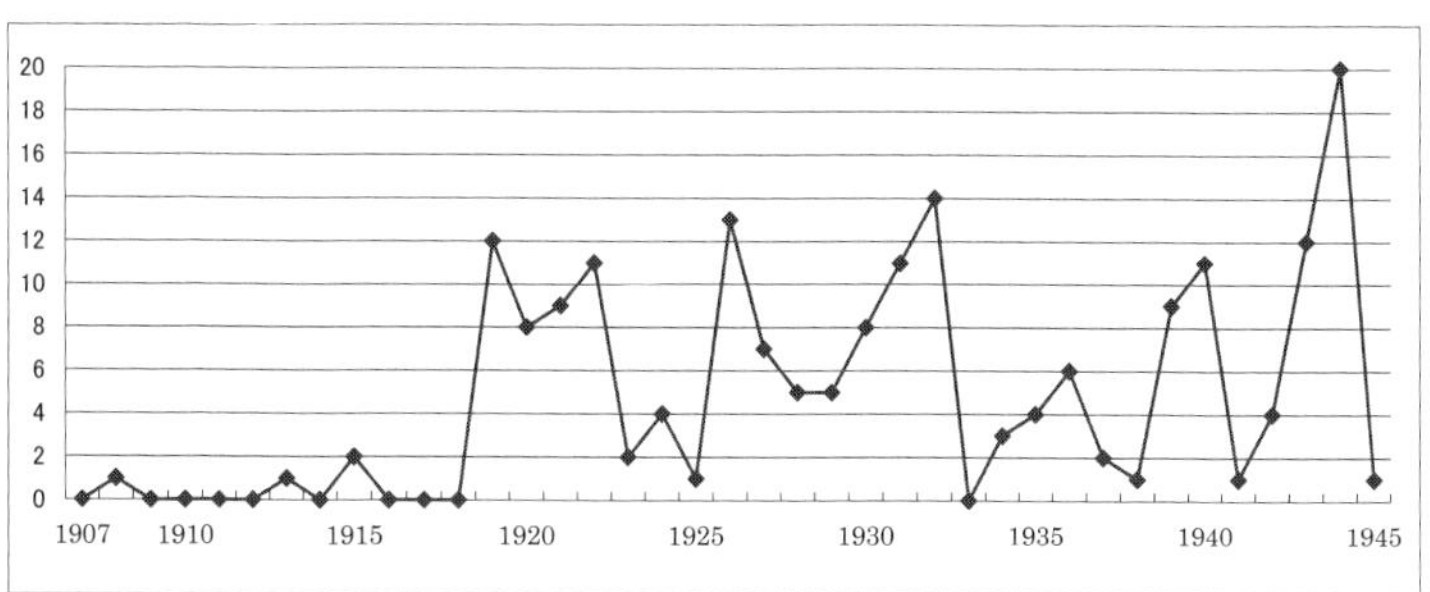

グラフⅣ—13 東京都

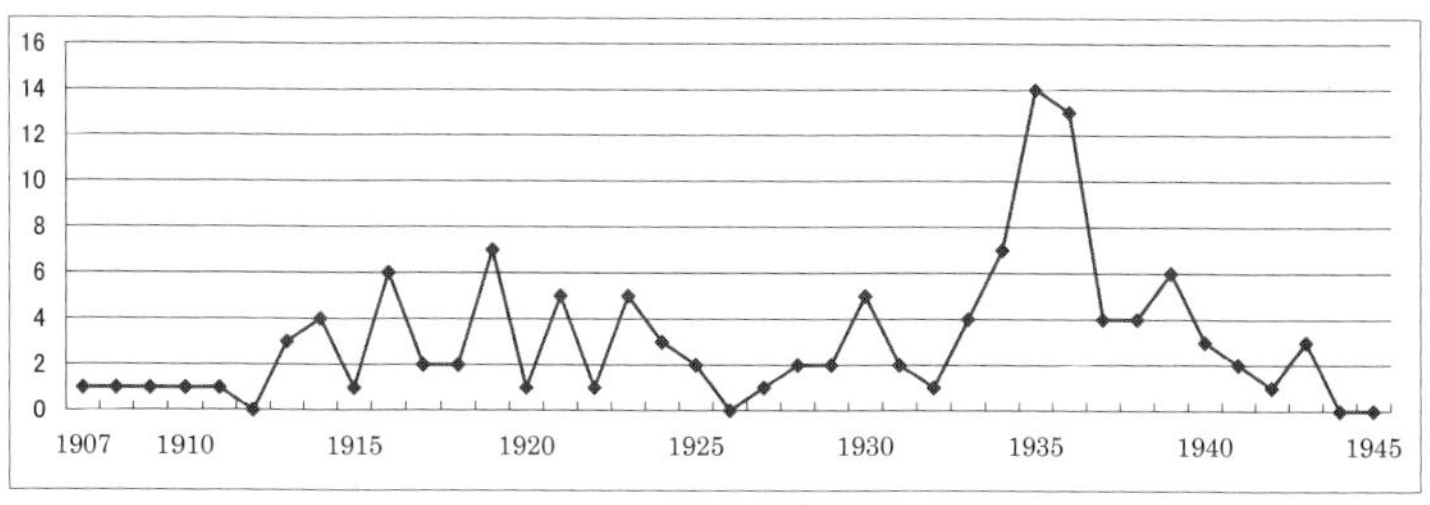

網の発達は大前提であるが、北海道にいたる東北地方ではきわめて少数であるので、北九州を中心とした地域以外では同心円の広まりではない。すなわち交通網の発達はそうした遠隔地への布教を可能にした大前提であるが、遠隔地における免許取得者の増加は、個別の事情を調べなければならない。

この他、注目すべきは、国外の出身者が七五人いることで、そのうち六四人は当時の朝鮮に本籍がある。(13) また三二人は居留地を日本の住所で届けてある。日本に居住の人についてみると、山口県在住となっている例が多く、一五人である。次いで福岡県が一〇人、大阪府が六人、静岡県が一人である。山口県、福岡県に多いのは、そこが本拠地に近いということに加え、当時の交通網も関係している。戦前の朝鮮と日本の海上交通の重要路線は、下関と釜山とをつなぐ航路である。一九〇五年に関釜連絡船が始まり、これは一九一〇年の日韓併合により国内路線扱いとなった。したがって、神理教の朝鮮への布教が釜山を経由し、また朝鮮半島出身の神理教教師が、すでに神理教の拠点の一つとなっていた山口県に多く住んでいたというのも理解しやすい。

居留地の記載から判断して本籍が朝鮮半島にある教師たちのうち大半は、日本において教師となったと考えられるが、一割ほどは朝鮮において教師となっていた。氏名から判断して、明らかに朝鮮の氏名と考えられる人が、六四人のうち四五人である。現住所の記載を見ると、馬山と大邱、その他朝鮮半島の南部で釜山を中心とした地域に多いので、地理的に北九州との交流が深かった地域に集中している。朝鮮半島での布教の成果がどの程度であったかを知る手がかりは少ないが、半島の南部の出身者で、少数ながら免許取得者がいたということは、第二期に神理教が小規模ながら国外布教に着手し、わずかではあるがその成果を得たことが分かる。なお、朝鮮半島以外であると、樺太に本籍をもつものが一〇人いるが、全員日本人である。

二重構造のなかの展開

神理教は高坏型を基本とするが、樹木型の要素も一定程度見出されることを指摘した。佐野経彦の教えに帰依して、いわば弟子として神理教の教えを広めるようになった人物によって形成された支部教会と、すでになんらかの信者組織をもっていたような人物が、主として組織上の理由によって神理教に属するようになって形成された支部教会とがある。後者にはいわゆる霊能祈祷師的な人物によって組織されたものが含まれる。以下では、便宜的に前者のような樹木型の組織原理によったと考えられるものをAタイプ、高坏型の組織原理によったと思われるものをBタイプと呼ぶ。

第一期の組織の形成過程においても、経彦がある程度意図的に霊能祈祷師的な人物を自分の教派に組み入れていく方針をもっていたことが明らかである。Aタイプによる支部教会の形成が理想であったのだろうが、Bタイプのものを取り込んでいくことにも柔軟な姿勢をもっていた。第二期において、AタイプとBタイプがそれぞれどのような地域に見られ、相互にどのように絡んでいるのかは、地域的な展開を議論する上で非常に重要な点である。しかし、これは実際はなかなか困難な作業である。一つには現在の神理教の教勢が当時より小さくなっており、そうした戦前の状況を知りうる資料の入手がかなり困難になっていることがある。また研究の蓄積が少ないことがそれに輪をかける。

この点は第三期に形成された教会を調べる場合においても、そう条件は変わらないのであるが、第三期に新たに支部教会となったものについては、資料の収集や聞き取りという面では若干やりやすい状況にある。筆者自身も和歌山県と京都府および愛知県に設立された教会について実態調査をしたことがあるが、三つの教会ともBタイプに属すると見なしうるものであった。(14)

第二期に形成された支部教会には、Bタイプのものが多かったと推測される。第二期に神理教の傘下の教会となり、戦後独立した教団となったものがいくつかある。確認できるものだけで、稲荷教本庁(福岡)、言霊教(兵庫)、神仙霊道教(北海道)、神道整体教(兵庫、のち大阪)、神道真光教団(北海道)、聖晃教団(熊本)、赤心会(広島)、天崇教(東京)、天地守教団(大阪)、日本不動教(大阪)、日月教(大阪)、明聖教(熊本)がそうである。なお、これらの教団の創始者もしくは後継者のうち、三名が「免許名簿」で第二期に免許を取得していることが確認できた。天崇教の海上晴帆(一八九四年生、「免許名簿」では海上晴となっている)は一九四〇年の免許取得である。稲荷教本庁の小金六兵衛(一八九四年生)は一九三一年の取得、日本不動教の村上徳松(一九〇八年生)は一九四二年の取得である。なお、第一期にあたる出来事になるが、兵庫県姫路市の天地教の魚住正信(一八八七年生)が一九〇一年に免許取得した例も確認できる。魚住正信は最初金光教の信者であったが、自身が神がかりを経験し独自の宗教活動を開始した。一八九四年に姫路で神道大成教所属の天地教会を設立し、九七年に神理教に所属することになり、その直轄教会となっている。

戦後神理教から独立した教団が、どのようにして神理教と関わりをもつようになったかは、個別の研究を深めないと詳細は分からない。これまで得られた資料を参照すると、第二期における神理教との関わりは多分に便宜的であったものが含まれるのは間違いない。ある程度事情が知られている二、三の例でもそれは確認できる。

天崇教は一九三五年に海上晴帆が天夷鳥命（あめのひなどりのみこと）の神示を受けて、東京四谷に光徳協会を設立したのがはじまりとされる。海上は神理教に所属し四〇年に免許を取得した(15)。奈良県櫻井市に本部を置く大三輪教は、迫カンを教祖とするが、一九二一年に教会が設立される。その後長男の迫栄が後継者となり神道本局に所属する。宗教団体法のもとで宗教結社となっていたが、一九四三年に神理教に転属している。戦後独立して一九四八年に大三輪教となるが、この経緯から、便宜的に一時神理教に属したことが明らかである(16)。

大阪にある惟神天成（かむながらてんせい）教会は谷川太一（ふとひ）（至声）により設立されたが、この教会についてはかつて面談調査をしたことがあるので、神理教との関わりの経緯が少し詳らかである。谷川は一八八三年兵庫県福知山の農家の次男として生まれた。一八九一年の節分の日、大事なことは節分の朝に行なえば成就するという伝説が村にあり、そこで神木とされていた樫の木を皆で倒したが、枝に乗っていた谷川は倒れた木の下敷きとなった。しかし、怪我はなく、以来その木の霊が乗り移ったという感じに襲われる。以後宗教に強い関心を抱くようになった。一三歳のときに黒住教相生教会の教師に従って黒住教に入信した。

その後、天理教に入信し飯降伊蔵の弟子となり、本部で教えを受けた。摂津名塩で布教を試みたこともある。この地はふすま紙の製造地で、製法を知られないように、他所人との結婚を禁じていたような所であった。また浄土真宗の篤信家が多く、村内に大きな寺が五か所もあったという。したがって、布教はきわめて難しく、天理教というと塩をかけられたりした体験をもつ。そこで別の所に移って布教を続け一年七か月で一六人を信者としたという。しかし、一九〇七年に至り天理教との関係を絶ち、道学の研究を志した。これと並行して真言密教も研究した。高野山で三年間修行している。一九一九年に大阪に移り、霊学や古神道を中村鳳声から学んだ。

一九三六年に神理教の二級教師となり、大阪東成区で皇国天成会を結成した。「免許名簿」には谷川清太として掲載されており、一九四〇年に免許を取得している。紹介人は霜野行甫である。霜野は「免許名簿」では四九人の教師の紹介者となっている。うち三二人が大阪出身者である。霜野は古神道の研究道場「六合道」を開いていたが、谷川は神理教教師となった翌三七年に、この六合道の副総裁を兼ねることとなった。神理教でだいぶ重要な地位を占めるようになり、顧問も務めたが、五三年に神理教から独立して、それまでの神理教天成教会を「かんながら天成教会」として単立の教団として登記した。その後、惟神天成教会となった。

谷川は、神理教入信以前からさまざまな宗教的な修行をしていたが、信者の組織化はそれ以後となる。その意味ではAタイプに少し近いBタイプということになるかもしれない。また谷川自身、神理教とのつながりは便宜的というより、ある必然性を感じている。それは次のような話として伝えられている。あるとき、大きな道の途中で白髪の老人に会った。老人は、白い髭をはやし、自然杖をついていた。老人は、「五十言伝（いそこと）」をよみがえらしてくれと太一に頼む。振り向くと姿はなかった。その後、神理教の三代管長佐野珍彦の葬儀のときに、教団の本部に行ったが、そこで教祖佐野経彦の絵を見て、あの老人が教祖であったことに気付いたという。この体験の後、「五十言伝」を執筆したという。「五十言伝」を書き始めると、二階に上がって、食事もほとんどとらず、感応が切れるので邪魔されるのを嫌った。三年間書き続けて仕上げた。こうした経緯から して、谷川は自分が神理教とつながりをもつことに必然性を感じ、ある時期神理教に強いアイデンティティを抱いていたと分かる(17)。

各地に見いだされるBタイプの教会

神理教に属している各地の教会を、一九八〇年代から九〇年代にかけていくつか調査した。それらの中にも、Bタイプのものが多く見出せた。名古屋市にある名古屋中教会の創始者は横江信太郎である。横江の名は「免許名簿」に一九二九年にある。横江は若い頃から信仰を求め行をしていたが、ある頃から神理教の本院に行くようになった。以後も伏見や鞍馬で修行をし、昭和初期に神理教の教師となったのち、一九三二年頃教会を始めたという[18]。

同じく名古屋市にある金城教会の設立者は山中つうという女性である。山中は三〇~四〇歳の頃、目を患っていた。明治末年の頃、四国巡礼を経験したという巡礼の夫婦を泊めたことがあるが、そのときに夫婦からもらった筆で目をさすったら、目が見えるようになったという。それを機に病気治しを中心とする宗教活動が始まった。そうした頃、九州にいたおばから神理教のことを教えてもらい、教主に会いにゆき、教会を開くことになった。「免許名簿」では、一九一四年に山中つうが免許を取得している。また「免許名簿」では一八六六年生まれである[19]。横江も山中も独自に修行、ないし宗教活動を行なっていたが、神理教の教師となって教会を開いたというプロセスをたどっている。

個別の教会の事情というだけでなく、地域的にBタイプのものが多かったのが北海道である。神理教の北海道における展開については、ある時期から、のち日本神宮本庁の創始者となった中島秀晃（しゅうこう）の活動が大きく影響している。「免許名簿」には、中島は本名の中島秀で記載されており、一九四三年に免許を得ている。紹介者は藤田宣彦である。藤田は戦前神理教広島教会長であったが、戦後一九四六年に神理教から分離独立し、誠光教を設立している。誠光教は一九四〇年に宗教結社として届け、戦後独立の宗教法人となった[20]。さらにこの中島を神理教に入信させた権田は、「免許名簿」では六二名の教師の紹介者となっている。そのうちの四五名が北海道の教師であり、しかも戦後に免許を得た者が多い。また中島自身が紹介者となっている教師は一〇人だが、すべて戦後で一九四七年に集中している（一〇人中九人）。

中島以前に神理教は北海道にかなり広まっていて、先に示したように第二期だけで一四九人が「免許名簿」に名を連ねている。誰が紹介者になっているかを見ると、磯部伊兵衛が一九二九年から四〇年の間に四三人の紹介人となっていて、もっとも多い。次いで高瀬頼之助が一九一〇〜二七年の間に三八人の紹介者になっている。高瀬自身は一九一二年に免許を得ており、北海道上川郡の出身である。

中島の活動については、従来の研究を踏まえながら、刈谷周二が現地で関係者の遺族などへの聞き取り調査などを実施して、より詳細な資料やデータを収集した[21]。苅谷によれば、中島は一九〇二年に北海道の河西郡（現在は十勝支庁に属する）芽室町で生まれた。神理教教会が十勝に設立されたのは一八九八年頃と推測され、中島もここに七、八歳の頃から通った。尋常小学校卒業後、独学で神道関連の書籍を読んでいたが、そのなかには神理教関係の書籍もあった。神職の資格をとり地元上美生神社の宮司となったが、一九二四年に神理教布教課長権田常宣と出会い、正式に神理教に入会した。

中島は神理教の大教正となっているが、その後も宮司は兼任している。しかし、戦後一九五一年に神理教を離脱し、新制派神社神道を法人化する。これが多くの北海道の神社を傘下に収める日本神宮本庁へと展開する。中島は地元で人望が篤かったようで、そうした人物が神理教に入信したことが、第二期の後半から第三期にさしかかろうとする時期に、北海道における神理教の展開にも大きな影響を及ぼしたと推測することができる。

これらの例から、第二期に形成された教会はBタイプを基本とするものが多く含まれることは明らかにしても、個別の形成プロセスはむろん一様ではないと分かる。宗教活動が現在よりも制限された時代において、小さな宗教組織が公認された神道教派の支部教会となって活動を行なうという便法をとることはしばしばあった。とはいえ、そこでの関係は複雑になりがちであった。神理教のようなゆるやかな組織の教派は、そうした小さな組織の受け皿になった。

図Ⅳ—2　第二期の免許取得者（都道府県別）

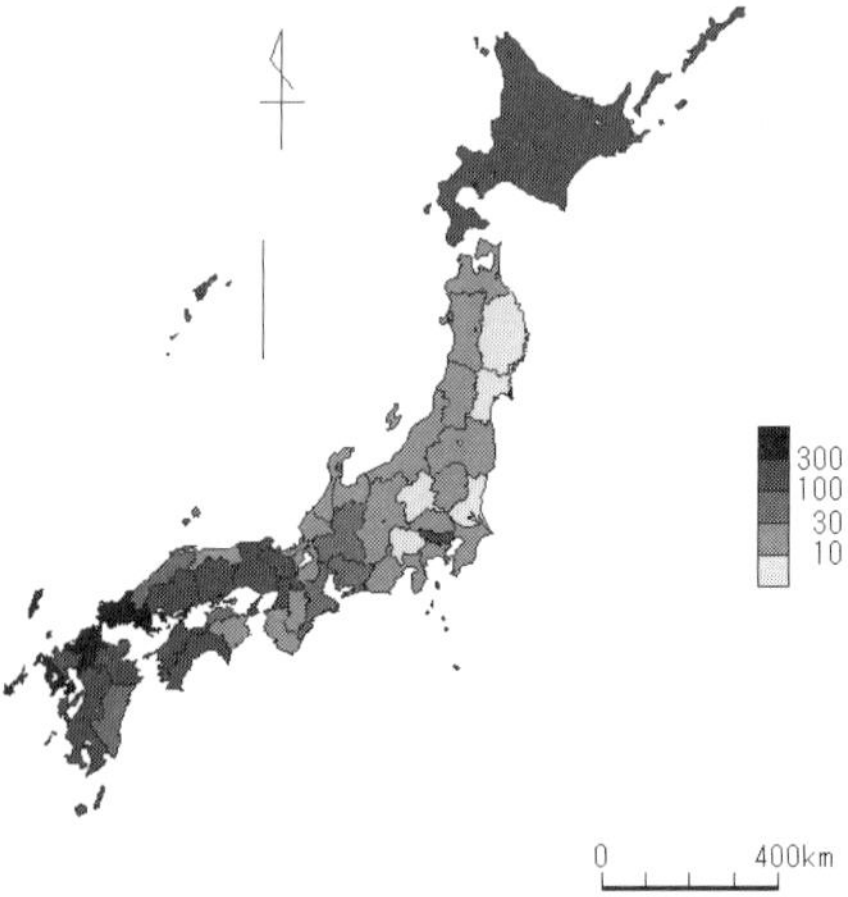

都道府県別に見ると、第二期は教師数の変化は多様であることが分かったが、第二期をとおしての全体の人数で比較してみると、やはり福岡、長崎、山口という発祥地の周辺がもっとも多く、九州、四国西部、中国南部がそれに次ぐ（図Ⅳ—2参照）。第一期と同じくおおよそ同心円的な広がりと言えるが、北海道は例外となる。第一期に基盤が形成された地域が依然として多くの教師を出しているが、北海道、東京も比較的多い部類にはいり、新たな展開の様相も見えている。また東北地方にも少数だが教師がいて、まったく免許取得者がいないのは宮城県だけで

ある。こうした地域的広がりに交通網の発達という社会的条件が占めた割合を具体的に議論するのは難しいが、全体として促進要因として作用したことは疑いを入れない。遠隔地への展開が第二期の後期に偏っていることも、この推測を裏付けている。

ここで示す神理教の地方的展開は、戦前の宗教行政のもとにおいて、地方的な小さな宗教集団もしくは霊能祈祷師的人物と、高坏型の組織を基本とする出雲大社教、御嶽教、神道大成教、神習教、扶桑教といった公認教派とが、どの時期にどのようにして結びついていったかを推測する上での参考例となる。

(4) 戦後社会における神理教の地域的展開

第三期における教師の全体的傾向

第一期、二期の展開の分析に際しては次の二点を重視した。一つは近代の宗教教団の地理的展開に関わる条件として、交通網の発達がどれくらい重要であるかを探ること、もう一つは高坏型の組織原理が基本となる教団は、どのような地理的展開の形態をとるのかという点を考察することである。第三期の分析にあたっても、この点を念頭に置く。戦後は人的ネットワーク形成に鉄道網が果たす役割はさらに大きくなっていく。海上交通の果たす役割は相対的に後退する。また、高坏型の教団にとっての戦後の社会状況は、第一期、第二期とは大きく異なるので、その影響をみていく。

第三期に関しては、一九七七年までの資料を入手できたので、一九四六年から三〇年少々の期間についての分析を行なう。戦後の高度成長期が終了した頃までになる。戦後は戦前に比べて人口の移動が激しくなり、本籍地で地域的展開を追うことにはしだいに不正確さが増えることになる。だが、方法として一貫させるということと、本籍地がもっとも正確に記載されているということ、そして高度成長期までは本籍地による分析もある程度の手がかりになると判断して、第一期、第二期と同様の方法をとった。

第三期は、三代管長の佐野（巫部）珍彦から四代管長の巫部健彦の時代にはいった時期になる。一九四六年から七七年までに免許を得たのは、三二八四名である。グラフⅣ―14から明らかなように、免許取得者は年別に見ると、顕著な変化が見てとれる。一九五二年が三一九人でピークとなり、それ以降は急激に減少している。一九六〇年代にはいると、年間平均で数十名程度に減少している。このような急激な変化が生じた大きな理由としては、冒頭に述べた戦後の宗教法人令と宗教法人法の施行の影響である。神理教の支部組織であったものが、新たに独立した教団として登記したので、当然神理教の免許を取得する人が減ったと考えられる。

男女比をみると、男性が一四二五人、女性が一八五三人、不明が六人である。第一、二期と比べると、女性の比重が増している。男女比は第一期には一対〇・八四であり、第二期は一対一・〇四であった。これが第三期には一対一・三である。第一期と二期で男女比が逆転したのだが、

グラフⅣ—14　第三期の免許取得者（男女別）

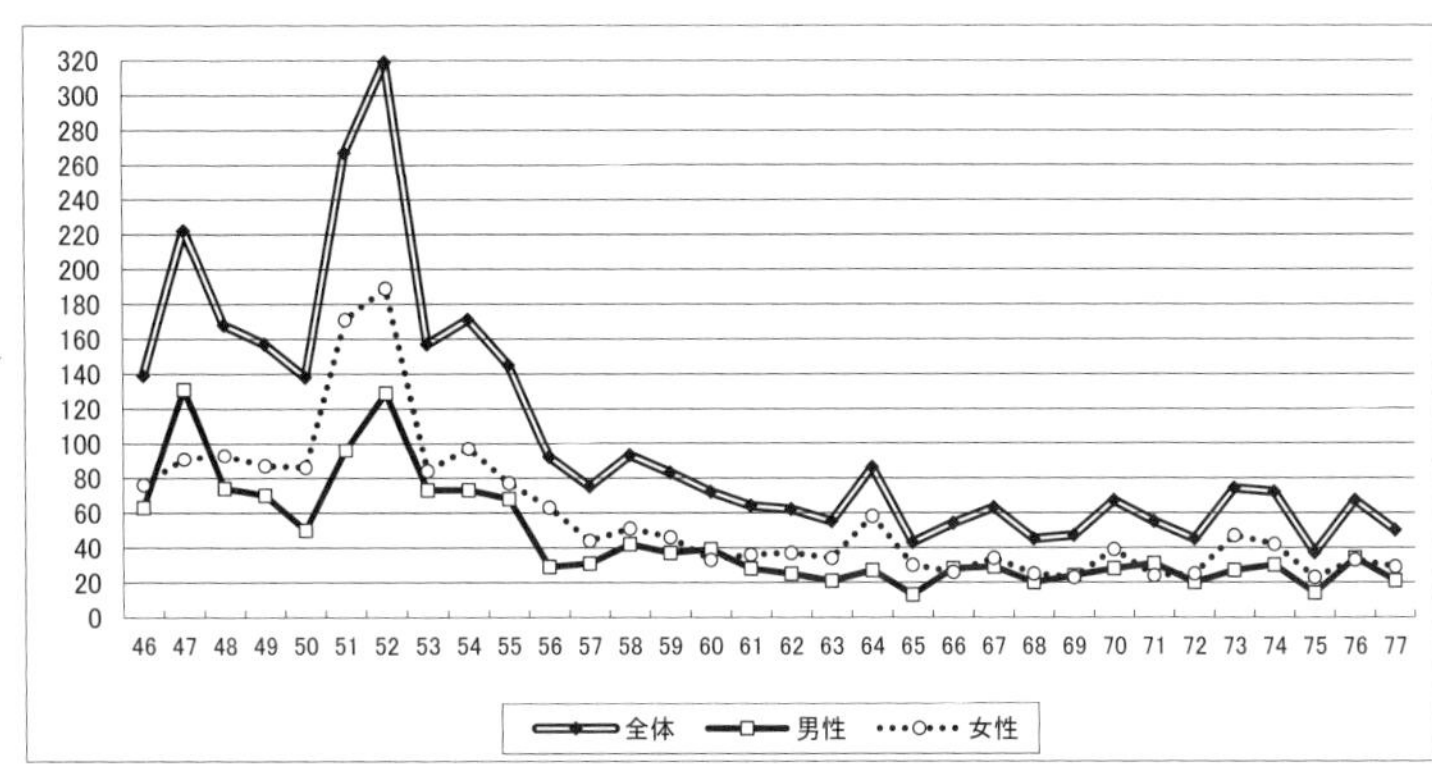

グラフⅣ—15　男女、年齢別

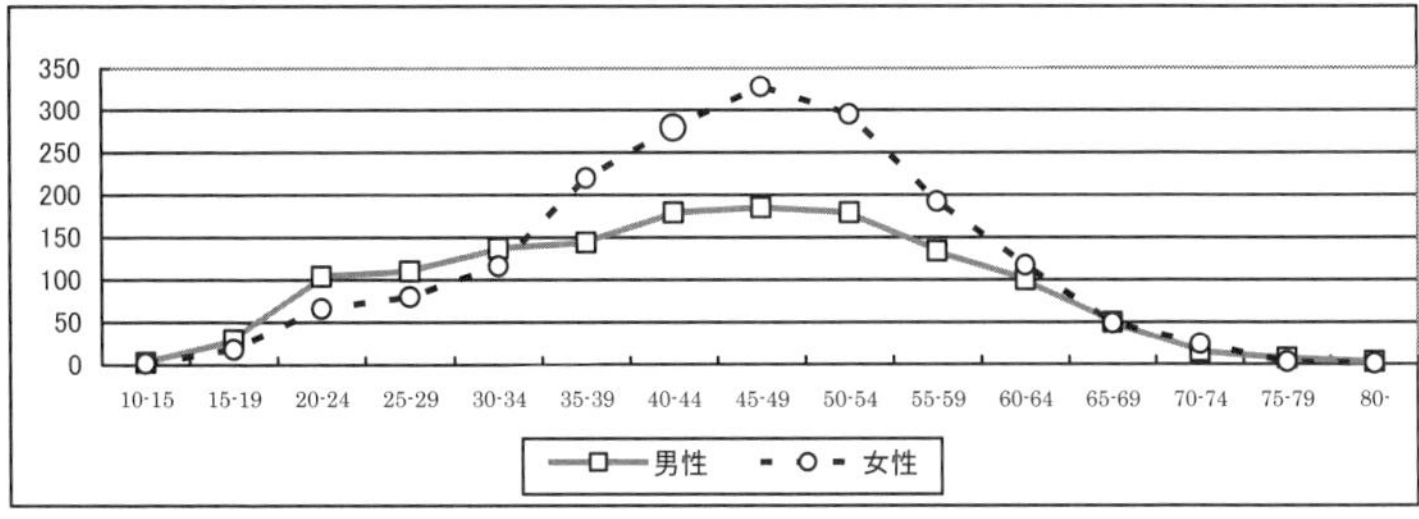

その差がさらに開いた。グラフⅣ―14でも分かるように、この男女比は終戦直後と六〇年代、七〇年代とでも大きな変化はない。戦後は新宗教などにおいて、女性が教会長の役につく例が増えている。男性が多く戦死したことや、男女同権の時代となったのが関係している可能性がある。免許取得の年齢は、男女とも四〇代後半がピークであり、これは第二期とほぼ同じような傾向である。女性の方が四〇代後半に集中する割合が高いのも第二期と同様である（グラフⅣ―15参照）。年齢的な面から見た免許の取得傾向は第二期、第三期にわたってほぼ同じである。

第二期の一九二〇年代以降は、年間大体百名から二百名ほどが新たに免許を取得していた。ところが第三期では、一九五一年と翌五二年に、いきなりそれまでの一・五倍ほどの急速な増加を見せたあと急減し、一九六〇年代以降は第二期のほぼ半減くらいの数である。宗教法人法施行以降は、離脱教団が増え神理教で教師免許を取得する教師の絶対数が減少したと解釈できる。この点も、戦前における神理教の組織形態において、Bタイプの支部がかなりの比重を占め、高坏型が基本形であったことを傍証している。

地域ごとの展開の相違

こうしたマクロな変化は、戦後の宗教行政の変化によってもたらされたものであるが、地理的な分布を細かくみていくとどのようなことが分かるであろうか。第三期は神理教が各地に広がるというよりは、むしろ教団全体の教勢が縮小に向かっている。どの地域が急速に減少し、どの地域が比較的減少の度合いが少ないかという比較になってくる。全国的な分布に関して都道府県別の傾向の概要が分かるように、地図で示した（図Ⅳ—3参照）。

第三期に免許を取得した人数が多い都道府県を上位二〇位まで示したのが次頁の表Ⅳ—5である。本部がある福岡県がやはりトップで、次いで大阪府、兵庫県、長崎県、愛知県の順となっている。これを第一期、第二期と比べてみると、表Ⅳ—6のようになる。

図Ⅳ—3　第三期の免許取得者（都道府県別）

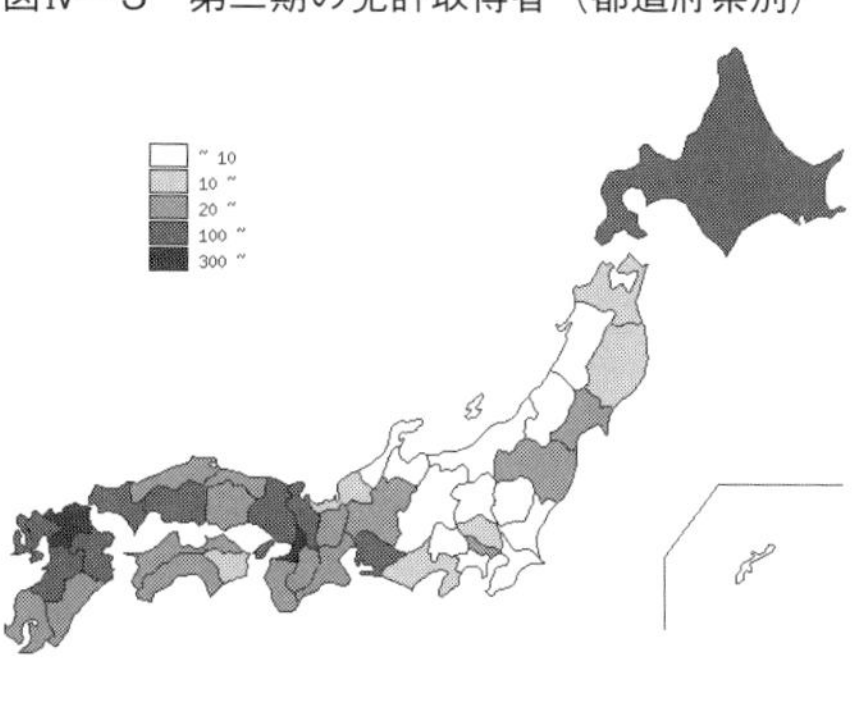

第一期から第三期までの変化を見てみる。福岡県は教団本部があり、第一期は二位であったが、二期、三期とも一位である。第一期に岡山県の方が福岡県より多かった点が注目される。岡山県には当初有力な支部教会が存在したことを物語る。

第一期から第三期へと、順位があがっていくのが顕著なのは大阪府である。一七位↓四位↓二位となっている。愛知県も一八位↓一八位↓五位と順位があがっている。

これに対して順位が顕著に下がったのは、第一期で一位であった岡山県である。一位↓七位↓一七位と下位になっている。愛媛県も三位↓九位↓一六位とさがっており、高知県も九位↓一三位↓一四位とさがっている。島根県は一二位↓一七位↓二二位である。それぞれの事情は調査しなければ分からないが、

表Ⅳ―5　免許取得者数の多い上位二〇の都道府県（第三期）

1	福岡県	438
2	大阪府	326
3	兵庫県	239
4	長崎県	238
5	愛知県	185
6	京都府	153
7	北海道	148
8	熊本県	133
9	山口県	127
10	広島県	116
11	佐賀県	102
12	大分県	100
13	奈良県	81
14	高知県	70
15	鹿児島県	68
16	愛媛県	67
17	岡山県	64
18	東京都	61
19	三重県	61
20	和歌山県	60

表Ⅳ―6　免許取得者の都道府県別の違いの比較

第一期	第二期	第三期
1 岡山県	福岡県	福岡県
2 福岡県	長崎県	大阪府
3 愛媛県	山口県	兵庫県
4 山口県	大阪府	長崎県
5 長崎県	広島県	愛知県
6 広島県	大分県	京都府
7 熊本県	岡山県	北海道
8 兵庫県	熊本県	熊本県
9 高知県	愛媛県	山口県
10 佐賀県	佐賀県	広島県
11 大分県	鹿児島県	佐賀県
12 島根県	北海道	大分県
13 三重県	高知県	奈良県
14 和歌山県	兵庫県	高知県
15 京都府	東京都	鹿児島県
16 香川県	京都府	愛媛県
17 大阪府	島根県	岡山県
18 愛知県	愛知県	東京都
19 鹿児島県	朝鮮	三重県
20 徳島県	三重県	和歌山県

得られた資料から判断すると、有力な支部の存在、そしてそれらの支部で影響力を有していた教師が離反ないし独立することが関わっていることは推測できる。

宗教地理学的な観点から注目されるのは、第一期から第三期へ四国の県の占める割合が減ったことである。第一期は愛媛県（三位）、高知県（九位）、香川県（一六位）、徳島県（二〇位）と、四県すべてが二〇位内にあったが、第二期では愛媛県（九位）、高知県（一三位）の二県となり、第三期では高知県（一四位）、愛媛県（一六位）の二県と、明らかに四国が全体に占める割合が減少の傾向になっている。第一期に四国に広まったのは、当時の瀬戸内海での海上交通を利用した九州、中国、四国という地域の間での日常的な人的交流が一つの基盤になっていた。第二期から第三期にかけての時代は、海路による北九州と四国との人的交流は、相対的に小さくなったと考えられる。このような人的交流に関する交通網の影響が、宗教の布教に実際にどの程度影響しているかを実証的に示すのはなかなか困難であるが、マクロな変化の要因としては十分想定できる。

全体として戦後期は減少傾向がはっきりしており、都道府県別に見てもそれはほぼ同様なのであるが、一九五〇年代半ばまでと一九五〇年代後半以降との違いに目を向けると、地域ごとに多少異なるパターンが見出される。それをグラフを示して確認する。

第三期で上位を占める一〇県を中心に、特徴あるパターンを確認してみる（次頁グラフⅣ―16参照）。福岡県は全体に占める割合が高いので、全体の傾向を反映していると言える。五〇年代から比較的ゆるやかな減少傾向にある。大阪府と兵庫県は全体の傾向と似ている。五一年もしくは五二年がピークであるが、六〇年代以降は減少が福岡県よりは激しくなっている。大阪府のものをグラフⅣ―17に示した。

長崎県、愛知県、京都府、山口県、広島県も減少傾向であるが、もともと数がそう多くないので、一九六〇年以前と以後との差は比較的小さい。長崎県の場合をグラフⅣ―18に示しておいた。かなり特異なグラフになっているのが北海道である。北海道の場合、一九四七年に五〇名を超え

グラフⅣ—16　福岡県（第三期）

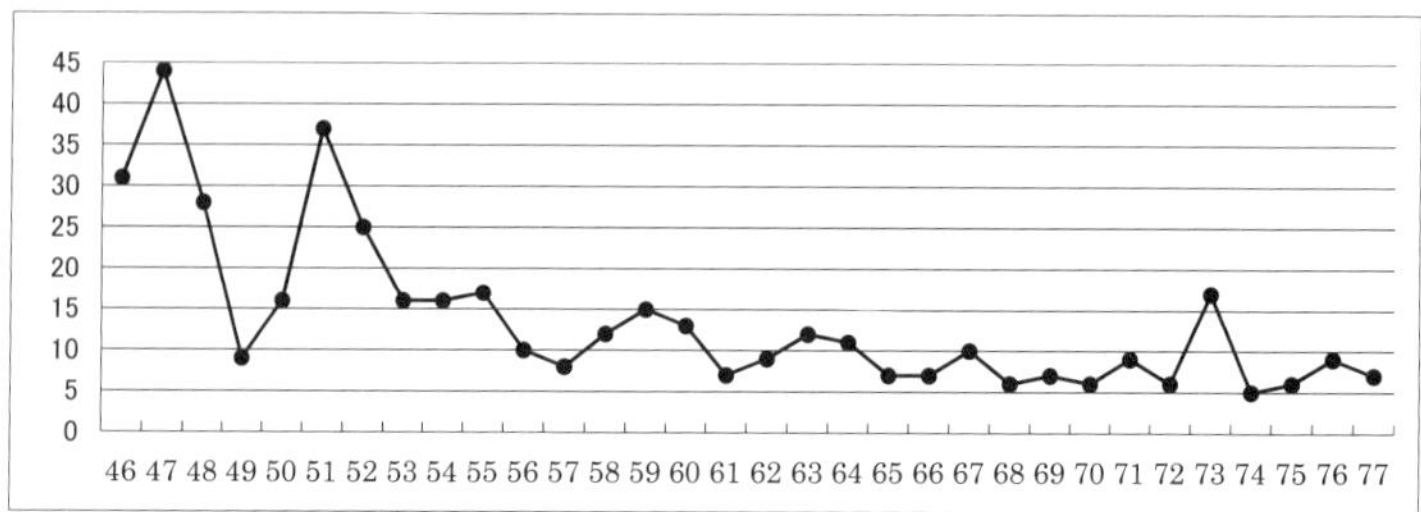

グラフⅣ—17　大阪府

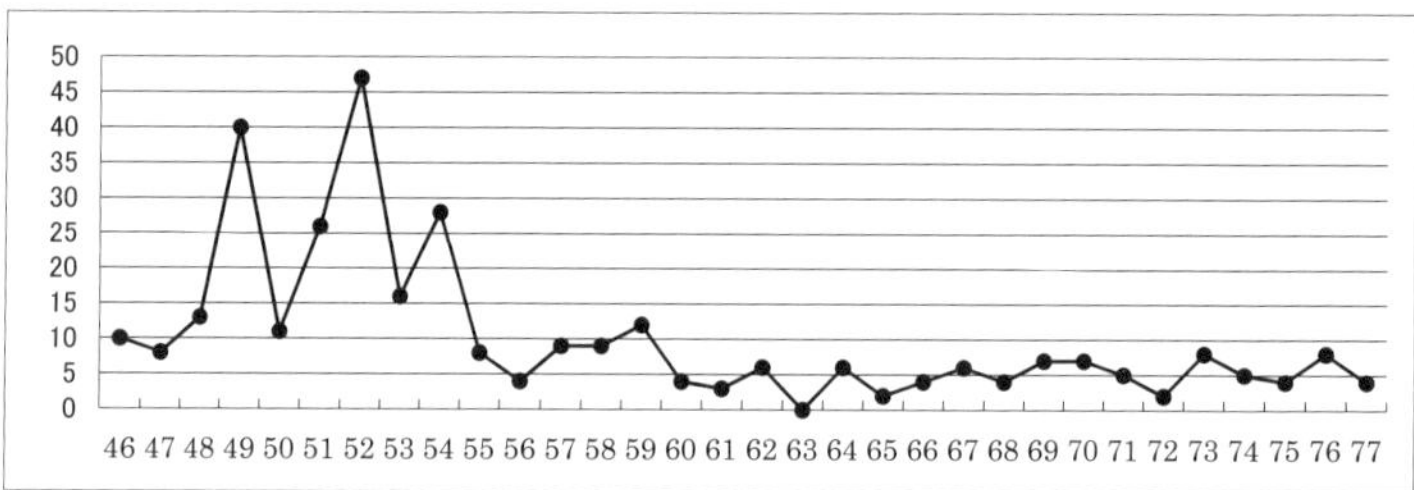

グラフⅣ—18　長崎県

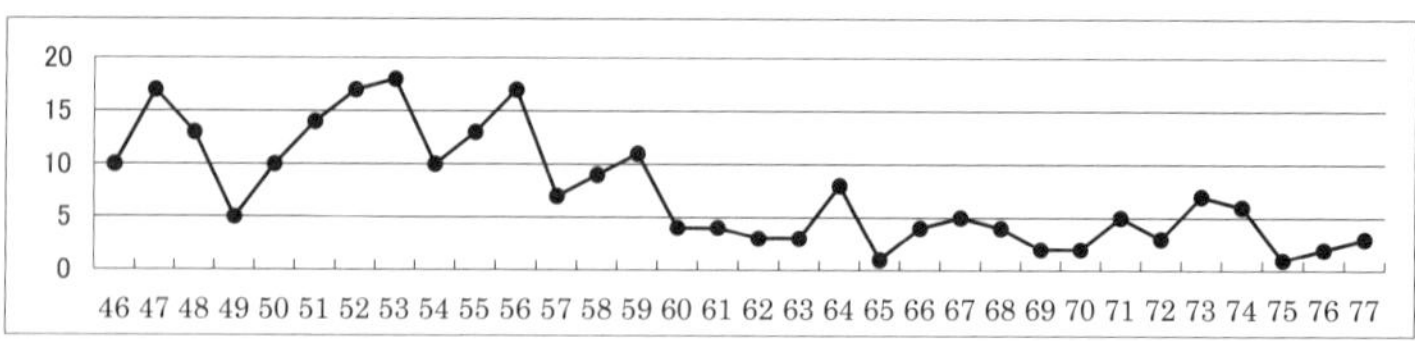

グラフⅣ—19　北海道

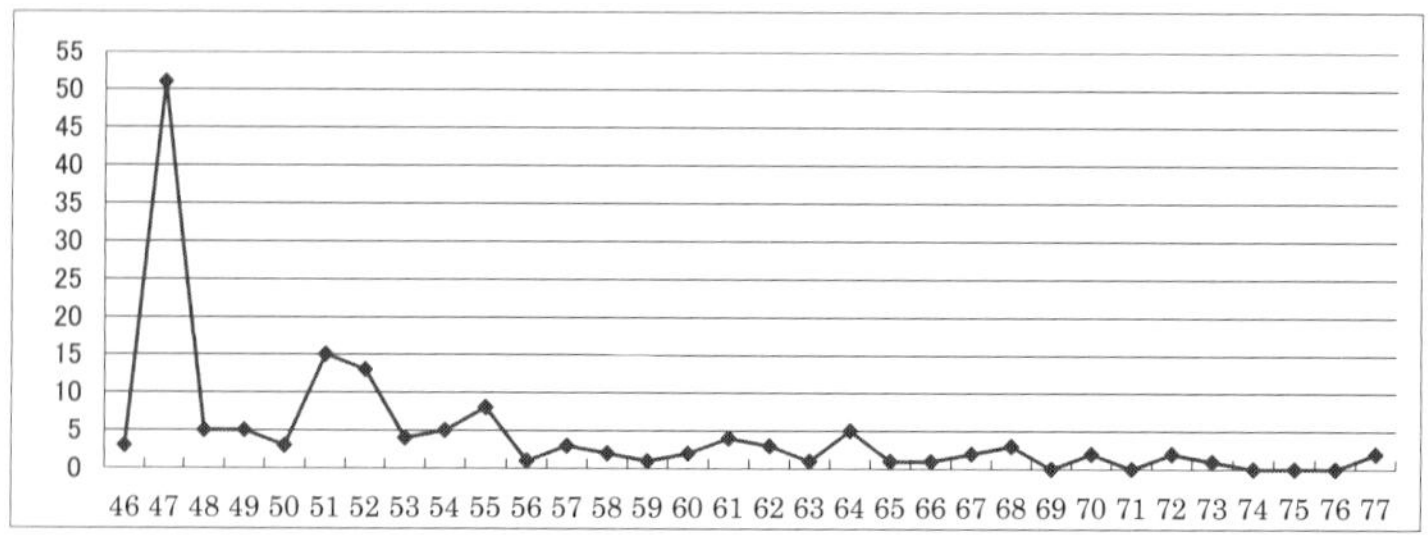

たのち、五三年以降は一〇名以下、さらに五名以下になっている（グラフⅣ―19参照）。これは前述の中島秀晃が神理教を離れ日本神宮本庁を設立したことが大きく影響している。一貫して少ない例が熊本県で、一〇名以下で推移している。

どのようなパターンで減少したかを見るため、第三期を二つに分け、一九四六年から一九五五年までの間と、一九五六年から一九七七年までの間とで比較する。分けた一九五〇年半ばというのは、「戦後が終わった」と言われた時期であり、高度成長期が始まる時期でもある。全体で見ると、一九四六～五五年が年平均一八八名であるのに対し、一九五六～七七年が同じく六三・七名であり、ほぼ三分の一に減っている。戦後一〇年間と高度成長期のおおよその違いがこれから分かる。信者の全体数もある程度これに対応していると考えられる。

次頁のグラフⅣ―20にこの間にどれくらい減少したかを示した。熊本県と高知県のみが増加しているが、あとは減少しており、六分の一以下になったところもある。個別に見ていくと、教団本部のある福岡県の場合は、一九四六年から五五年までの一〇年間は、年毎の変動がかなり大きいが、この間は平均すると二三・九名となる。一九五六年から一九七七年の間の年平均は九・〇名（小数点以下第二位四捨五入、以下同様）となるので、一九五六年から七七年までの平均を基準とした比にすると、二・七対一となる。

同様にして計算すると、大阪府は三・九対一の比となる。兵庫県は四・四対一の比となり、大阪府よりもさらに減少している。京都府は三・三対一、山口県は三・一対一と、やはり福岡県よ

グラフⅣ—20　1946～55年と1956～77年の比較

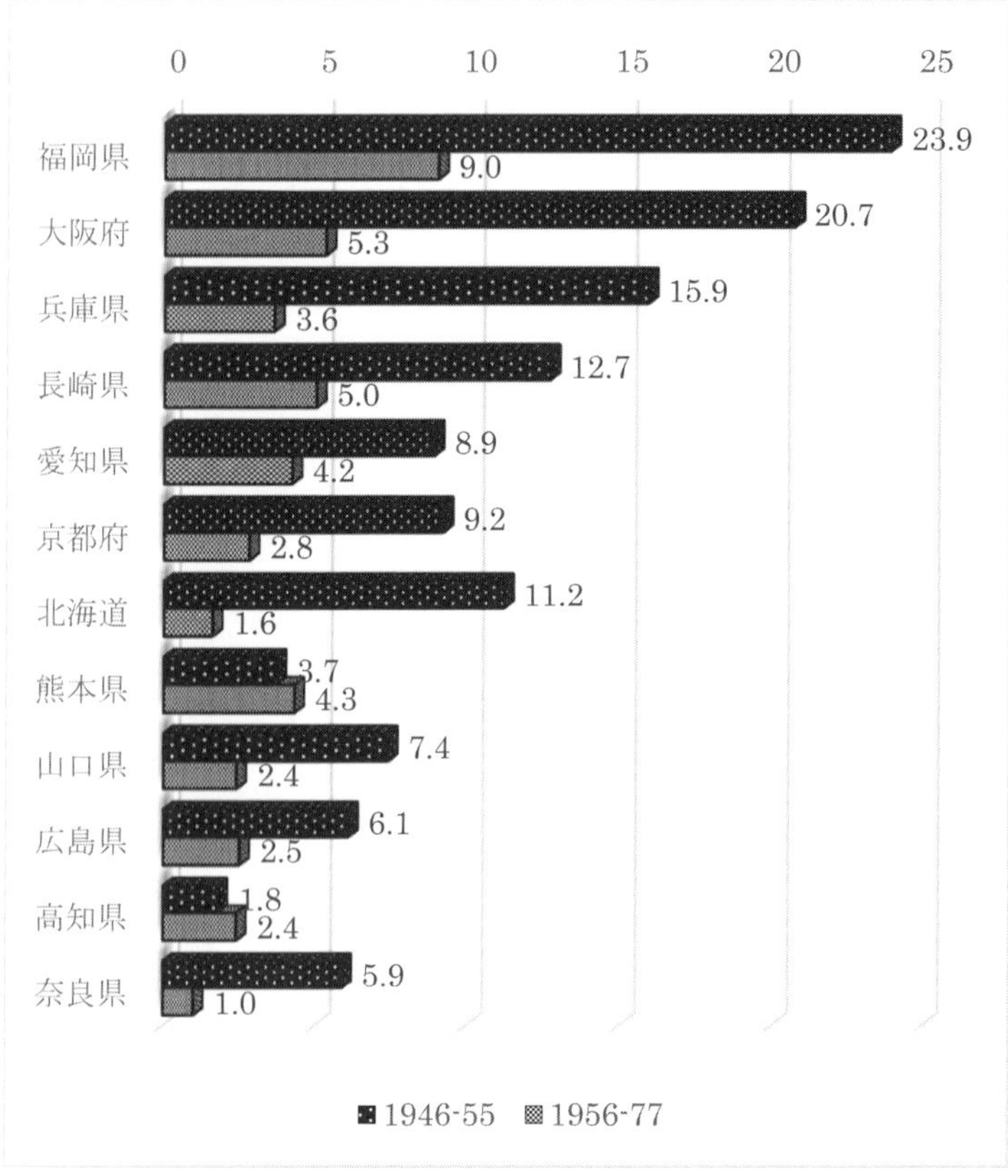

りも減少の度合いが大きい。

これに対し、長崎県は、二・五対一、愛知県は二・一対一、そして広島県は二・四対一である。この三県はいずれも福岡県より若干ながら減少の度合いが小さい。

一方、五六年以降の方が増加している高知県と熊本県だが、熊本県で〇・九対一、高知県は〇・八対一である。いずれも年平均でみると、一〜二割の増加である。この他の地域で減少が目立つのが北海道と奈良県である。北海道は六・八対一、奈良県は六・二対一と六分の一以下に減っている。

戦後の変化の背景

戦後の変化の概要が分かったので、第三期における免許取得者が多い上位一〇の府県について、第一期から三期までを通した変化を確認してみたい。そのおおよその特徴を把握するために一〇年刻みの数値で見てみる（グラフⅣ—21、Ⅳ—22参照）。本部の福岡県では一九二〇年代がピークで、その後減少に転じている。これと福岡県と比較的似たような変化を示すのが、長崎県と山口県である。山口県はピークが一九三〇年代であるが、それ以外では似たような変化である。また熊本県、広島県は全体を通して比較的変化が少ないのが特徴である。このうち、長崎県、山口県、熊本県は、ともに教祖時代から基盤のあったところである。

これに対し、大阪府、兵庫県、愛知県、京都府、北海道は、ピークが一九四〇年代もしくは五〇年代であり、六〇年代以降は第一期なみになっている。また、四国四県についても全体の傾向をみると、愛媛県、高知県が全体に占める割合が減少とともに、絶対数自体が減少傾向にある事が分かる（グラフⅣ―23参照）。とくに愛媛県は顕著であり、先ほど述べたような人的ネットワーク形成に当たっての主要交通機関の変化が関係していると推定される。

こうした変化から何が推定できるか。これまでの論考において、神理教は基本的に高坏型であるが、初期には樹木型の要素もある程度あったこと、そして第二期には高坏型の傾向が強まった可能性が強いことを示した。第三期にあっては、宗教法人法時代へと移行し、高坏型の組織を支えてきた神道教派体制が崩れ、高坏型の教派が縮小する傾向が見られた。神道系新宗教の場合であると、基本的に樹木型の組織原理によっているので、戦後の社会変化のなかで教勢が衰えたとしても、それは傘下の支部組織の分離とか離脱というより、教団全体の組織の縮小が漸次的に生じるのが一般的である。分派が起こる場合もあるが、ときには分派によって全体の組織が拡大することもある。神理教における戦後の免許取得者数の減少の要因としては、高坏型の組織部分における減少が大きいのではないかと推測される。

その推測を裏付ける一つが、免許取得者の減少のパターンの地域ごとの違いである。教祖時代に一定の基盤があった地域では比較的減少がゆるやかであり、また本部がある福岡県の変化に似ている。これに対し、第二期に免許取得者が増えた地域では、急速な減少が生じており、これはもともと高坏型の組織原理でつながっていた支部組織が、戦後神理教から離脱していったからと

グラフⅣ—21　第一期～第三期の変化(1)

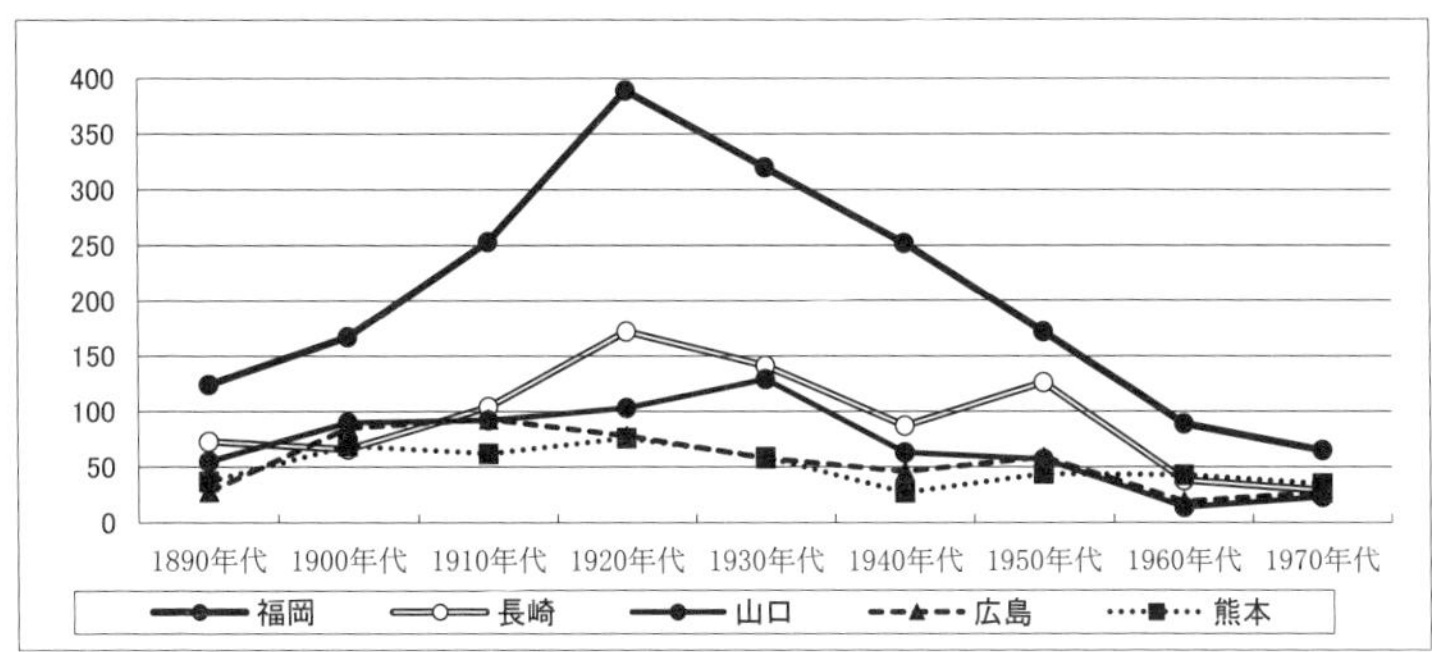

グラフⅣ—22　第一期～第三期の変化(2)

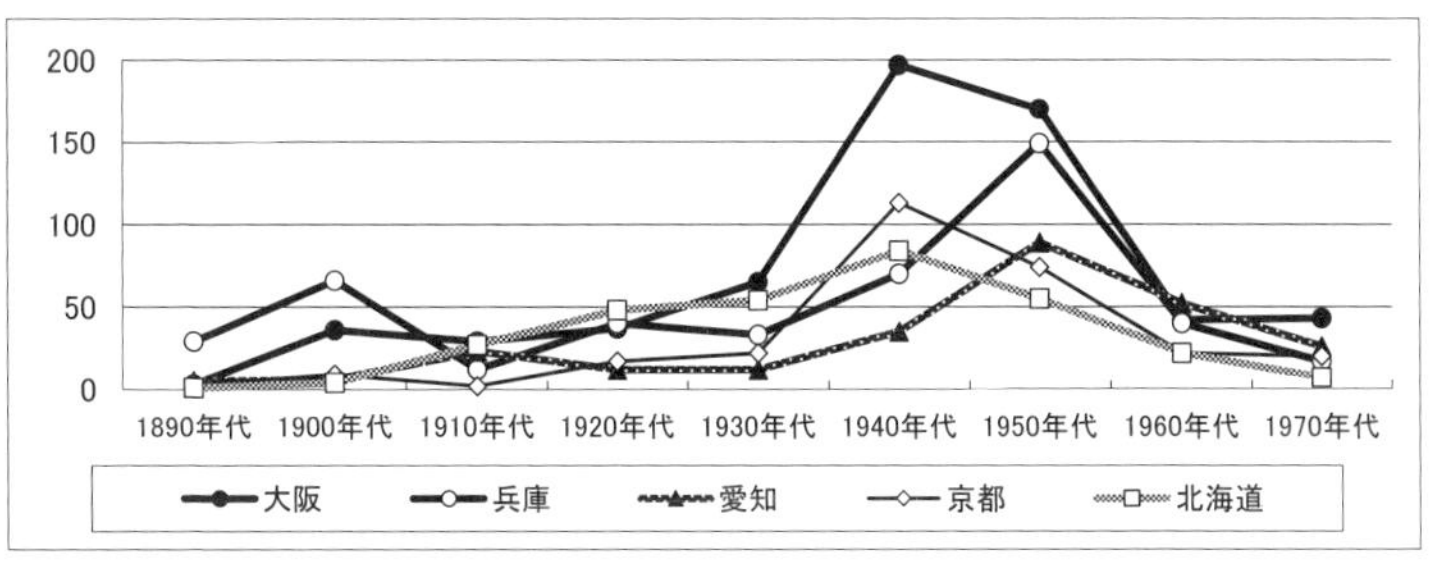

グラフⅣ—23　第一期～第三期の変化（四国）

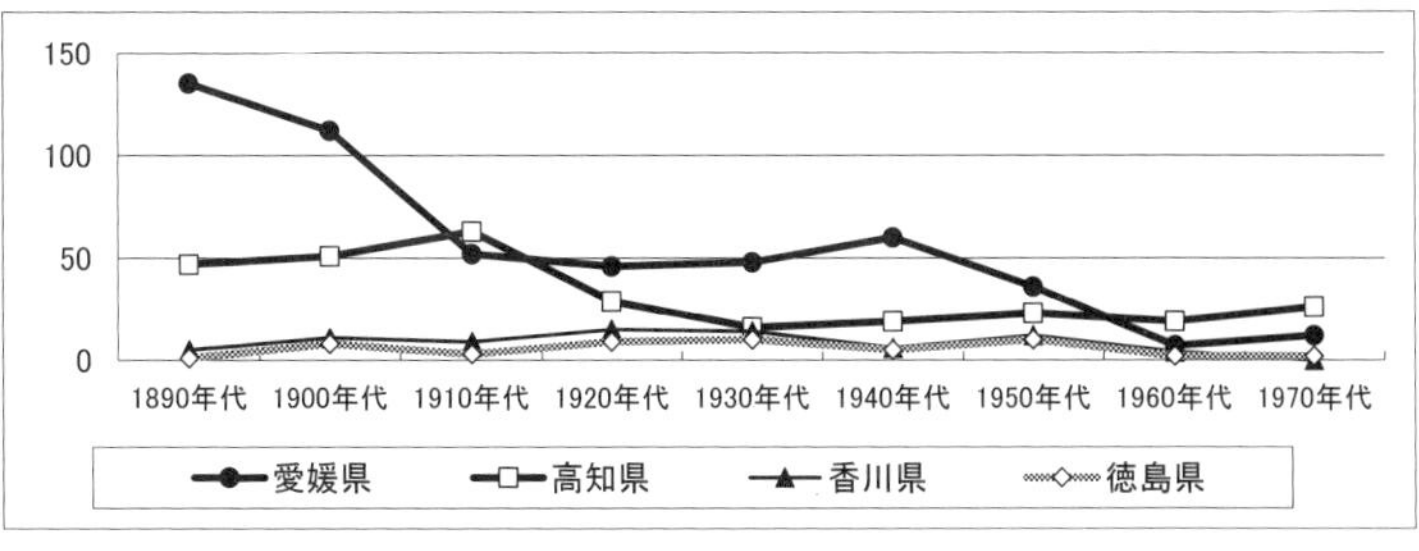

考えられる。

参考までにこうした戦後の展開と現在の教会の分布との関係を示しておきたい。二〇〇五年の時点で二九の都道府県に教会・分教会・布教所があったが、そのうち五か所以上ある府県が九つある。表Ⅳ―5（二六〇頁参照）の第三期において一一位までの道府県のうち、兵庫県と北海道を除いた九府県であり、第三期と現在の教会分布がほぼ重なっているのが分かる。現在の教会分布が分かりやすいように都道府県別の地図で示した（図Ⅳ―4参照）。

図Ⅳ―4　21世紀に入ってからの教会分布

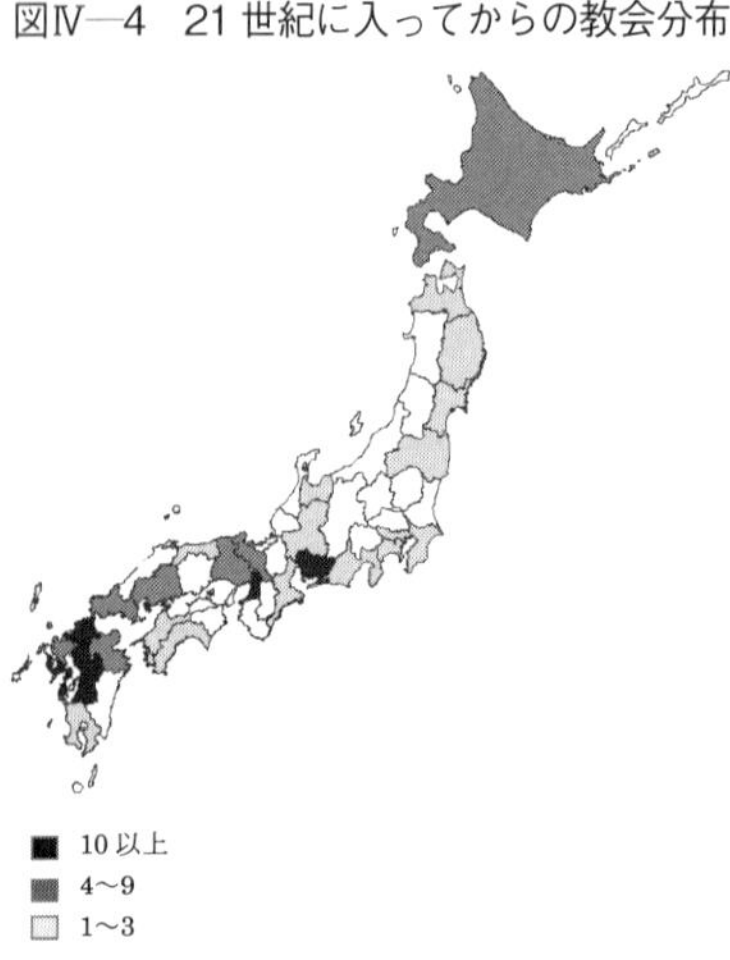

このように、戦後は神理教からいくつかの支部が離脱していき、全体として教勢の縮小傾向が明らかである。しかしながら、戦後に新たに神理教に加わった教会も存在することもつけ加えておきたい。そして注目すべきは、それらも基本的には高坏型の組織原理にしたがっていると考えられることである。その典型的例として、京都府左京区の洛北教会と和歌山県の弓矢八幡教会をあげておく。

洛北教会は京都にあるが、終戦直後、霊感を得たとされる女性（一九〇五年生）が神理教の本院を訪れ、一九四八年に教師となった。同年に免許を得たことが名簿でも確認できる。同女性は一二歳の頃から神信仰が篤く、少女時代に滝行を行なったという。

結婚するが、子どもと夫を失った。戦後一九四七年に京都の貴船神社に参拝しているときに、ここが自分の修行の場であると感じたという。そのおりに神理教の教師辻信太郎と出会い、彼の紹介で神理教に入信するのである。辻は戦前朝鮮半島での布教も行なった人物であるが、この女性について「普通の人の姿に見えなく、何か、強い神の身近に使え（ママ）、神の道に生きる身の上だ」と語ったという。(22)

弓矢八幡教会の創始者は林アサである。林は夫の死を契機に神がかり状態がおこり、一九三六年から京都の伏見稲荷に参拝し、御嶽教の行者の指導を受けながら滝行などを行なっていた霊能祈祷師的な女性である。彼女は戦後それまで所属していた御嶽教を離れ、知り合いの女性に勧められて神理教に入信した。当時の御嶽教の内紛に嫌気がさしたのが主な理由とされている。一九五五年に免許を取得し神理教の教師となった。名簿には、同年六月八日にその名前がある。すでに信徒会という信者組織もできていたが、神理教に所属したことで、以前からの信者の中には文句を言う人もあったという。(23)当時の活動は病気治しが中心であったようだ。彼女の息子の林馨はのち神理教の本院で研修し、副管長の巫部倭文彦とともに、神理教の対外的な活動に加わったりした。「免許名簿」では一九六七年四月に免許取得となっている。

この二つの例とも、すでに独自に宗教活動を開始していた人物が、それぞれの事情のもとに神理教に属するようになっている。神理教に所属したのには一種偶然という要素があるが、祭神の類似性など、なにがしかの必然性もあったことを創始者自身、もしくは関係者が述べている。明治期の教派神道の形成過程においてそうであったように、高坏型の組織形態をとる場合の、母体となる組織と傘下に加わる組織との思想的親縁性というものは、これらの教会の場合も保たれているとみなせる。

この点からすると、高坏型の組織原理は、明治期の教派神道の組織のされ方をモデルにして提示されたものであるが、近代以降現代に至るまで、神道教団がより大きな組織として展開するときにとりうる、かなり汎用性のある組織原理である。

むすび

神理教の展開を第一期から第三期まで「免許名簿」に依拠して、どのような変化がみられるかを示した。戦後の神理教は、新しい社会的状況、とくに法的環境の変化の中で、教勢は縮小方向へと進んだ。基本的に高坏型の組織原理を中心とする教団の規模が縮小していくとき、どのような特徴が見出されるかの具体例を示すことができた。高坏型の組織においては、思想的親縁性はゆるやかな結合力として働いていたと考えられる。ところが戦後の社会変化は、神理教がもっていた中核的な思想の求心力を弱める作用をもたらした。

佐野経彦は基本的に神道を中心にしてキリスト教の進出に対抗するという意図を強くもっていた。幕末維新期の社会的情勢のなかで、そのような思想が形成されたのは理解しやすい。キリスト教に対抗しながら神道思想を広めていくというような考え方は、少なくとも戦前までは、日本宗教においては一定の影響力をもちえたと考えられる。維新期は言うまでもなく、その後、欧化主義の時代が去り、日清・日露戦争をへて、国家主義的な側面が強まると、神道教派の一部に継承された復古主義的側面は、時代の趨勢と一部相通じる面があった。だが戦後の社会変化の中では、キリスト教に対抗というような主張のもつ影響力はきわめて小さくなった。キリスト教への対抗を神道的な理念の作動に結びつける環境ではなくなった。

他方で儀礼・実践面においては、戦後は新宗教の活動が大きく社会的に注目されるようになった。神理教が行なっている病気治癒の儀礼は、新宗教の病気治しや除災招福の各種の儀礼・実践からすると、新宗教の活動と実質的に大差ない。神理教から離脱した教団のうち、現在でも活動している教団のほとんどは、それ自体は樹木型の組織原理のものに近く、神道系新宗教と特徴づけてもよい。すなわち教祖信仰が明確であり、信者たちは同一の信念体系を共有しようとしているのが観察されるからである。思想的、実践的側面では、教派神道は神道系新宗教と比べての独自性をほとんど持たず、かつてキリスト教に対して日本の国体を示したような、明確な立脚点はなくなっている。

戦後の社会状況のもとで、神理教のみならず、御嶽教、神習教、神道大教、神道大成教といった、高坏型の教派神道において、戦後次々と傘下の教会が離脱するという現象が見られた。本章で行なった神理教の教師の地域的展開から推測すれば、こうした離脱は、いずれも戦前の法制度のもとで便宜的な所属をした教会を中心になされたであろうと考えられる。
戦後多くの支部教会が、独立した教団として離脱していく一方で、新たに加わる教会もあった。これは高坏型の組織は戦前に特異的にできた形態であるが、神道それ自体がゆるやかな連合を歴史的に重ねてきたことを基盤にしている。つまり神道教派は明治政府の宗教政策ゆえに生まれた、非常に特殊な組織化のプロセスを含んでいるが、それを可能にするものがすでに日本の宗教史の中にあったということである。この点は、神道教派のみならず、戦後の神社本庁と各神社との関係を考える上でも参照すべき視点である。

謝辞
本章で分析した神理教のデータ入力は、21世紀COEプログラム事業が開始された二〇〇二年度と翌二〇〇三年度に大半の作業が行なわれた。データの入力に際しては、当時国学院大学大学院生であった伊藤久美、上野力、藤吉優、村瀬友洋、森悟朗の各氏、及び国学院大学日本文化研究所調査員であった厳麗京氏、同兼任講師であった辻村志のぶ氏に協力いただいた。ここに謝意を表したい。

註

（1）とくにその思想形成については、以下の論文で詳しく述べた。井上順孝「佐野経彦の思想形成」（『東京大学宗教学年報』三、一九八六年）、同「佐野経彦の巡教体験（上）（下）」（『神道学』一三〇・一三一、一九八六年）、同「佐野経彦・ニコライ問答について」（『國學院大學日本文化研究所紀要』六一、一九八八年）、同「佐野経彦と神理」（『國學院大學日本文化研究所紀要』六二、一九八八年）を参照。

（2）本章の記述は次の三つの拙論をもとにしている。図表等はいくつか省いてあるので、詳しくは論文を参照。「教派神道の地域的展開とその社会的条件――神理教の事例を中心に」（『國學院雜誌』一〇四―一一、二〇〇三年）、「教祖没後の神理教の地域的展開」（『日本文化と神道』第三号、二〇〇六年）、「戦後社会における神理教の地域的展開」（『國學院大學日本文化研究所紀要』一〇〇、二〇〇八年）。

（3）この視点は宗教地理学的でもある。松井圭介は、宗教地理学という観点から、これまでの宗教社会学的な研究の一部を整理し直している（松井圭介『日本の宗教空間』古今書院、二〇〇三年）。なお、教派神道に関する宗教地理学的研究と呼びうるものとしては、すでに戦前に村上英雄による萌芽的研究（「本邦宗教分布の研究」『地理学評論』一一、一九三五年）がある。

（4）『神遺方』も『大同類聚方』も、すでに佚書となり、今日では、幕末に伝えられていたものは、偽書であるとされている。しかし、『大同類聚方』には、幾種類かの部分的写本がある。経彦は御典医であった錦小路家に入門していたとされるので、そのときにいずれかの写本に接した可能性がある。

（5）『千代田日誌』は一八八九年から翌年にかけて経彦が上京したときの日記である。なお、ここに示された数値で計算すると、本部に所属した信徒が一定数いたとしても、一教会あたり一万人近い信徒がいた計算になる。宗教社会学的にはこれはあまり現実的な数字とは思えない。実数は多くとも五万であったと推測される。

（6）藤江伊佐彦『教祖様の面影』は藤江の講演をもとに教団本院で一九一四年に刊行された。

（7）佐野北洲が『神理』六一一号（一九六五年）に、佐野伊豆彦の紀行文、日誌の類のうち、当時存在していたものをリストアップしている。それによると、一八八一年の『薩摩紀行』から、一九三四年の『甲戌日誌』に至るまでの一七部があったことが知られる。

（8）『神理』七〇九号（一九七三年三月）に掲載されたものを参照。

（9）大三輪教の現況については、宗教情報リサーチセンターのホームページ（http://www.rirc.or.jp/）で公開されている「教団データベース」の「大三輪教」を参照。

（10）九州北部には英彦山修験があり、傘下の教会にはそことかかわりがあったと思われるものも含まれてはいる。神理教と英彦山との関係を考察した論文として、須永敬「明治期英彦山信仰をめぐる神社派・教会派・修験派の対立」（『九州産業大学国際文化学部紀要』第七二号、九州産業大学国際文化学会、二〇一九年）、同「英彦山と神理教―教祖佐野経彦日誌の分析から―」（同前第七七号、二〇二一年）がある。英彦山神社所蔵の資料と神理教所蔵の資料を照らし合わせながら論じている。しかし、少なくとも経彦自身は英彦山修験を基盤にして活動したわけではない。

（11）『大日本帝国内務省第十回統計報告』（一八九五年）～『大日本帝国内務省第二十八回統計報告』（一九一四年）参照。

（12）「熊本日誌」は『教祖御日誌第二巻』（神理教大教庁書刊行会、一九五三年）に収められている。

(13) 権東祐は「教派神道の朝鮮布教からみる近代神道の様相——神道修成派・黒住教・神宮教を事例に」(『宗教研究』九二—一、二〇一八年)において、教派神道が戦前に朝鮮半島でどのような活動をしたかの研究を試みているが、神理教については言及していない。

(14) 和歌山県(神理教弓矢八幡教会)での調査結果の一部については日本宗教学会で口頭発表したが、その要旨は下記を参照。井上順孝「世襲布教師と霊能布教師——神理教地方教会の事例を中心として」(『宗教研究』五六—四、一九八三年)。

(15) 天崇教については井上順孝他編『新宗教教団・人物事典』(弘文堂、一九九六年)を参照。

(16) 大三輪教及び迫カンについては井上順孝他編『新宗教教団・人物事典』のそれぞれの項目を参照。

(17) 以上は一九八四年三月に同教会を調査した際、谷川教祖のもとで修行し、谷川と再婚した谷川嵯峨子(一九〇七年生)より聞き取りを行なった内容に基づく。

(18) 一九八四年当時の教会長との面談による。戦前の記録は戦災で焼けてしまったため、詳細な経緯は分からないということであった。なお法人名としては中教会として届けているが、看板は名古屋大教会となっている。

(19) この記述は一九八四年当時の教会長との面談調査に基づく。

(20) 日本神宮本庁および誠光教の概要については、井上順孝他編『新宗教教団・人物事典』のそれぞれの項目を参照。

(21) 刈谷周二は二〇〇九年度に国学院大学大学院文学研究科に提出した修士論文「日本神宮本庁の成立の過程と現況における考察——開祖中島秀晃を中心に」において、日本神宮本庁の調査結果を示した。なお、同論文作成に当たっては筆者が指導を担当したが、現地調査が丹念になされており、神理教の北海道での展開についても有益な資料を見出している。

(22) 洛北教会の由来については、神理教洛北教会『みひかり』(一九五七年刊行)によった。

(23) 神理教弓矢八幡青年部編『第一回研修会』一九七九年、同『第一回研修会』一九八〇年を参照。弓矢八幡教会の沿革については、一九八二年の同教会での面談に基づく。

第五章　昭和前期の情報環境と祖神道信者の地理的広がり

はじめに

新宗教研究において教祖論は大きな比重を占めている。教祖のライフヒストリー、思想、その他多くの研究テーマが存在する。教祖と信者とのかかわりについても、弟子集団の形成や中心的信者がどのように形成されたかなどに関心が寄せられてきた。しかしながら、そもそも信者たちはどのような情報ルートによって教祖を知ったのか、そしてどのような手段で教祖とのコミュニケーションを行なったのかということについての実証的研究は比較的乏しい。それは第一にこうしたことを論じるための一次資料があまりないからである。またあったとしても、研究資料として用いる場合には、プライバシーの問題などいくつか制約が生じる。

近代の神道教団において、信者たちがどのようにして教祖を知ることになったかには、その時々の情報メディアのあり方の影響が大きい。今日のように教祖自らがインターネット上で情報を発信できるような時代であれば、世界の多くの地域で比較的短期間でその人物の情報に接しうる。だが、そのような情報環境は二〇世紀末になってようやく出来上がったものである。近代日本に出現した教祖の場合、その人物の存在について人々が知りうる主な手立ては、二〇世紀半ばくらいまでは、口コミや手紙類、あるいは印刷物であった。そうした時代において、教祖が多くの信者たちにどのようにして知られるようになる情報ルートは、どのようなものであったか。

幕末維新期から明治期くらいまでは、大半が口コミによって教祖に関わる情報が伝えられたと考えられる。黒住教、天理教、金光教、禊教などの弟子の形成からそれが分かる。一般の信者がどうやって教祖を知ったかについてはあまり記録に残らない。ただ、教祖の教えを広げようとした熱心な信者（これを弟子と呼んでおく）の場合、弟子がどのようにして教祖を知ったか、どのようにしてつながりを深めたかが手紙や手記といった形で残されている場合がある。

本章で扱う祖神道の教祖松下松蔵（一八七三～一九四七）は、初等教育が行き渡り多くの人が手紙等によって自分の意思を伝えられるようになった昭和前期に、多くの信者を集めた。しかも彼を頼りにした信者たちから寄せられた多くの封書や葉書、そして電報が熊本県の祖神道の本部に残されていた。二〇〇二年に本部を訪れたときその存在を知り、その一部を閲覧できた。一見して非常に貴重な資料であることが分かった。一九二〇年代末から四〇年代にかけての時期に、信者たちが松蔵に何を求めたかを具体的に知ることができると感じた。

手紙は発送した人の住所や消印から、また電報は発信局名から、信者がどのような地域的広がりをもっていたかがおおよそ推測される。教祖とのつながりを求める人々の数の時間的な変化もいくらか読み取れる。これらにより信者たちの推測される地理的分布については、量的な分析が可能である。そこで管長の松下延明氏及びご家族に、当時国学院大学日本文化研究所のプロジェクトで進めていた神道教団の基本的資料の収集と分析という作業の一環として、これらの手紙や電報を学術的研究のデータとして分析する許諾を得た。あくまで量的な分析を中心として、差出人のプライバシーに関わるようなことは一切公表しないという条件であった。

信者たちからの手紙類はすべて教団本部に残っていたわけではなく、すでに失なわれたものも多いということであった。残されているものの中には、文字がかすれたり、紙の腐食が進んだりして、封筒や葉書に記された文字や内容がほとんど読み取れないものもあった。こうした事情が介在するので、閲覧できたのは一部である。それでもほぼ一〇年にわたる資料整理と分析の結果、封書・葉書・電報を合わせて一万三千点余をデータ化できた。残されていたもののうち、データ化できるものを選ぶという手順をとったので、選択に関する恣意性はない。それゆえ、この時期の新宗教の広まりを考える上で、滅多に得られない非常に貴重な資料・データである。

閲覧できた手紙や電報について量的な分析を行なうことで、当時のメディアが新宗教の教祖についての情報の広まりにどのような影響を与えたか、また教祖についての情報の広まりは、地域的にまた時系列的にどのようなものであったかを論じる。内容的には病気治しをはじめ切実な願いが読み取れるものも多く、近代日本において、新宗教の教祖に何が求められたのかを考える上でもきわめて重要な資料である。

(1) 松下松蔵の世界観

突然脚光を浴びた「長洲(ながす)の生神様」

祖神道は教団の規模としては大きな方ではないが、いくつかの分派教団が形成された[(1)]。松蔵は昭和前期に「長洲の生神様」として一時期全国的に有名になった。有名になったきっかけは、新聞、雑誌という活字メディアによる紹介であった。『九州毎日新聞』の記者が、一九二五年から二九年にかけて松蔵の宗教活動を取材し、その体験記を連載した。これによって松蔵の活動、とくに「お手数(てかず)」と呼ばれる独特の儀礼が少なくとも九州地方には知られることになった。お手数というのは、手あるいは笏によって信者の体に触れ、治病その他を祈願するものである。現在でも同教団で後継者によって行なわれている。

一九三一年に、雑誌『主婦之友』の一一月号で、松蔵による癒しの様子が紹介された。これにより九州に偏っていた情報の広まりが一挙に全国的なもの、さらには国外に及ぶものとなった。『主婦之友』に掲載された記事の見出しは、「神か？　人か？　活殺自在の霊力者!!　長洲の生神様松下翁を訪ふ」というもので、「特派記者」がレポートしている。記者が事前に得ていた情報は「長洲の生神様は世界を見透すことができる」というもので、一度声を掛ければ、目が見えない人も見えるように、足の悪い人も起って歩けるようになり、その奇蹟はイエス・キリスト以上のものという噂であった。

記者は噂を確かめるべく松下松蔵のもとを訪ねた。当時の地名で熊本県玉名郡腹赤村字上沖州である。鹿児島本線の大牟田駅から二つ目の長洲駅に降りると、駅前に「神様行」と記されたバスが待っていた。着いた家の二階の一室で記者は松蔵と対面した。そのときの松蔵の相貌について、記者は次のように記している。

ぼう／＼たる頭髪と鬚髯、力に光る二つの眼、鼻は隆く、眉は秀で、赤銅色の顔には幾條かの深い皺が刻まれ、眉間にある一貼の大豆粒大の疣も、宛ら佛の尊像を見るが如くに異彩を放つてゐます。身長五尺六七寸もあらうか。その骨格の頑丈さ。――かうした諸貼によつても、既に凡夫は威圧されさうな感じがします。

［もとの記事では漢字にルビがふってあるが、引用ではルビは省略した］

記者は自身の病気を松蔵に言い当てられた。妻、長男、長女の病気についても言い当てられた。のみならず松蔵は記者の妻の病気はたちどころに治せると言い放った。あとで妻に長距離電話をかけると、その日まで続いていた出血がぴたりと止まったことが分かる。こうして記者はすっかり松蔵の力に魅せられたようである。記者が病気の主たる原因を訪ねると、松蔵はこう答えた。

それは心臓だ。心臓の四室は生命の本源であつて、生命を造り出した二柱の男女の神様と、男女の親様の四つの魂に當てはまる。だから四魂の調和が欠けると、四室の調和が破れて、病気の原因になる。医者などはこの理屈が分からないから、病気を治せないことがあるのだ。

二柱の男女の神はイザナギ・イザナミのことであろう。ここで言われている四魂は神道の一霊四魂説、すなわち直霊と荒魂・和魂・幸魂・奇魂の四魂の考えに基づいていると考えられる。ただ松蔵は独自の解釈もしている。四つの魂は頭上にあって生命をつかさどり、心臓を支配しているとしていて、さらに次のように述べた。

四魂のうち、神の霊は穢れなく清浄なものであるが、親譲りの霊には穢れがついてゐる。その穢れた魂は穢れたところには一層近づき易い。それを引留めてくださるのが神の霊である。この善と悪との魂に仲違ひができても、そこに、よき仲裁者さへあるなら、仲直りができるであらう。俺はその仲裁者だ。神の番頭として、仲裁の役を仰せつかってゐるのぢや

ではどうすれば病気が治るのかと記者が質問すると、神の定めた人間道、すなわち忠・孝・敬神・崇祖の四つを正しく行なうことだと答えた。また自分は神から力を授かっているので、どこ

が病気か分かるし、原因も分かるが、病気を治すのは神であり、先祖であり、本人自身の心であると述べた。病気治しは疑い深い人間に神の力を見せて手引きする方法であると述べ、神を敬い、人間道を反省しなければ、一時治ってもすぐ再発するとした。

記者は何人かの信者にも話を聞いている。記事の最後に、「科学文明の世界から、神代の神話でも聴くような神秘の世界に突入した記者の頭は、物質の世界を離れて夢の中を彷徨してゐるような気持ちです」と述べつつ、自分としては体験したことをありのままに記したとしている。

この記事への反響にはすさまじいものがあった。国内はもとより国外からも参拝者が訪れるようになった。一日に何十人あるいは、何百人も参拝することがあり、やがて毎日米を三俵ないし四俵炊いて、家族は応対に追われるようになったという。参拝者のなかには一日で帰る人もいたが、何週間、ときには一年ほど籠る人もいた。当時の国鉄鹿児島本線の長洲駅から松蔵の家までバスが運行されており、それは「神様行」と名づけられていた。

また松蔵は封書、葉書、電報による依頼にも逐一対応していたので、全国さらには海外からも病気治しその他の依頼が寄せられた。総数でいくらになったかは正確には分からないが、教団関係者の話からすると、おそらく少なくとも数万件にのぼったと推定される。

松下松蔵の宗教体験

松蔵宛ての手紙や電報を分析する前に、彼がどのような経緯で、こうした活動をするようになったかの概略を述べておく。松蔵は一八七三（明治六）年三月一〇日に松下恵七とチヨの長男として、熊本県玉名郡で生まれた。小さい頃から体があまり丈夫ではなく、教育らしい教育も受けていなかった。ただ宗教的な雰囲気や話は好きであったようで、八歳の頃から好んで神社や寺院にでかけてゆき、そこでの講話や説教を聴いていた。四〇歳半ばになっていた一九一九（大正八）年八月七日の夜に、突然の宗教体験があったとされている。その頃は毎日神前で祈るのを日課にしていたとされるが、いつものように神前にぬかずいて祈念祈願していると、すさまじい量の血を吐いてしまった。そのまま昏倒し死ぬかと思うほどの状態に陥ったようである。そのとき天津神からの啓示を受けた。そこで示されたことはのちに「四大道」としてまとめられる。四大道とは、忠・孝・敬神・崇祖の四つが、人間の行なうべき基本的な四つの道であると説く教えである。

この突然の体験を経た直後から、松蔵は自分が特別な能力を得たと感じるようになった。具体的には、「神眼」「神耳」と表現されるような、いろいろな現象を見通す能力である。そして天津神との交流、死霊・生霊との交霊、動物霊などの排除などのわざができるようになったという。そしてその得た力を人々に対する救済法として用いたのが「お手数」である。彼は自分の手を訪れた依頼者の患部などに当てて痛みや病を癒そうとした。これによって病が癒えたという人が増え、松蔵は「祖神様（おやがみさま）」と呼ばれるようになった。

松蔵の得た境地は彼が述べたところによれば、次のようなものである。人間の根本は神であり、人間は神の分身であり分霊であるから、本来は純真清明なる霊の状態にある。ところが、その霊魂が穢れたため、不幸を招き、不運な出来事にあうことになる。霊魂を磨き、本来の純真清明なる心に帰るように努めなければならない。それが神に尽くすべき人の道である。

神道系新宗教においては、こうした人間観はよく見られる。人間は神の分霊であると考え、本来は罪や穢れはない存在であるとする。不幸や災いはたまたま生じた心の穢れによるものであるから、それを本来の姿に戻すことが本人が幸せになる道であり、また神の願いでもあるとする。この考えは神道の伝統的な霊魂観、あるいは禊祓の考えと通じるところがある。天理教の中山みきは病気を「身上（みじょう）」と表現したが、病気になる理由の一つは「心のほこり」がたまることとした。それに気づき反省することで治癒の可能性が生まれる。

松蔵は日々の信仰の実践のあり方についても触れているが、そこでは親孝行がもっとも重要で、これが人間道の根本であると説いている。孝行の功徳は偉大であることを、重ね重ね述べている。彼は自らの役割について、「松下松蔵は、宇宙の大気と人間の中間に在って、その両方の取次をする役目をして居る」と言っている。この松蔵の自身に対する位置づけは、神社神道で「中執（なかとり）持（もち）」と呼ばれている役割に近いものであるし、金光教の取次という観念にも通じるところがある。また「人間が、幸福になるも、不幸になるも、本人の毎日の実行次第である」とも言っている。

自分は特別な能力を備わったが、それを他の人の幸せのために活かすのだという自覚を抱いていた。自分が対処できることにも限界があるけれども、それでも救済を試みるのは自分の使命であると、固く信じていたように見える。ただし幸福が得られるかどうかは、究極的には当人の日々の実行によるともしている。

松蔵の評判が広く知れ渡ったころに教団を訪問したり、手紙等を送ってきた人々の多くは、ただちに病気を治してくれる生神様として松蔵にすがろうとした。だが、松蔵自身は世直しという大きな目的を抱いていた。そこで社会的に影響力のある人たちに会って、自分の目指すところを伝えようと試みた。一九三三年には上京して四大道を説いたが、反応は鈍く、あまりうまくいかなかった。その後もなんとか国の指導者層に接触を試み、平和への願いを伝えたりするが、むなしい結果に終わったようで、日本の将来への悲観的な見方を示すようになる。敗戦の少し前の一九四五年五月、ある信者に対し「いよいよ時が来た。日本はこの戦争に負ける。負けた後は、人間の心は益々乱れる。そして苦しむ」と語ったという。

敗戦後、日本人の考え方、思想が乱れることを予見し憂えたが、実際の活動は、戦後もやはり病気治しが中心であった。信者たちは彼の癒しの能力にすがろうとする人が大半を占めた。彼の説く、道徳観さらに天皇を中心におく国家観と、信者の大半が彼に求めていたこととの間には、一貫してずれがあった。一九四七年一一月一二日に、自宅で家族に囲まれ静かに死去した。

教団は松蔵の没後、松下松男、松下延明と子どもに継承された。松蔵の死から五年後の一九五二年、祖神道は宗教法人として認証されたが、その管長となったのは松蔵の長男の松男であった。公益財団法人国際宗教研究所の宗教情報リサーチセンターがオンラインで公開している教団データベースがあるが、その祖神道の項には、教団から回答があった「活動趣旨および目的」が記載されている。そこには次のように述べられている。(2)

天津神様の摂理と啓示である四大道「忠孝敬神崇祖」を実践し、修養修業によって、自己の魂を磨き、神人合一（人間完成）をはかる。そして、絶対的幸福を獲得し、天津神様の御意志、すなわち、地上の平和と人類の幸福を実現することを目指している。

祖神道系の教団

松蔵のもとには、自分や家族の病気治し等を願う人が訪れただけでなく、その癒しの活動をみずからも行なおうとする人たちも出てきた。黒住教、天理教、金光教など幕末から明治期において教勢が伸びた新宗教の場合は、弟子層が教祖の教えを広めようと各地で布教活動を行ない、それが組織の拡大につながった。これに比べると、祖神道の場合は、弟子層が形成されることで、その布教活動が松蔵没後の教団の展開に寄与するという形にはならなかった。松蔵の教えを受けた信者のうち、何人かが独自の教団を形成するという展開をした。どのような分派的な教団が形成されたかについての概略を述べておく。(3)

吉岡太十郎（一八九八〜一九七六）は金沢市の商家に生まれた。両親は熱心な浄土真宗の門徒であった。大学卒業後会社員として働いていたが、『主婦之友』の記事で松下松蔵のことを知って、一九三三年頃から彼に師事するようになった。比較的初期の信者と言える。その後、松蔵の指導のもと三五年に当時神道教派の一つであった大社教の「権大講義」という資格を取得し、会社経営を行なうかたわら大社教金沢分院長となった。新しく宗教活動を行なう場合に、公認されていた十三派のいずれかに属して活動するという、当時の神道系の教団によくみられる方法をとった。祖神道も一時期出雲大社教に関わりがあったようで、その関係で出雲大社教の教師となった祖神道の信者もいた。吉岡もその一人と考えられる。吉岡は戦後しばらくして会社経営から離れ宗教活動に専念するようになり、四九年に金沢市に祖神道教団を設立した。

長橋靖彦（一八九五〜一九八一）も同じく『主婦之友』の記事によって松蔵のことを知った。長橋は昭和初期から宗教に関心を抱いていたので、記事を読んで、一九三一年に妻とともに当時住んでいた金沢から松蔵のもとを訪ねた。松蔵は長橋が来ることを三年前から知っていたという。そしてやがて来る世界大戦について「決して日本は勝たぬ。敗戦後は共産主義、民主主義、社会主義が天下を取るが、敗戦こそ宇宙の神様の力で日本の物心両面を直すが、それまでは、どの様な宗教の力も道徳も堕落した世相は直せぬ」と語ったという。[4] 松蔵は一九三三年に初めて長橋の自宅を訪問した。この頃から長橋は松蔵を「松下先生」から「祖神様」と呼ぶようになったようである。

長橋は松蔵を訪ねた翌一九三二年から宗教活動に専念するようになり、やはり出雲大社教に属して少教正の資格をとった。四〇年に神道大教に所属する宗教結社金沢講社を設立した。戦後、松蔵の没後すぐ金沢における祖神道系各派の統一を図ったようだが不調に終わったとしている。一九五二年に、金沢市に石川県知事認証の宗教法人「四大道教会本院」を設立し、機関誌「四大道」を発刊した。六〇年に文部大臣所管となり、六一年に四大道と改称した。四大道は松蔵の教えの中核にあったものなので、名称からしても、その教えを継承するという意識があったとみなせる。

本城千代子（一九〇二～五七）も金沢市に住んでいたとき、松蔵のことを知り、松蔵のもとを訪ねる。病弱であったことが主な理由である。病弱であったこともあり、それ以前にひとのみち教団（PL教団の前身）に入会するなどしていた。松蔵から「貴女の体は病ではない。貴女は世を救い、人を救う使命を、神から授って来て居るのですぞ。そして神様の御心である忠・孝・敬神・崇祖を世の人に知らしめ、行わしめる役割を持って来て居るのですぞ。病気だと思って居るのは、それを悟らぬための神の障りです」と言われたという。彼のもとで修行することとなる。

一九三五年五月に「まずしくも心のたから身にませば、神のめぐりのかわりならん」という神示を受け、みずからも霊能力を示すようになったとされる。一九三七年頃には彼女のもとに信者が集まるようになった。戦後、道徳の必要を感じ、また一九四七年に「天の岩戸はどこでもないここから開ける」という神示を受けたとして同年一一月に財団法人真理実行会を設立した。同会の本部は金沢市であるが、第三章で述べたようにこの時期は璽光尊が「金沢遷都」を行なったことで、新聞等が注目していた。本城の存在も少し知られることとなった。本城は松蔵の後継者という意識を強く持っていたようで、戦後の活動においても四大道の実践を中心的に説いた。彼女の死後、一九六一年に真理実行会は宗教法人「真理実行の教」となった[5]。

鉢呂福治（一八九九～一九六二）は京都に住んでいるとき、娘が幼くして急死するという体験をし、宗教的世界への関心を深める。霊感を得るようになったというが、その頃、松蔵のことを知り訪問する。一九四七年に松蔵が死去したのち、翌年京都で天恩教を設立した。四大道と同じ内容を四大綱領とし、また祖神道と同じように信者に「お手数」を施した[6]。

以上の教団は祖神道系教団と呼ぶことができる。祖神道系教団を創立した人びとの存在は、後述の信者の地域分布や送られてきた手紙等の分析から、祖神道の広がりに大きな意味をもったことが分かる。

（2）信者は地理的・時間的にどう広がったか

広がりを知る手がかり

『主婦之友』の記事によって松蔵の存在が全国的に知られ、多くの信者が教団本部を訪れるようになった頃には、各地から郵送や電信によって信者から多くの依頼がなされていた。手紙の中には宛先が「長洲町　長洲生神様」としか記されていないものもあるが、それだけで届いていたことが分かる。松蔵はだれかれの差別なく、訪れる人に救済を試みたという。伝染病の患者でも意に介さず病気の治癒のためにお手数をした。松蔵は自分の思いを断片的に信者たちに伝えていたようである。多くの言葉を費やすよりも実行が大事であるというのが彼の信念であった。こうしたことが広く知られ、各地から多くの依頼が来たと考えられる。

もっとも、こうして依頼していた人たちをすべて信者とみなすことにはいくぶん留保が必要である。クライアント的所属としてみなすべき人も混じっていると考えられる。[7] 病気になる度に連絡をするという人たちも少なくなかったようである。ただ宛先にはたいてい「祖神様」などと記されており、本稿では一応信者としてみなすことにする。

いつ頃からそうしたものが増えたのか、どのような地域が多いか、どんな内容であるかを調べるため、教団本部に保管されていた封書・葉書・電報のうち約一万四千点を一時借用して閲覧した。[8] 消印や差出人の住所判読ができないものや、ボロボロになっていて、閲覧すらできないものを除き、ほぼ判読可能と思われるものをデータ入力した。最終的に本章で分析の対象としたのは、一万三三一二点である。ほぼ十年にわたり継続的に国学院大学の大学院生の協力を得てデータの入力作業を行なった。[9]

一万三三一二点の内訳は、封書七六三〇点（五七・三％）、葉書一三三九点（一〇・一％）、そして電報四三四三点（三二・六％）で、半数以上が封書である。封書は数枚にわたるものもあり、信者たちがどのような事情で、またどのような思いから教祖に頼ったかが分かる。

分析の主目的は信者の地域的広がりとその時期的展開をマクロに把握することであった。封書・葉書の投函地や電報の発信局（以下、「発信地」とまとめて表記する）、及び投函や発信がなされた年月日（以下「発信時」とまとめて表記する）をデータ化して入力した。信者の住んでいる住所は手紙等に明確に記されていればそれに依拠し、記されていない場合は、消印にある局名で住んでいる地域を推定した。電報はカタカナで記されている発信局で地域を推定した。投函あるいは発信された日時は、封書と葉書は消印で投函の日時としたが、消印が判読できず、ごく一部は信者が記載した日時を参考にしたものもある。電報は受付の消印があるので、これで日時としたが、これも一部判読できないものがあった。地域と時期のいずれも不明なものは、集計対象から省いた。大半は発信地と発信時の双方を確認できるが、一部は一方が不明であるので、集計の総計は発信地別と発信時別とでは異なる数となる。

封書はときに長文のものもあるが、便箋で一、二枚のものが圧倒的に多い。電報はわずかな情報しか読み取れない。しかしいずれの手段で送られてきたものに対しても、松蔵と中核的信者が一つ一つ丁寧に対処したことがうかがえる。封書の一部にはその願いが叶うとか無理であるといった趣旨の松蔵の指示を、補佐していたお付きの人が短くメモ書きしたものがある。

時期別に見た展開の様相

まず発信時期を年別に表V—1に示した。年月が分かるものは一万一二五八点であり、内訳は封書が五九五五点、葉書が一〇八一点、電報が四二二二点である。閲覧できた最初のものは一九二七年の封書一通であり、最後のものは松蔵没後一九五〇年の封書一通である。年ごとの変化が分かりやすいようにグラフV—1で示した。

発信数は一九三一年から急増している。一九二七年から三〇年までは、まだ九州の地方紙に紹介されていた段階で、さほど発信の数は多くない。先に述べたように、『主婦之友』に記者による手記が掲載されたのは三一年の一一月号だが、実際には一〇月に発売になったと考えられる。その発売直後から一挙に依頼が押し寄せている。三一年の時点で六四五件にのぼり、翌三二年が一三八七件に達している。これがピークである。全体の点数を月まで細かく比較したのが表V—2である。一九三一年九月の分は三点であるが、一〇月が九七点、一一月が四〇四点、そして一二月が一二八点と推移している。おそらく一〇月の時点で多くの地域で『主婦之友』が販売されたと考えられる。三一年の一一月の四〇四点というのは月別にみると、抜きん出て多い。次いで多いのは三九年三月の一九三点、三二年四月の一八九点である。雑誌発売直後の反響が極めて大きかったことが如実に分かる。

四大道本庁から刊行された『四大道のあゆみ』の年表によれば、一九三一年秋の記載として、「祖神様のことが、昭和六年一一月号の「主婦之友」に掲載されてからは、北は樺太、南は台湾の各地は勿論、朝鮮、上海、ロスアンゼルス等からも参拝され、一日八百～千名以上の参拝者が五～六年間続いた」とある。長橋靖彦自身も三一年に松蔵を訪ねているので、参拝者の多さを実感したと推察できる。

表V—1　信者からの手紙数（種別、年別）

年	種別						合計
	封書	%	葉書	%	電報	%	
1927	1	100.0	0	0.0	0	0.0	1
1928	4	100.0	0	0.0	0	0.0	4
1929	2	50.0	2	50.0	0	0.0	4
1930	5	83.3	1	16.7	0	0.0	6
1931	597	92.6	37	5.7	11	1.7	645
1932	939	67.7	120	8.7	328	23.6	1,387
1933	642	75.9	72	8.5	132	15.6	846
1934	465	84.9	51	9.3	32	5.8	548
1935	507	49.3	130	12.6	392	38.1	1,029
1936	381	29.4	71	5.5	842	65.1	1,294
1937	320	26.9	63	5.3	806	67.8	1,189
1938	273	33.5	72	8.8	470	57.7	815
1939	429	33.7	120	9.4	724	56.9	1,273
1940	292	72.6	102	25.4	8	2.0	402
1941	467	66.3	36	5.1	201	28.6	704
1942	89	27.6	16	5.0	217	67.4	322
1943	229	70.7	62	19.1	33	10.2	324
1944	79	76.0	25	24.0	0	0.0	104
1945	106	73.6	36	25.0	2	1.4	144
1946	66	71.0	17	18.3	10	10.8	93
1947	57	49.1	45	38.8	14	12.1	116
1948	4	57.1	3	42.9	0	0.0	7
1950	1	100.0	0	0.0	0	0.0	1
合計	5,955	52.9	1,081	9.6	4,222	37.5	11,258
不明	1,675	81.5	258	12.6	121	5.9	2,054

グラフV―1　信者からの手紙数（種別、年別）

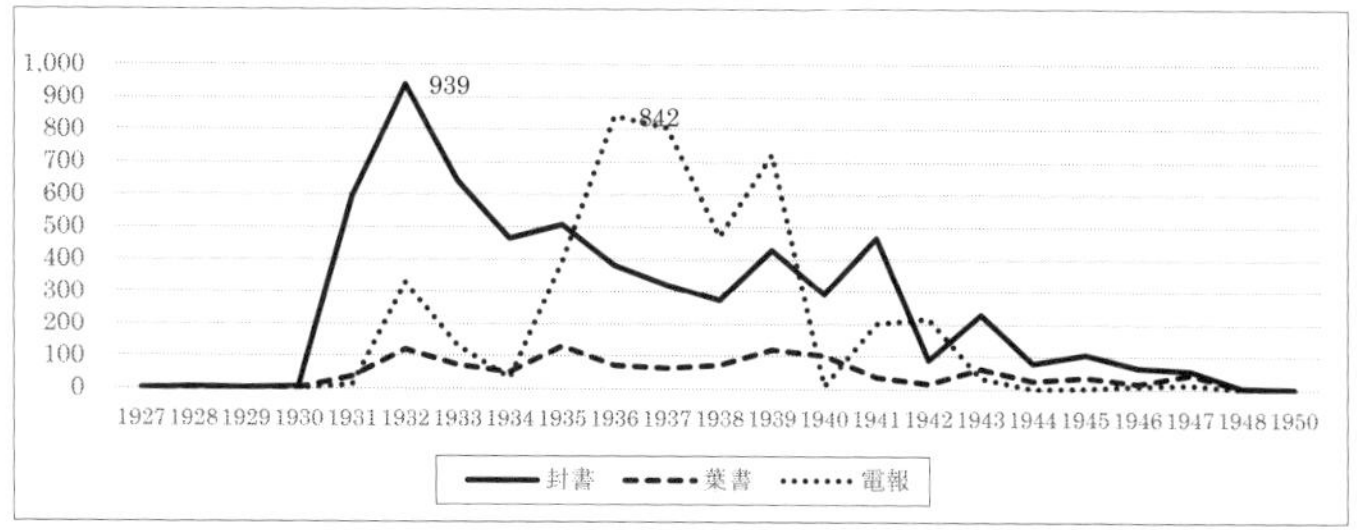

表V―2　信者からの手紙数（月別）

年	月													
	1	2	3	4	5	6	7	8	9	10	11	12	不明	合計
1927	0	1	0	0	0	0	0	0	0	0	0	0	0	1
1928	0	1	0	1	0	0	1	0	0	0	0	0	1	4
1929	0	0	1	0	0	1	0	0	0	1	0	1	0	4
1930	0	0	2	0	0	1	0	0	0	0	3	0	0	6
1931	1	1	1	3	0	0	1	1	3	97	404	128	5	645
1932	154	191	95	189	82	107	136	44	40	141	119	80	9	1,387
1933	72	142	118	101	39	38	10	65	59	47	71	70	14	846
1934	25	54	85	68	44	40	55	32	28	16	64	31	6	548
1935	76	74	137	98	83	71	124	118	89	61	32	51	15	1029
1936	51	55	87	134	121	131	138	139	113	98	122	102	3	1,294
1937	121	142	119	111	124	79	75	47	103	87	85	87	9	1,189
1938	103	108	64	31	14	15	13	65	75	129	66	118	14	815
1939	128	164	193	27	45	23	137	153	93	119	98	80	13	1,273
1940	4	25	19	10	17	26	1	81	41	87	63	20	8	402
1941	30	68	97	39	32	52	100	9	38	56	66	107	10	704
1942	49	33	77	46	3	2	3	58	12	3	20	1	15	322
1943	2	63	71	3	7	89	5	37	11	15	3	6	12	324
1944	1	0	0	1	5	15	1	0	9	20	11	39	2	104
1945	22	3	17	31	7	13	38	0	1	3	1	3	5	144
1946	34	0	1	1	0	0	2	0	10	34	9	0	2	93
1947	1	12	50	39	0	4	3	2	0	0	0	0	5	116
1948	1	0	0	0	0	0	0	0	0	0	2	4	0	7
1950	0	0	0	0	0	0	1	0	0	0	0	0	0	1
不明	73	119	194	147	68	149	148	93	79	182	159	141	452	2,004
合計	948	1,256	1,428	1,080	691	856	992	944	804	1,196	1,398	1,069	600	13,262

『主婦之友』は一九一七年に創刊されているが、松蔵についての記事が紹介された当時は、女性向けの雑誌としては代表的なものになっており、多くの読者がいた。一九三〇年代には発行部数が百万部を超えていたとされているので、現在のテレビに十分匹敵するほどの影響力があったと考えられる。この記事以前に松蔵を「神人」として紹介する書籍も刊行されていたのだが、やはり女性を対象とした一般書の影響はそれとは比較にならない影響力をもっていた。

封書・葉書・電報の種別（以下「種別」と表記する）に見ると、グラフV―1で見て取れるように、封書が三一年から三三年にかけて多く、その後、緩やかに減少傾向になっている。葉書は三つのうちではもっとも数が少なく、また変化も比較的小さい。封書の数の推移と葉書のそれとは、ある程度相関している。

電報は封書・葉書の年別の推移と異なったパターンを示している。三六年から三九年に目立って多い。ピークは一九三六年であり、八四二点に上る。翌三七年も八〇六点と多く、この二年間だけで全体の約四割を占めている。電報が途中から増える理由はいくつかあると考えられるが、重要な要因として、少なくとも次の二点は挙げられる。一つは地域的偏り、もう一つは繰り返し依頼をする信者の増加である。

最初の点は、電報の占める割合が多い地域に偏りがみられることである。朝鮮半島の主要都市や中国の大連なども含まれる。第二の点に関しては、石川県は約半数ほどが電報だが、金沢市は祖神道の展開にとっては、前述の祖神道系教団の分布からも推測されるように、弟子と呼ぶに近いような人物が複数存在した地域である。金沢市や周辺の市町村に住む人たちから松蔵に繰り返し依頼する例が少なくなく、これが電報という手段を選ぶようになったことと関係があった可能性がある。これらについては後述する。

地域別に見た展開の様相

分析対象とした手紙や電報のうち発信地が分かるものは一万二七八四点で、内訳は封書七五七四点（五九・二％）、葉書二二九〇点（一〇・一％）、電報三九二〇点（三〇・七％）である。発信地は日本のすべての都道府県にわたるのみならず、当時日本統治下にあった朝鮮半島、台湾、樺太、その他の地域にまで広がっている。日本人が多く住んでいた満州の他、大連など中国のいくつかの地域や、香港、ベトナム、さらには米国、ブラジルなどからのものもある。

四七都道府県から送られてきた封書、葉書、電報を、種別に発信地をまとめたものがグラフV—2である。東京がもっとも多く一三四四点、次いで石川県一一七七点、熊本県九三四点、福岡県九〇二点、広島県六六六点である。ただし都道府県ごとの人口は大きく異なるので、単純に絶対数による比較だけでは信者の分布を考える上で不十分なので、一九三五年の国勢調査による各都道府県の人口に対する比率を計算して示した。人口は毎年変わるが、一九三〇年代から四〇年代前半を対象にした調査であるので、便宜上一九三五年の国勢調査による人口を用いた。三五年の人口は七千万人近く（六九二五万人）であるが、この年の都道府県別の人口で都道府県別の点数を割り、百万人当たりの点数を示してあるのが表V―3である。

絶対数では東京がもっとも多かったが、人口比率で比べてみると、突出しているのは石川県である。百万人当たり一五三三通になる。次いで熊本県の六七三通、山口県の四一六通、大分県の四〇八通、広島県の三六九通である。逆にもっとも少ないのが沖縄県の一二通である。関東北部の県や東北の日本海側の県が少ない傾向にある。おおよその傾向を分かりやすくするために地図に五段階に分けて示した（図V―1参照）。

石川県の突出した多さは、石川県に戦後祖神道系教団を形成することになった人が複数いたことが関係していると推測される。吉岡太十郎、長橋靖彦、本城千代子の三人はいずれも金沢市で講社を結成するなどの活動を始めていた。それが一種の地方支部のような役割を果たして、多くの人々が教祖松下松蔵に手紙や電報を送った可能性が強い。

九州地方、中国地方西部の多さは、実際に本部に来た信者との相関が推定される。前章で扱った神理教の場合、佐野経彦や佐野伊豆彦は北九州小倉の本院から各地に布教したので、小倉という場所からみた交通の便という視点で地域との関連性を考えた。松蔵の場合は各地に布教したことは少なく、もっぱら自宅で全国から訪れる人に対応したので、信者の側の交通の便という視点が重要になる。当時は鉄道とバス等が移動の手段として中心になっていた時代であるので、九州に本部のある教団にとってはそのような手段にとっての距離が一つの重要な要因になったと考えられる。しかしながら、手紙文の中には遠路でも本部で直接松蔵に会いたいという希望を記した

グラフV—2　地域別手紙数（種別）

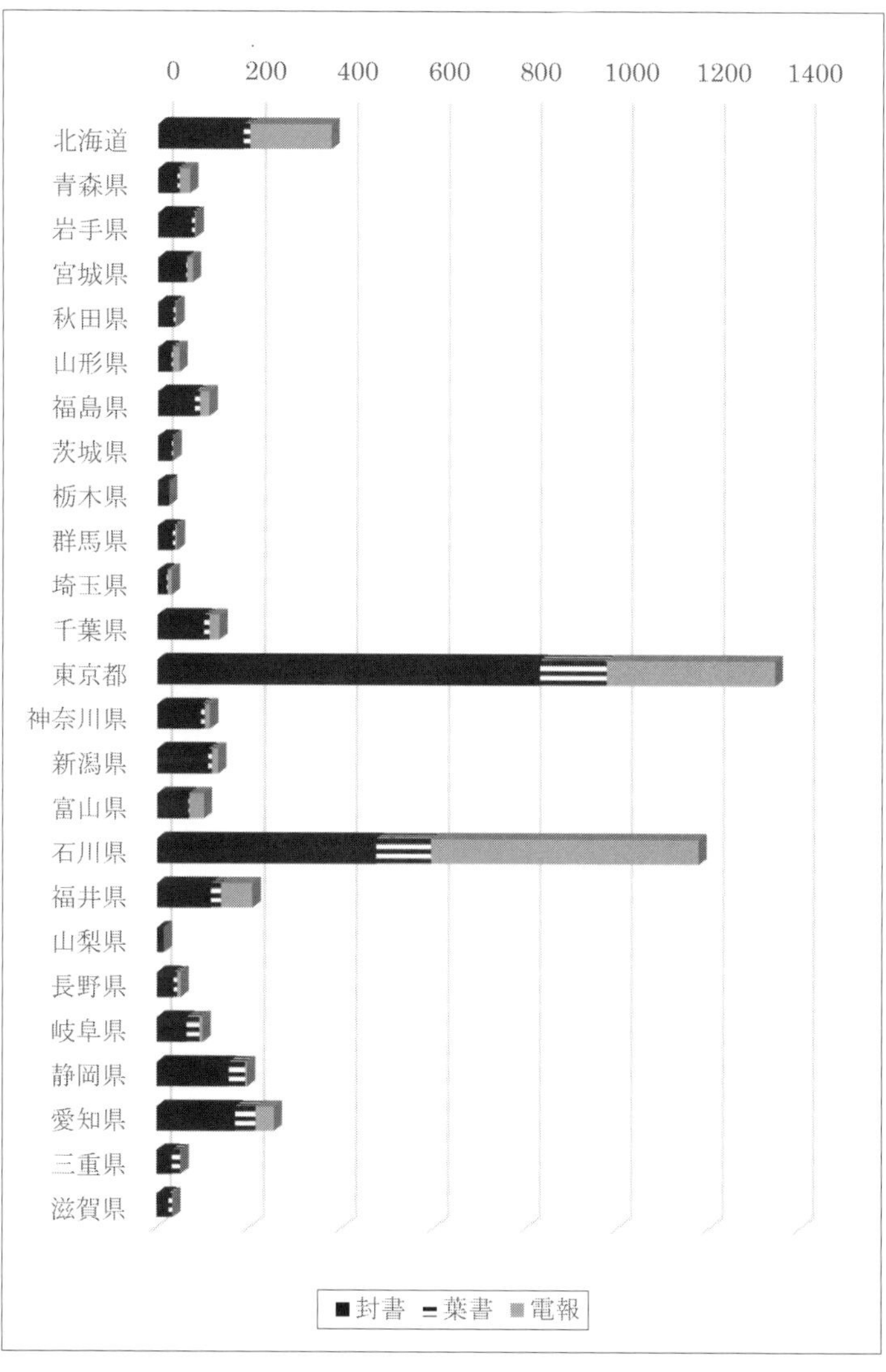

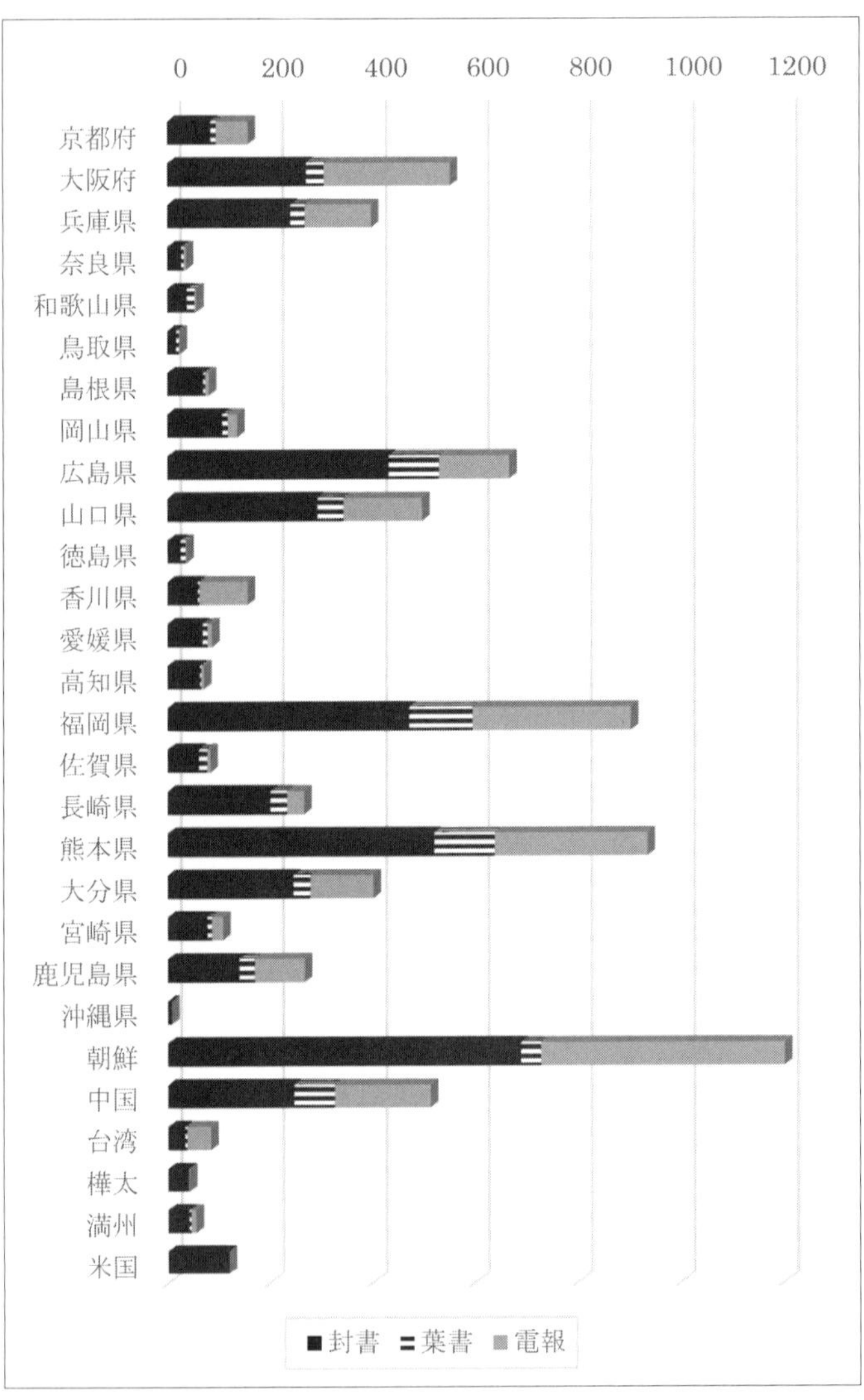
0
200
400
600
800
1000
1200
京都府
大阪府
兵庫県
奈良県
和歌山県
鳥取県
島根県
岡山県
広島県
山口県
徳島県
香川県
愛媛県
高知県
福岡県
佐賀県
長崎県
熊本県
大分県
宮崎県
鹿児島県
沖縄県
朝鮮
中国
台湾
樺太
満州
米国
封書
葉書
電報

表Ｖ―3　地域別手紙数（絶対数、百万人当たりの数）

地域別		（単位：千人）	百万人当たり
北海道	374	3,068	122
青森県	69	967	71
岩手県	81	1,046	77
宮城県	75	1,235	61
秋田県	39	1,038	38
山形県	46	1,117	41
福島県	111	1,582	70
茨城県	33	1,549	21
栃木県	24	1,195	20
群馬県	41	1,242	33
埼玉県	30	1,529	20
千葉県	134	1,546	87
東京都	1,344	6,370	211
神奈川県	114	1,840	62
新潟県	132	1,996	66
富山県	101	799	126
石川県	1,177	768	1,533
福井県	205	647	317
山梨県	15	647	23
長野県	51	1,714	30
岐阜県	99	1,226	81
静岡県	195	1,940	101
愛知県	252	2,863	88
三重県	52	1,175	44
滋賀県	35	711	49
京都府	157	1,703	92
大阪府	551	4,297	128
兵庫県	396	2,923	135
奈良県	36	620	58
和歌山県	56	864	65
鳥取県	24	490	49
島根県	80	747	107
岡山県	136	1,333	102
広島県	666	1,805	369
山口県	496	1,191	416
徳島県	36	729	49
香川県	156	749	208
愛媛県	86	1,165	74
高知県	70	715	98
福岡県	902	2,756	327
佐賀県	82	686	120
長崎県	266	1,297	205
熊本県	934	1,387	673
大分県	400	980	408
宮崎県	107	824	130
鹿児島県	267	1,591	168
沖縄県	7	592	12

図Ｖ—1　都道府県別　人口比で換算した百万人当たりの点数

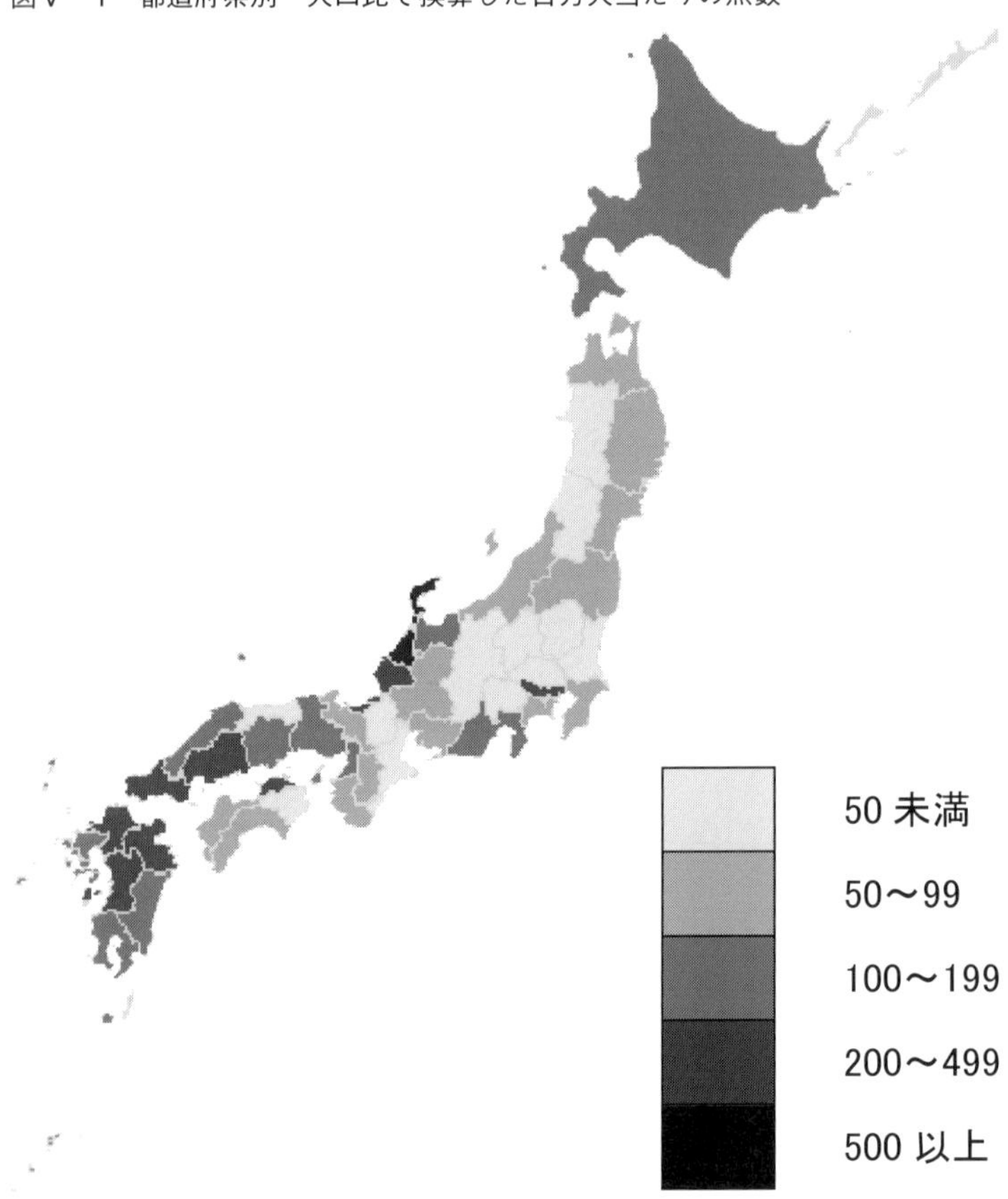

ものもある。きわめて深刻な問題であれば、距離が妨げとは感じられなかったのであろう。

日本統治下にあった地域からのものの中では、とくに朝鮮半島からのものが目立ち、一二〇〇点にのぼる。ピョンヤン（当時は平壌）からのものは二四一点で、ソウル（同じく京城）からのものは二三六点である。またピョンヤンに近い「ケンニホ」からの電報がかなりあり、六三点になる。ケンニホは日本統治時代の地名で、現在は使われていない地名である。「兼二浦」という漢字表記をされていた。現在は北朝鮮のソンニム（松林）市に含まれる地域である。ここには一九一七年に三菱製鉄が建設した日本製鉄株式会社があった。ケンニ（兼二）は日本人軍人の名前からとられたという。それにしても、これだけの数が兼二浦から送られてきた背景はなんであったのだろうか。今回収集した手紙からは、それを推察できるようなものは見当たらなかった。

米国からのものは大半がハワイからである。米国からの一一九点のうち、ハワイからのものがそのほとんどを占め一一六点にのぼる。日本からのハワイへの移民は明治元年（一八六八）年に始まり、ハワイ政府との渡航約定書に基づく官約移民が始まる一八八五年以降本格化した。一八九八年にハワイが米国領になってからも移民は増え、一九二四年に排日移民法案が承認されるまで増加は続いた。一九三〇年代には十数万人の日系人がハワイに住んでいた。ちなみに表Ⅴ―3で計算した方法をハワイに適用すると、人口百万人あたりでは八〇〇通ほどになり、都道府県単位と比べてもかなり多い部類になる。

日系人からの手紙は多くが封書である。電報によるものはない。オアフ島のホノルルからのものがもっとも多いが、その他、日系人が多く住んでいたハワイ島のヒロやマウイ島からのものも数通ある。やはりほとんどが病気治癒に関するものであり、「お手数」をお願いする文面がしばしば見受けられるので、ハワイでも「お手数」は広く知られていたと考えられる。一九三二年一月に送られてきた封書に、『主婦之友』で松蔵のことを知った旨を記したものがあるので、記事のことはハワイでも発売後ほどなく知られていたことが分かる。

ハワイの移民は広島県、山口県、沖縄県に次いで熊本県出身者が多い。戦前に熊本県出身者が中心になって建てた加藤神社がオアフ島ホノルルにあった。一九七七年と七九年にハワイで日系人の宗教についての共同調査があり、そのメンバーの一員としてハワイの神社の歴史と現況を調べたが、その時点ですでに加藤神社はなかった。『布哇日本人発展史』[10]には、一九一一年に熊本市の加藤神社が分祠され、翌一二年にホノルル市ベレタニア町に神殿ができたという記載がある。一九一〇年代半ばに奉信会員が二千名余いたともある。ただハワイの祖神道の信者が熊本県の出身者であったかどうかは不明である。米国や南米の国からは郵便のみだが、電報は当時は日本が統治していた朝鮮半島、台湾、樺太、関東庁、南洋庁の管轄下にあった地域からも日本国内に送ることができたので、朝鮮半島からも多くの電報が来ている。

香港とマカオからのものは一五点、パラオからのものは六点で、ベトナム、カナダ、インドネシア、パナマ、フィリピン、ペルーからのものもそれぞれ一～二点ある。名前から判断していずれも日本人からである。実に広範な地域にわたっており、松蔵の評判が短期間に国外にまで行きわたっていたことが明らかになった。

国内の電報の占める割合は、都道府県別にみるとかなり違いがある。封書は葉書より丁寧な方式と考えられるが、封書や葉書と電報ではやや性格が異なる。電報は緊急性が高いと考えられる。ただ短い文章しか送れないので、すでに信者となっていた人からのものが多いと推測される。むろん手紙で繰り返し送っていた信者もいることが分かったので、どの方法で送られてきたかで、松蔵との心理的距離の度合いを推測するのは無理である。

電報の占める割合は、朝鮮半島を除くと香川県の六〇・九％がもっとも高く、次いで石川県の四九・七％、北海道の四七・三％、大阪府の四四・六％、鹿児島県の三六・七％となる。香川県は例外であるが、それ以外の四道府県は、郵便、電報が合計で二〇〇点以上で多い部類に属する。信者が多いことと電報が多いことには緩やかな相関が見いだされる。これは繰り返し依頼をする人の多さに関係している可能性がある。電報では細かな住所が分からないから、たいていはすでに信者になっている人が送ったのではないかと推測される。

広がりのルートの推測

こうしたマクロな分析では、信者がおおよそどの地域にどの時点で増加したのかの傾向は分かるが、どのようなルートでそれが広がったかまでの経路は分からない。ただ『主婦之友』への掲載は一時期のことであるので、その情報によって信者になった人から、その人の親戚、友人、職場の同僚などに情報が広まることで、より広い地域と長い時間にわたって信者の形成が続いたと考えるのが自然である。これは他の新宗教の場合において得られた知見であり、日本の近代新宗教の広まりにおいては、見知らぬ人への勧誘の占める割合は一般的にさほど大きくなく、多くはすでに親しい関係にある人からの情報が占める割合が高い。祖神道の場合もそうした情報ルートが大きな役割を占めたと考えるのが妥当である。

また封書や葉書の差出人を調べると、同一人物が複数回郵送している例も多い。なかにはきわめて頻繁に送る人物もいる。封書と葉書のうち、地域と筆跡から明らかに同一人物と同定できるものを数えると、二〇回以上送っている者が一二人いる。その性別と都道府県名を表V—4に示した。もっとも多いのは五八回も送った男性で発信地は福井県である。一二人のうち石川県の信者が三人含まれている。また大連から二五回送った信者もいる。これは今回の閲覧対象としたものからの回数であるので、今回の分析対象にできなかったものを含めると、いずれも実際にはもっと回数が多かったと考えなければならない（表V—4参照）。

表V—4

地域	性別	件数
福井県	男性	58
石川県	男性	50
福岡県	女性	47
広島県	女性	35
石川県	男性	30
東京都	男性	29
兵庫県	女性	27
福島県	男性	27
大連	男性	25
石川県	男性	25
兵庫県	男性	24
福岡県	男性	22

ちなみにもっとも郵便で送った回数が多い信者は福井県の男性である。内訳は封書が四三通、葉書が一五通の合計五八通に上る。送った年は一九三五年から一〇年以上にわたる。三五年に一通、三六年に二通、三七年に七通、三八年に

六通、三九年に一一通、四〇年に八通、四一年に六通、四三年に三通、四四年に三通、四五年から四七年まで各一通、そして年が不明のものが八通である。松蔵の死去の年まで定期的に送っていることが読み取れる。

二番目に多いのは石川県の男性で封書が二八通、葉書が二二通の合計五〇通である。この男性の場合、少し年月に偏りがあり、一九三六年に二通、三八年に一通、三九年に四二通、そして残り一通が四四年である（年月不詳のものが四通ある）。三九年の場合も一月から三月までで二四通に達しており、一月前半などはほぼ毎日である。よほど深刻な事情があったのかもしれない。

三番目に多いのは福岡市の女性で、封書一七通、葉書三〇通の合計四七通である。一九三四年、三五年が各一通、三八年が三通、三九年が二通、四〇年が一通、四一年が六通、四三年が二通、四四年が三通、四七年が九通、年不明が一九通である。松蔵が死去する四七年に目立って多いのが特徴であるが、最後まで願いは病気の治癒である。

数多く送った信者の場合、多少発信時にはバラツキがあるが、おおむね松蔵の晩年に至るまで、さまざまな依頼、感謝、その他について封書や葉書を送り続けている。

電報はすでに信者になっている人が繰り返し出す場合が多いのではないかという推測をしたが、全体の数が多い都道府県において、年別に電報の占める割合がどう変わるかを少し見てみる。分かりやすいようにグラフにした。郵便、電報の総計が多い東京都、朝鮮半島、石川県、熊本県、それにやや特徴的な変化となった大阪府と北海道の例を示す（グラフV―3～V―8参照）。

グラフV—3　東京都（発信年、種別）

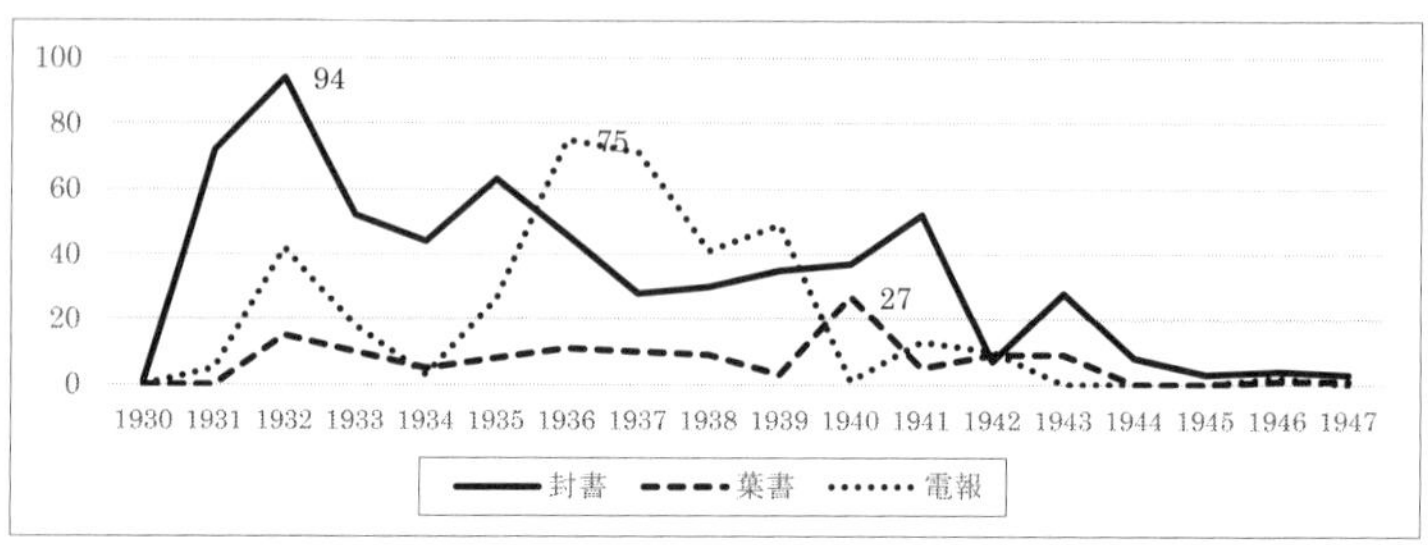

グラフV—4　朝鮮（年別、種別）

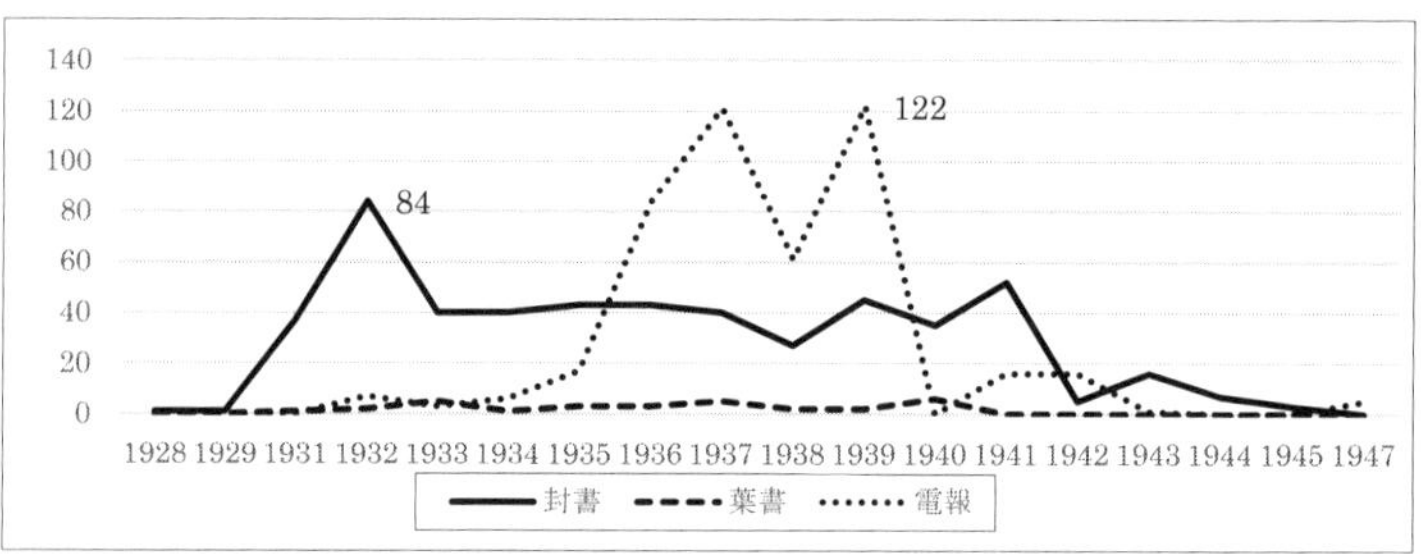

グラフV—5　石川県（年別、種別）

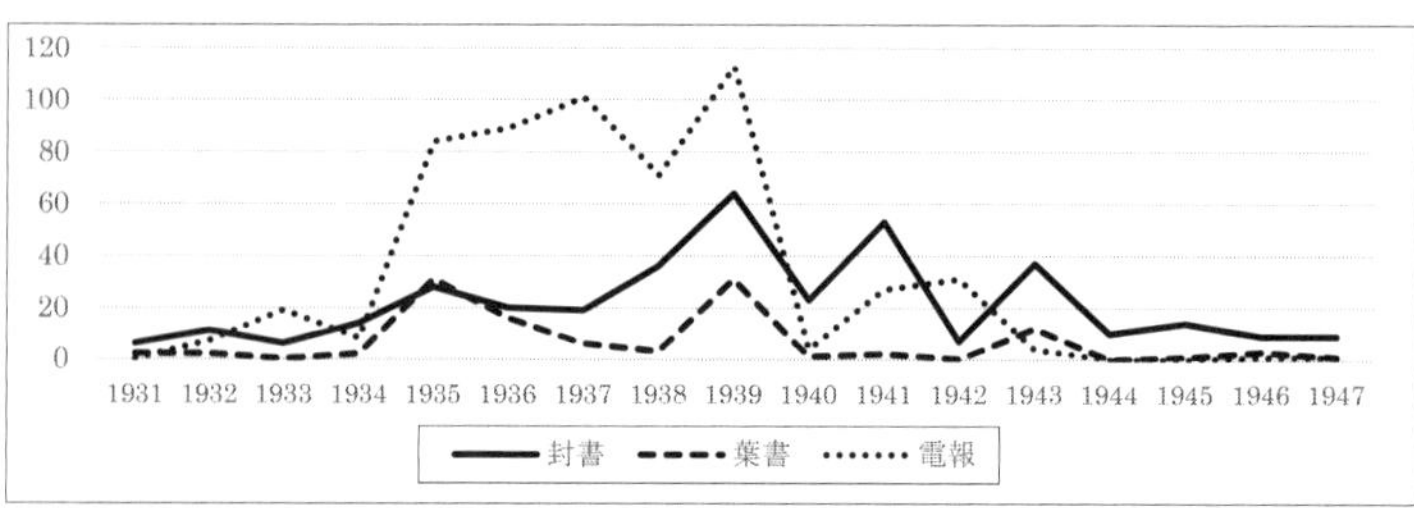

グラフⅤ—6　熊本県（年別、種別）

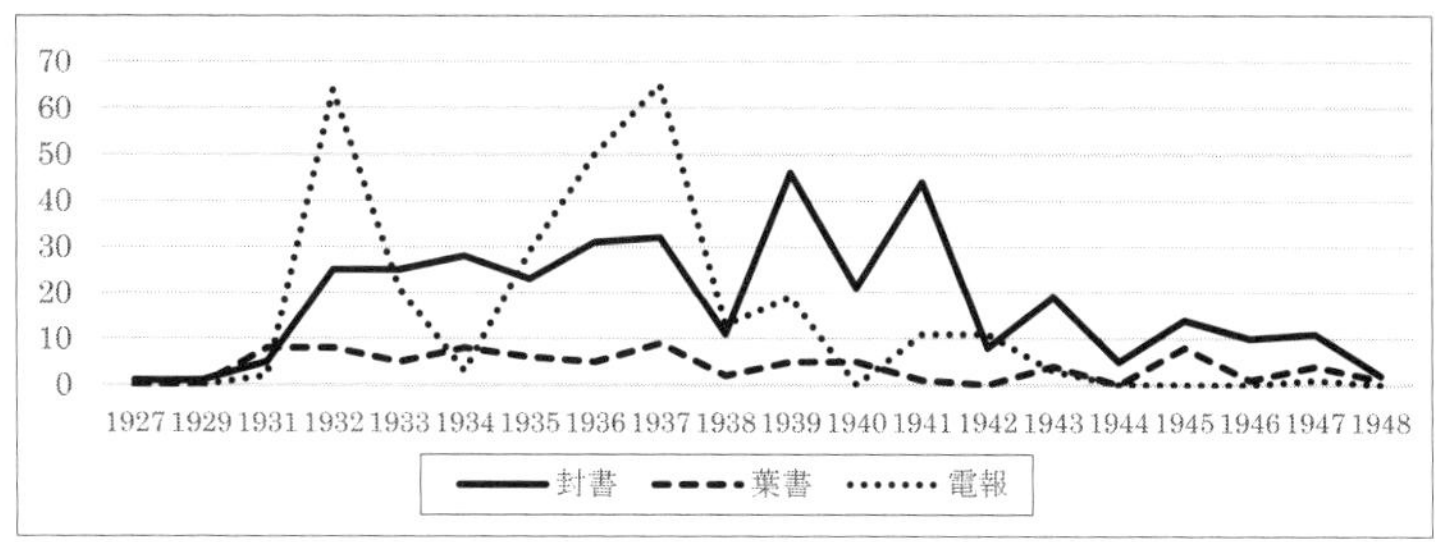

グラフⅤ—7　大阪（年別、種別）

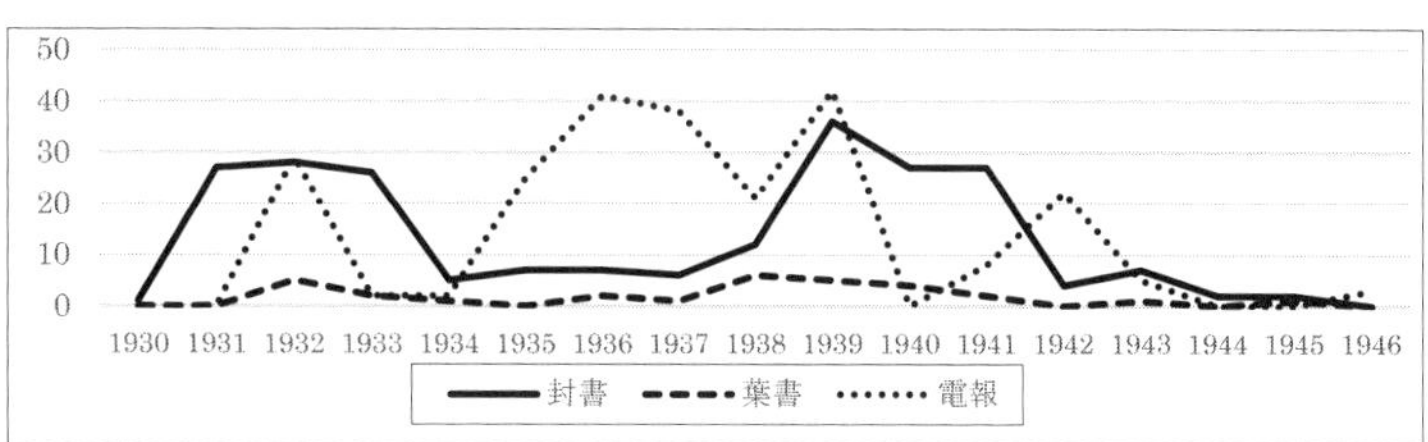

グラフⅤ—8　北海道（年別、種別）

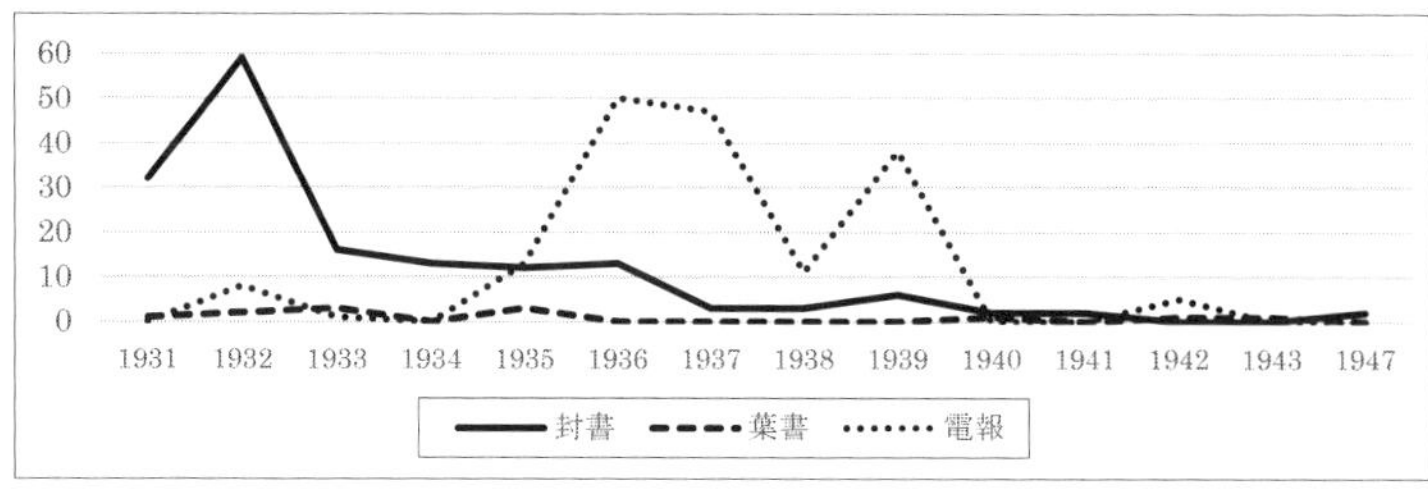

東京都の場合は電報が一九三二年に四〇点になり、いったん減少してから三六年に急増している。四〇年には減少している。石川県は三五年に一挙に八〇点以上になっている。三九年まで七〇点以上という高い数値を示している。熊本県は三二年に六〇点を超えているが、いったん減少し、三七年にふたたび六〇点を超える。以後は減少している。大阪府も三二年に小さなピークがあり、三〇年代後半が持続的に比較的高い数値である。北海道は三六年から翌年にかけてのものが比較的多く四〇点以上である。封書がこの時期に減っているのと対照的である。朝鮮半島では三七年から三九年にかけての時期が高い数値である。すでに三二年の時点で八〇点を超える封書があるので、教祖についての情報は一定程度朝鮮半島にも伝わっていたと考えられる。

封書の増減と電報の増減のパターンが比較的似ているのは石川県である。封書から少しずれて増えているのは東京都と北海道、それに朝鮮半島である。封書より早くピークが来ているのは熊本県である。大阪府は封書とやや連動するが、ピークは封書よりやや早い。こうした変化がどうして生じるのかをマクロな分析からだけで論じるのは困難なところがあるが、電報の場合は、まさにほぼ一つのことに対する依頼なり質問なりである。緊急性が比較的高いか、手軽に依頼したか、あるいはその両方を含むかである。これがもし松蔵との親密な関わりを反映していると仮定すると、熊本県や大阪府には比較的初期にそうした人々が増え、北海道は少しそれが遅れたという解釈も可能である。また石川県の例に鑑みると、東京都や朝鮮半島でも松蔵の教えをそれぞれの地域で広める人が現れた可能性もある。

(3) 手紙文から読み取れる悩みと苦しみの普遍性

依頼内容の傾向と広い信者層

一万三千点余の手紙及び電報を分析して、祖神道の信者たちの時間的展開と居住地域の広がりを中心的に考察してきた。ここで分析の対象とした信者の中には手紙や電報を繰り返し送ってきた人もいるので、信者数としては数千人程度になる。これ以外に実際に教団本部を訪れた人も数多いが、訪問した信者の数と手紙や電報を送った信者の数の推移にはある程度は相関性があるだろうと仮定すると、松下松蔵の影響力はとりわけ一九三〇年代には一定程度を維持したと言える。戦争が始まると、信者側の生活にも大きな変化が生じ、それが教祖への依頼の頻度やその内容等にも影響を及ぼしたことがうかがえる。手紙の内容にも戦勝祈願その他戦争に関わりのある内容が増える。

手紙等の文面にはたどたどしい内容や、ほとんど平仮名のものもあったりするが、きわめて達筆でしっかりした内容のものも少なくない。非常に幅広い社会階層の人々が信者であったことが推測される。軍関係者も相当数いたようである。「軍事閲覧」の印が押された郵便もある。病気の治癒を願うものが圧倒的に多いものの、子どもの就職について尋ねたり、生き方について尋ねたものもある。ハワイからのものだと、子どもが外国人と結婚したがっているがどうしたらいいかというような、当時の日系人の抱える問題を反映した相談もある。

ここで行なった数量的な分析をいくらかでも補足する意味で、実際の依頼の内容を数点取り上げる。発信者が特定できないような形での紹介にとどめる。『主婦之友』で松蔵のことを知ってすぐさま依頼した手紙は数多くあるが、一つ具体例を提示する。この封書は三重県津市の女性からのものである。一九三一年一一月に投函されたもので、『主婦之友』発刊直後の時期である。「前略先生のお話を主婦之友にて拝讀した者で御座います　何卒左記お取次を願ひます」と始まる。女性名を記してから、依頼内容を次のように書いている。

右の者十一才の秋頃より耳遠くなり十二才九月中頃より目悪くなりその中に全く失明し十二月頃より目快方に向ふと同時に耳全く聞えぬ様になり只今迄に二十ヶ所以上處々を尋ね歩きしも現在に至るも快方に向はず全く困り居ります　何卒先生の力によりお治しを願ひ度いと存じます

この願いに続いて、この女性の弟も耳も聞こえなくなったと記し、「右の様の次第一度御鑑定を願ひ御返事を賜はり度いと存じます　都合によりまして一度参上お目にかゝりお治しをお願に上り度いと存じて居ります」と述べている。手紙には願いの対象となっている二人の写真が添えられている。

病気治癒の願いは国外から寄せられた手紙のものでも大半を占める。一九三二年一月にブラジルのサンパウロから送られた封書の内容は次の通りだが、やはり『主婦之友』を読んで松蔵のことを知ったと冒頭に述べている。自分の妹の病についての相談である。

病人は私の妹で年拾七才　拾四才の時落馬したのが原因となりそれから毎年医師と云ふ医師に見せましたが医師は血統と云ひ或人は脳を打ったと云ひます　時には虫だ云って其の時々手を変へ品を変へ療治に力を入れましたが、何の効果は見えません。
（中略）
先生此の女の子は治らないでしょうか。今は萬さくつきてただ神に依るばかりです。治して頂けば何んな條件でも御甘受いたします。余り遠く居るので思ふ様には行かないのが残念です。是非お返事を聴かして下さい。

こうした病気の悩みの解決が圧倒的に多いが、中には精神的な問題を相談した例もある。石川県の若者が一九三二年七月に投函したものを一つ示す。

本日（七月二日）昭和六年十一月号の主婦之友を讀んで居りますと貴殿の神秘的なる記事に

出會して今の僕の心の苦しみを取去って貰って楽しい輝しいこととしていただきたく思って
ペンを取った次第であります　二十二才の僕の心の苦しみを取去って下さい　お願申します

この願いに対しては回答が封筒の表に記してあって「よしよし自然とよろしい」とある。肯定的な回答をしたと推測される。このような封筒への細かな回答の指示がときおりある。病気の場合だと「よし」、「すぐよくなる」「霊のわざのためすぐに良くなる」といった表書きもけっこうあるが、「一寸よくならぬ」というのもある。「神様に願ひおく」といったのもある。手紙等の文面だけでどうなるかを、松蔵は判断したようである。

端的に病気治しだけを願ったものも少なくない。たとえば一九三六年二月に香川県小豆郡の六〇代の男性からのものは「拝啓　突然御多忙中恐入ますが私事昨年より中風病にて眞に困って居ます　願はくば御祖神様の御力で御治病ください　謹んで御願仕ります」とだけある。

縁談等に関する願いや御礼もある。一九四〇年六月には山口県徳山市の二〇代の男性から「陳者書中ヲ以テ洵ニ失禮ニハ存候へ共別紙ノ縁談ハ如何ノモノ御座候ヤ御垂示賜リ度略式ナガラ封書ヲ以テ御伺ヒ申上候」と「松下祖神」宛てに伺いを立てている。

また結婚できたことを感謝する封書が、一九三六年一月に朝鮮の兼二浦に住む夫妻から来ている。「私共一月六日結婚当日色々神様之お手數を蒙りまして無事進行しましたことを厚く御祖神様に御禮申し上げます」と「祖神」宛てに述べられており、夫妻の名前が記してある。

一九四一年一二月に日本が戦争に突入すると、戦勝祈願のような内容や兵士の無事を祈るような内容もある。戦時中には軍人からの封書もあるが、次は一九四三年二月に甲府市の陸軍病院で療養中の陸軍少尉から送られてきたものである。

私事　御蔭を以て入院以来極めて経過良好に辿り日増しに快方に向ひ居り候　之一重に御神佛様の御加護に依るものと只々感謝致し居り候　時局多事の折一日も早く全快仕り再起御奉公致す可く養生に精進致し居り候間　何とぞ　御祖神様の御加護の程を御願ひ申上

ボーイング社のB29爆撃機による日本の空襲は、一九四四年六月に北九州に対するものから始まった、八幡製鉄所を目標としたこともあるが、当時中国の成都の基地から飛び立ったB29は、その航続距離の制約も関係して北九州までの爆撃が限度であった。その後マリアナ諸島を米軍が攻略してテニアン島に基地を作ると、同島のハゴイ飛行場、ウエストフィールド飛行場などから飛び立つB29により、日本の大半の都市が空爆対象となった。日本の主要都市は大空爆にさらされるが、敗戦直前の時期の七月に熊本から送られてきた封書には、次のように書かれている。熊本がB29の大空爆の対象となったのは一九四五年七月一日と二日である。

先達一日には熊本焼夷弾をもって攻撃し焼拂おうとする波状的に襲ってき焼夷弾を雨のやう

にザッと物凄く落ちました。市内各所に火の手があがり　私の家も危いと隣組全員広場へ待避　途中も煙にまかれ焼夷弾の雨をくぐりたんぼへゆきそこで一夜を明し翌朝まだ消へませず燃え盛る道をやっと家に帰ってみれば私達の附近だけポツンと残り　これが神様のおかげと誰しもが思はずにおけぬ様に不思議に残って居ました　私と妹はすぐ神様へおん礼を申上げ御神様のおかげと二人嬉しさに涙を流しました

同じ七月には福岡市の女性から空襲が激しくなるなか、田舎に疎開した方がいいかどうかを尋ねる内容の封書もある。

依頼の仕方の特徴

いくつか手紙の内容の一部を示したが、送られたものの大半は病気治癒の願いである。松蔵の存在を知ったのは、『主婦之友』の記事の人が多いとすれば、その記事で紹介されている内容からして、病気治癒に願いが集中することは当然である。近代新宗教の教祖においては、病気治しが教祖の特別な力なり役割なりが認知される上で大きな意味をもつということは、新宗教研究において多くの教団の資料を分析して明らかにされてきた。松下松蔵の場合は、その典型であるということが示された。病気治癒の願いが圧倒的に多いのが確認されたし、またその願いの切実さも文面から推し測ることができた。

『主婦之友』の発売直後から信者が急激に増加したこと自体は、これまでの研究や紹介等によってすでに知られていたことであった。今回の貴重な資料を分析したことで、それがどの程度のものであったかを量的に明らかにできた。その推移も明らかにできた。当時の雑誌メディアのもっていた影響力を確認できたが、信者の地理的広がりについては予想していた以上に多くの地域に信者が存在していたことが明らかになった。長年苦しんでいる病気治癒、あるいは医者に見放されたような病気治癒が可能かもしれないという願いを抱いた人にとって、地理的な問題は大きな障害とは受け取られないということを示している。さらに対面状況でなくても、手紙や電報という情報交換ツールが行き渡っていた時代にあって、地理的な要素が障害となる程度は小さいものになっていたと考えられる。

年度別と地域別をクロスさせることで、繰り返し依頼する信者の地域や時期の特徴に関して、多少の見通しが得られた。松蔵に帰依した信者の中に、さらにその教えを広げようとした人物の存在がどの地域にいたのかを考える上で参考になる。

新宗教においては、信者が教祖の話を定期的に聞いたり、教団刊行物を定期的に講読する。しかし、今回閲覧した手紙は、内容的には信者たちの悩みや苦しみの解決を求めるものであった。何度も手紙を出す人が熱心な信者であるというふうにはみなせない。一種のかかりつけ医のような役割を、松蔵に求めたと思われるような例もある。それでも、信者側がどのように切実に教祖に願いを伝えるかを知る上では、非常に重要な資料であることが分かった。病気治癒を願いながら、教祖とのつながりに希望を持とうとする人々の多さは、この時期特有の現象ではなく、近代の新宗教全般に広くみられる一つの典型的形態とみなせる。

このように病気治癒という要素への期待がほとんどで、松蔵の求めた精神性に応えるような信者はあまり育たなかったようである。分派的教団の存在は、弟子的な人物も少しはいたことを物語っているが、祖神道という教団が松蔵の没後、組織的に展開していくことはなかった。病気治癒という人間の生命維持に関わるような問題には短時間のうちに多くの人が頼ってくるが、日本の国の精神的再建というような文化的な次元での応答はさほどみられない。こうした文化的次元の観念の理解には時間がかかる。生命維持のような遺伝的に組みこまれているような反応形態と異なり、その文化的観念を受け入れるためのフレームが、ある程度備わっていることが必要になる。あまりの依頼者の多さは、松蔵がそうした面での教化を行なうために時間を割くことを許さなかったのではないかと推測できる。

今回の手紙・電報の分析によって、当時の全国的雑誌が情報の広がりにもっていた役割の大きさがどのようなものであったかを具体的に確認できたことは、宗教と情報化の関係を考える上で非常に重要である。一度の掲載がこれほどまでに広い地域にわたる信者を生み、一〇年以上にわたる手紙等による依頼などが継続した背景にどのような状況を想定できるか。松蔵によって癒されたと感じた人々が、それを他の人に伝えていったのは、手紙の内容からしても間違いないことである。

これとともに、松蔵の宗教者としての活動が、多くの人に帰依の心を生じさせるものでなければ、そうした展開はありえない(11)。病気治癒と一言で表現されることが多いが、一人ひとりにとっては、それぞれの時代状況・社会状況の中で、自らに降りかかった不幸にどう対処しようかという必死の取り組みへの応答である。その応答の具体的なあり方が、松蔵をまさに「祖神様(おやがみ)」として頼るべき存在とした信者が短期間に相当数にのぼったことにつながっている。

近代新宗教の教祖たちが、その思想的な影響があまり深く及ばなくても、「現世利益」と総称される悩みの解決において少なからぬ信者を形成する例は数多い。しかし両者は切り離して考えるべきではない。数少ないとはいえ、松蔵の場合も病気治癒を契機により深く信仰のあり方へと向かっていった信者がいる。黒住宗忠が「病は道の入口」と述べたような病気と深い信仰心との関係は、少し表現は変わるが天理教や金光教などにもみられる。これらは、宗教の側から示された論理である。終章で触れるが、認知宗教学的な視点を導入すると、病気治癒と信仰心との関係は、生命の危機を回避しようとする遺伝的に組み込まれた反応と、文化的に継承されたフレームがもたらす反応との交錯の場である。遺伝的に組み込まれた反応は普遍的であり、かつ似たような反応を呼び起こす。他方、文化的に継承されたフレームからの反応は多様であり、それが行動に影響を与えるには時間がかかる。

当時の情報メディアが大きな役割を果たして、松蔵には短期間で多くの信者が形成されたものの、その多くは病気治癒という、個人の生物としての危機状態から脱するための願いによったということや、松蔵の思想を深く理解しようとする人は少なかったということは、この点からすると、特異な事例ではない。

むすび

松下松蔵は信者たちから祖神（おやがみ）と呼ばれていた。第三章で示した例で分かるように、新宗教では教祖を神と一体化する例が多い。天理教の中山みきは「おやさま」と呼ばれ、みきを「やしろ」として言葉を放った天理王命は教団では「おやがみ」とも呼ばれる。これは「おや」と「かみ」とを習合させた認知として理解できる。この認知の形成は日本の宗教文化に継承されてきたものの一つである。氏神信仰もそのバリエーションである。ただこの場合は、祖（おや）は、系譜上の始祖という意味合いが強くなる。

新宗教における「おや」は、実際の親のイメージに近くなる。親が子を愛するように、神が子をいつくしむという認知である。手紙の文面にしばしば見受けられる「祖神」という表現は、おそらく厳密に意義づけされたものではない。むしろそのように表現するのが適切で礼儀にかなっていると思っていた面もあろう。また生神信仰の系譜からも理解できる。いずれにしても、近代の他の新宗教と大きく異なる面はない。

自然に「おや」と「かみ」が習合しているのも神道の近代的展開の一つの特徴である。それはすでに日本の宗教史の中に継承されていたことなので、それを用いることに違和感はなかったであろう。主に手紙類を通しての教祖とのやりとりにも、文化的に根付いた観念は抵抗なく用いられたのが分かる。

謝辞

本研究で扱ったきわめて貴重な資料の閲覧を許可していただいた祖神道管長の松下延明氏と、資料の閲覧に際してのさまざまな便宜を図っていただいた同教団の松下敬子氏に篤く御礼を申し上げたい。教団関係者の学術研究に対する深い理解が得られなければ、こうした研究は着手すらできなかった。

また膨大な資料はすでに半世紀以上を経たものであるので、判読が難しいものもあったが、そこから発信地や発信の日時、また依頼の概要を読み取る基本的な作業は非常に時間のかかるものであった。この間に国学院大学大学院の次の各氏には、根気の要る基礎的作業にお手伝いいただいた。とくに藤井麻央氏には、データの照合と内容面の整理を仔細にわたり行なっていただいた。これらの方々に篤く御礼の言葉を申しのべたい。

大洞友美子氏、杉内寛幸氏、情野梢氏、玉置麻衣氏、藤井麻央氏、宮崎浩一氏（五十音順）。

註

(1) 祖神道の教えについて分析したものとして、対馬路人「松下祖神道における生命の系譜論」(『日本仏教』五三、名著出版、一九八一年)があるが、松下松蔵についての研究は、新宗教研究の中でも少ない部類に属する。なお、教団が刊行した教祖関連の書籍として、松下松蔵の言行を記した松下延明編『神書』(祖神道出版部、一九七七年)、また教えを分かりやすく解説した松下延明『永遠の生命』(祖神道出版部、一九七八年)と同『人の道』(同、一九八七年)がある。『主婦の友』の記事以前に松下松蔵を紹介したものとして、沢井元善『神霊界の大偉人生神松下松蔵氏』(九州毎日新聞社、一九二五年)と同『神人松下先生』(一九二八年)がある。

(2) 宗教情報リサーチセンターの教団データベースは、次のURLからアクセスできる。http://www.rirc.or.jp/

(3) 祖神道の分派的教団の概要については、井上順孝他編『新宗教教団・人物事典』(弘文堂、一九九六年)を参照。

(4) 長橋靖彦に関しては、四大道のあゆみ編集委員会『四大道のあゆみ』(四大道本庁、一九九七年)を参照した。

(5) 「真理実行の教」の設立経緯、本城千代子の生涯については孝本貢「カリスマの死―真理実行会の事例―」(『明治大学教養論集』一三九、一九八〇年)が詳しい。

(6) その他、藤本朝雄(一八九七生)が福岡に祖神道本庁を開いたことも知られている。

(7) ここには教祖と霊能祈祷師との違いに関わる問題もある。これについては拙著『新宗教の解読』(文庫版、筑摩書房、一九九六年）の「増殖と既成化」の章で論じておいた。

（8）この作業は国学院大学日本文化研究所で二〇〇二年と二〇〇三年に実施された「教派神道の地域展開に関する研究」プロジェクト、及び二〇〇四年と二〇〇五年に実施された「国学と教派神道との関わりに関する調査・研究」プロジェクトによる研究の一環として実施された。また本章は拙論「昭和前期の情報環境と祖神道信者の地理的広がり──「長洲の生神様」松下松蔵への手紙等を手がかりに──」（『國學院大學大学院紀要』四九、二〇一八年）に加筆し、後半部分を新たに書き下ろしたものである。

（9）この作業は国学院大学日本文化研究所の教派神道プロジェクトの一環として実施した。祖神道の本部には、分析できたものの二倍以上の手紙や電報が保管されていたが、閲覧可能なものの選別に際しては、祖神道の松下敬子氏に全面的なご協力いただいた。第一段階でのこの協力が得られなければ、本稿で行なったような大量の郵便・電信の分析はできなかったと考えている。

（10）森田栄著、（真栄館、一九一五年）。

（11）松下延明編（前掲書）には、二百頁以上にわたって「御生前の御言葉」が収められている。一九一八年から一九四七年までに松下松蔵が信者に述べた言葉が五六〇点余収録されている。誰に対して述べた言葉であったかは分からないが、教えの核心を繰り返したものと、特定の相手に与えた諭と思われるものとがある。後者にはいろいろな事象について断定的に述べたものがあるが、その背景は分からない。言葉が発せられた年月までは示されているが、残念ながら、本章で扱った信者の切実な願いとどう対応しているかは明らかにできない。

第六章　現代の神道が迎えた新しい局面

はじめに

近代日本に多くの教団神道が形成されたが、新しい宗教組織が相次いで生まれたということ自体は、世界的視点からは決して珍しい事例ではない。その形成のされ方の特徴をまず明らかにしようと、どのような社会的環境で、どのように従来の宗教文化が選択されていったかに焦点を当ててきた。神道が神社とは別の形式の教団組織で社会的に活動していく局面に焦点を当てたことで、宗教文化の継承の動態、つまり何が選びとられ、何が新しく形成されるかが見えてきた。神道の宗教としての特徴は、その歴史や守るべき柱が日本という国と深く結びついている点である。神社神道はこの特徴がもっとも明確に表れており、その柱には天皇制度の継続が位置づけられている。高坏型の教派神道はこの点では共通している。神道系新宗教の場合もこの点から自由ではないが、他方で人間が生きていく上で必然的に生じる悩みや苦しみに対応しようとしたことが、近代を通して次々と新しい教団が生まれた理由と考えられる。

神道は多神教とされているが、神の位置づけは全国にある神社の間でも一様ではなく、神道教団の場合はさらに多様になる。天理教や金光教、あるいは天照皇大神宮教のように一神教に近いような神観もある。多神教は世界各地にあるが、近代神道の場合、神々への信仰とは別の要素が大きく介在している。それは天皇崇拝である。また神社神道や一部の神道教派においては、国体という観念が強弱の差はあれ関与している。天皇崇拝と国体観念は戦前のみならず、戦後そして二一世紀においてもなお、脈々と継承されている。

他方で、近代神道は二〇世紀後半以後、大きな社会的変化に直面している。神道と他の宗教との関係も大きく変わってきている。明治の初期においては、神社神道は仏教との差別化が重要であり、教派神道にはキリスト教に対する防御の要素も混じっていた。こうした構図は近代の過程で次第に変容してきた。戦後はその変容がグローバル化、情報化といった近代化とは異なった要素を含むものによって促進されている。現代においては他の宗教の影響を神道が防御しなければならないという発想は乏しくなっている。むしろ何が神道なのかが問われることが多くなっている。神道と日本文化の関係も確固たるものではなく、どこが神道特有と言えるのか曖昧なままである。神社神道は年中行事や人生儀礼のほか、生業儀礼にも関わり、また個人的祈祷・祈願の類にも関わってきた。教団神道も年中行事や人生儀礼に関わるが、主には個人的な祈祷・祈願類への関わりの比重が重くなった。こうした活動全体が、グローバル化や情報化が進行する時代には、従来とは異なった形の問題を提示している。

以下では近代の神道に関わりをもった力学の変化を整理した上で、二〇世紀末から二一世紀にかけて大きく浮上してきた新しい問題にも触れる。そのことにより、教派神道と神道系新宗教が神道の伝統から取り出したものは何か。近代という新しい環境の中で新たに生み出したものは何か。そこから見えてくる神道の宗教としての特徴は何か。近代においてより鮮明になってきた文化の継承の特徴は何かを考察する。

（1）近代の神道が構築した宗教に関わるフレーム

神仏習合と神仏隔離の継承

それぞれの宗教は、その立場からする宗教観のフレームをもつ。原理主義のようにウチとソトが非常に明確に峻別されたフレームもあれば、自らの宗教についてもおおよその見取り図のようなものがあるに過ぎないようなフレームもある。それらは宗教の指導者たちと一般の信者の間で同一とは限らない。それぞれの宗教が内包するそうしたフレームは、宗教研究者が行なうような世界の宗教の関係図とか類型化といったものとは異なる。

近代に活動する神道教団は、日本が幕藩体制から中央集権国家となり、欧米からの強い文化的影響を受ける中で形成され展開した。日本の社会・文化は他の国とは異なる特別なものであるのみならず、秀でたものであるとする観念が、主として神道において継承され増幅された。仏教は元をただせば外来の宗教である。キリスト教は外来宗教というだけでなく、江戸時代には禁教であった。むろん神道も実際には中国をはじめアジアの他の国々からの宗教的、哲学的影響を受けて時代ごとにかなり異なった展開をしている。[1] 相対的に日本独自の部分が多いと言えるだけである。近代においては、江戸時代の国学が展開させた思想や観念を基盤として、神道はそれまでになく自立した宗教としての装いを強めた。それは神道史の展開と国際関係を背景とした日本社会の問題との相互関係で生まれた。

明治政府の神仏分離策は神道を独立した宗教とする上で欠かせない作業であったかもしれないが、仏教との差別化は徹底できなかった。神仏分離を進めてほどなく神仏合同布教に転じたことに端的にあらわれている。さらに人々の感覚で言えば、日本の宗教において神と仏は長くセットで信仰されてきたから、それを明確に峻別するのは無理な相談に近かった。神社と寺院、神職と僧侶の区別はするようになっても、ここの儀礼や実践においては、習合状態は維持されたままであった。言葉の上でも、「神仏を敬う」のであり、「神や仏に祈願する」のである。浄土真宗には神祇不拝という考えがあるが、日本仏教での多数派ではない。

教派神道の中で、例外的に廃仏毀釈を強く推進したのが、扶桑教の初代管長宍野半である。宍野半は薩摩藩士であったが、平田派の国学を学んだ。大教宣布に基づく国民教化の先頭に立った一人である。明治五年に教部省に出仕し、翌年三月に現在の富士山本宮浅間大社に宮司として着任した。宍野は富士山において廃仏毀釈を行なった。それは宍野の出身の薩摩藩で行なわれた廃仏毀釈と同様徹底したものであった。富士山中から仏像や仏具をすべて取り除き、地名も仏教色のあるものを変えた。富士山興法寺は村山浅間神社となり、修験者たちは還俗させられた。

神仏分離を制度的に徹底しようとしても、人々の日常生活においては限界がある。もっとも厳しい峻別が要請された神社神道においても、習合状態は完全に払拭はできなかった。戦後には仏教などとの関わりが柔軟になるだけではなく、新宗教との協力もなされるようになっている。神社の境内に「世界人類が平和でありますように」という白光真宏会のピースポールが建てられていることもある。新型コロナウイルス感染症が広がりを見せた二〇二〇年三月には、三重県の松阪神社が仏教系新宗教の阿含宗と合同で「新型コロナウイルス感染症の鎮静化祈願祭」を実施している。神社本庁の病魔退散祈願の要請を受けての祈願祭の実施であった。阿含宗は二〇一八年から三重県内の主たる神社で、地域の安寧と繁栄、祖霊供養などを祈願する護摩を奉納してきていた。これを考慮して同社の宮司が合同で祈願することを決めたと報じられている(2)。

神道系新宗教においては、大なり小なり神仏習合状態がある。逆に仏教系新宗教が神を崇拝の対象にするところもある。仏教系新宗教の大半は法華系・日蓮系であり、その他では真言系が次ぐ。法華宗には三十番神の信仰があり、法華神道という流れがある。真言密教と神道とのつながりは中世以来深く、両部神道という密教の影響を受けた神道がある。真言系の新宗教において、神道の神々とのつながりが重視されるのは不思議ではない。このような宗教史の流れがあるとすれば、近代における神道教団の形成に、神仏習合的局面が見られるのはごく自然なことであった。

歴史的に神仏関係を神仏習合と神仏隔離という二つの観点から見る研究がある。平たく言えば、神と仏は習合しているが、しかし異なるものであることも同時に意識されてきたという理解である。この矛盾するようで互いに依存している観念は、近代においても基本的に継承されている。ただし、習合しつつも別のものという認識が保たれているのが日本独特であるとするのは早計である。異なった宗教が併存しているときに生じうる一つの形態である。

キリスト教対国体

近代の神道家にとってキリスト教は、当初もっとも警戒すべきものとしてみなされていた。高坏型の教派の指導者の中には、キリスト教の強い影響力に対する防波堤的な役割をもとうとして活動した人もいた。しかしながら、キリスト教は一八七三年には公認され、宣教師たちが設立した塾や学校が増えていった。日本社会の教育や文化面での影響はたちまちのうちに深まった。こうした過程で神道教派が、キリスト教からの国民への影響が広まるのを防ぐという目的は弱まり、やがてその目的は自然消滅になった。キリスト教が日本の文化にとって強い脅威と感じられていたのは、幕末維新期に集中していた。

神道教派の管長になった人のうち、知識層に属していた人たちは、キリスト教への脅威は欧米諸国の軍事力への脅威とセットになっていた。それまで主に中国から受け入れた仏教、あるいは儒教は、文化的に摂取されたものであった。進んだ国から文化を採り入れる一環として宗教も受け入れられた。危険を冒してまで海を渡って経典や行法などを学ぼうとしたのは、それゆえである。

しかしキリスト教は、江戸幕府が危険とみなした宗教であった。さらに西欧列国の軍事力を背景に影響が広がることを恐れた神道家たちがいた。神道大成教の初代管長である平山省斎は、幕末には幕臣として外国との交渉に当たっていた。嘉永四（一八五一）年八月には御徒目付となり、翌年には対外関係の問題を手がけた。七月に下田にゆき、ロシア船が日本の漂民を送り戻した事実を探った。嘉永六年六月にはペリーがミシシッピー号以下の艦船を率いて初めて浦賀に来航したので、「海岸見分御用」として事に当たった。ロシアは米国の動向を見て、同月、プチャーチンを長崎に派遣し、貿易港の開放等を要求した。幕府は安政五（一八五八）年に外国奉行を設置し、省斎は外国奉行として外国との交渉に当たった。日本が国際的に非常に大きな転換期を迎えていることは実感したに違いない。

神道修成派を創始した新田邦光も、ペリーの来航時には江戸を鎮静しようと奔走したようである。嘉永七年に米国の艦隊が再びやってきたときには、大森の海岸警備の員に加わり、情勢を探ったとされる。省斎のような立場とは異なったが、「黒船」に象徴される西欧の軍事力の一端は実感したであろう。

軍事的な力を背景にキリスト教の広がりを恐れても、キリスト教の布教自体は阻止できないという見通しはもっていた。それでもその影響をなるべく小さいものにしようとする意識が、一部の神道教派の創始者にはあった。

神理教の佐野経彦もキリスト教には強い警戒心を抱いていた。経彦は、神道修成派初代管長の新田邦光や扶桑教初代管長の宍野半に会っている。神宮教の初代管長田中頼庸、神習教の初代管長芳村正秉にも面会を求めている。キリスト教に対抗するための人脈作りということも考えていたと思われる。経彦はまた一八八四年九月にロシア正教のニコライを訪ね、宗教問答を行なっている。この内容はきわめて興味深いものであるので、拙著『教派神道の形成』の第四章「佐野経彦と神理教の形成」に、門人が一八八九年に書写したものを全文記載しておいた。

問答の途中でニコライは何度か経彦に入信を勧めたようである。経彦の文からはこのような教えに多くの日本人が引き込まれていることへの無念さと、ニコライの宗教的情熱そのものへの敬意とが混在しているのが感じられる。ただ、キリスト教は創造説であり、神道は造化説であって、それが優れているという点は譲らない。しかし二人ともこの神学論争はいい機会だったと受け止めたようである。ニコライは外まで手をとって経彦を送り出したとある。

維新期のこうしたキリスト教への防波堤役は消滅したが、キリスト教が広まったのちは別の形で問題が起こる。それは天皇崇拝の問題と国体の問題である。一八九一年一月の内村鑑三不敬事件は一高の教育勅語奉読式の際に起こったが、これ以後は天皇の神聖性を少しでも侵犯した行為には、社会的批判が一気に高まるような状況になっていった。キリスト教信者は天皇と神（イエス）のどちらを上位に置くかといったような形で、天皇への忠誠心が問われるような時代へと推移していった。

第二章で示したように、天皇の神格化や国体観念の重視は昭和前期には日本全体を覆う観念となり、そこでは宗教的信念の自由は通用しなくなった。ファシズム期と呼ばれることもある昭和前期には、神道とキリスト教という構図ではなく、国家主義が本流となり、そこから異端とみなされたものが取り締まられ、排斥されるという構造になった。神道系、仏教系、キリスト教の宗教団体の創始者や幹部が逮捕される事件が相次いだ(3)。

灯台社として活動したエホバの証人、第七日基督再臨団として活動していたセブンスデー・アドベンチストだけでなく、神道系の団体も数多く検挙され、指導者たちは有罪判決を受けた。大本の弾圧については、第三章で触れた。元御嶽教の教師で天津教を設立した竹内巨麿（きよまろ）は、一九四二年に水戸地方裁判所から不敬罪で有罪の判決を受けた。天理教の分派であるほんみちの創始者大西愛治郎は、一九四二年に大阪地方裁判所から治安維持法及び不敬罪で無期懲役の判決を下された。大西愛治郎に影響をうけて天理神之口明場所（かみのくちあけばしょ）（おうかんみち）を結成した山田梅次郎は、その活動が国体観念の変革に当たるとして逮捕され、一九四〇年に名古屋地方裁判所から懲役五年の判決を下された。

戦後は日本の諸宗教の関係は大きく変わり、キリスト教を外来の宗教として排斥するような傾向はなくなった。日本宗教連盟は一九四六年に教派神道連合会、全日本仏教会、日本キリスト教連合会、神社本庁の四団体で結成された。一九五二年に新日本宗教団体連合会（新宗連）が加わって現在の五団体になった。神社本庁、教派神道、キリスト教が継続的に意見を交わす場ができている。天皇制や国体を守るためキリスト教を排除するといった動きは戦後は弱まった。終戦直後、天皇がキリスト教に会衆するという噂が流れたほど、キリスト教の位置づけは社会的に大きく変わった。当時皇太子であった明仁親王が一九五九年に結婚した正田美智子さんは、聖心女子大学というカトリック系の大学の卒業生であった。

キリスト教排斥の構図はなくなったが、天皇崇拝と国体護持という観念は消失しなかった。「国体維持」運動は原理主義である。日本の国柄を誇るだけでなく強い排他性を兼ね備えていた。神道は国体護持の発想とかなり親和性がある。自国の文化的特徴は他の国に見られないとか、独特のものであるという主張は、普遍的に観察される。自文化の優位性を表現するために、神道的精神はもっともすぐれていると主張する神道家がいるが、このような思考法も普遍的である。それぞれの宗教には、その中核に自分たちの宗教がもっともすぐれていると思う人がいるのが常である。

それが近代化の中で軋轢を生むのは、強い排他性を伴っている場合である。優越性は「日本人であるなら」という言葉になる。記紀に記載されているような神々を敬う、天皇や皇室を敬うのは、個人の意思によるものではなく、日本人に課せられた義務のようにみなす。これが現在でも、外国人、とくにアジアの人々、移民労働者に対して向けられることがある。

（2）戦後の社会変容と神道

四つの時期

第二次大戦後は、敗戦直後の神社神道を除いて、神道は近代においてもっとも政治的制約から自由に活動できるようになった。神社神道も高度成長期以降は、神道指令に見られたような厳しい視線からは解き放たれていく。こうした時代に神道がどのような方向にその活動を広げているかは、近代神道がどのような宗教文化の取捨選択をなしたかを見ていく上できわめて重要である。その観点からの戦後の神道の展開における重要な局面をまず手短に確認しておく。戦後の神道教団の展開は、その間の社会変化と大きな関係があるので、次の四期に分けて整理する。(4)

敗戦直後（一九四五年から五〇年代前半）

高度成長期（一九五〇年代半ばから一九七〇年代前半）

社会が比較的安定していた時代（一九七〇代半ばから一九八〇年代）

情報化・グローバル化が本格化した時代（一九九〇年代以降）

第一章で述べたように、敗戦直後は、明治期に確立された神社の特別な位置づけがたちまちのうちに失われた。この状況に対応して設立されたのが神社本庁という新しい宗教法人である。全国八万社近くの神社を包括する。教派神道も戦前の神道教派という行政カテゴリーがなくなり、宗教法人として他の神道系新宗教と扱いの差がなくなった。神社や高坏型の教派神道にとっては、方針展開が迫られていた。その一方で、第三章で述べたように、天照皇大神宮教の北村サヨに代表されるように、激しい社会批判を繰り広げる新宗教の教祖も出現し、社会的な注目を浴びた。

研究者や神道家の間で、この状況にどう対応するかについて出された特徴的な主張を折口信夫、葦津珍彦（あしづうずひこ）、岸本英夫の三人について比べてみる。折口信夫は一九五一年に日本宗教学会の機関誌『宗教研究』に一文を寄せ、より日常生活に密着した神道文化の研究に新たな希望を示している。民俗学的な立場から神道の儀礼や教えについて考察を重ねてきた折口にとって、自由な立場からの神道研究が可能になったことは歓迎すべきことであった。特定のイデオロギーに基づく神道思想の理解ではなく、日本人の信仰生活の中で形成された神道思想と向かい合う姿勢をとるべきことを示した。(5)

戦後の神社神道における代表的論客の葦津珍彦は、GHQの神道政策を、日本の国や文明を「アメリカ植民地の型」に変えるものであるとして批判し、神道神学の確立を提言した。折口同様自由な神道研究にいささかの期待を寄せているものの、自由な神道研究に対しては警戒も表明している。宗教学や民俗学からの神道研究は客観的な立場からのものであるので、好意的であり得るのと同程度に悪意的でもあり得るとみなしたからである。国家の後ろ盾を失った神社神道は、他の宗教法人の活動を参考にせざるを得ない面が出てくる。人々が歴史的に神社に対して形成してきた振る舞いは、急に変わることはないにしても、早晩、従来とは異なる課題が神社神道には押し寄せる。そのような事態を見越していた(6)。

岸本英夫は戦後の神社神道のあり方に影響あった宗教研究者である。戦前ハーバード大学留学中に構築したネットワークを活かして、戦後のGHQの神道政策が行き過ぎたものにならないように腐心した。GHQの民間情報教育局で神道及び宗教政策を担当したウィリアム・K・バンスは、日本宗教についての知識がなく、岸本に個人教授を依頼した。神道は長い歴史を持ち国家神道と呼ばれるような形態は比較的短期間に形成されたものである、ということを知る米国人は少なかった。他方で、日本の神道関係者の中に、外国人からは神道がどのように見えるかをある程度了解した上で、自分たちの主張をしていくことができるような人物は、当時はほとんどいなかった。そうした状況下で、岸本は両者をつなぐ重要な役割を果たした。岸本は一九四五年一一月に靖国神社で開かれた臨時大招霊祭をバンスらに見学させた。岸本は前夜祭に集まっていた陸海軍将校たちに軍国主義的色彩を薄めるように説得したという(7)。

次の高度成長期になると、神社神道においては伝統回帰的な動きが見てとれるようになる。敗戦直後に広まった国家神道観、及び神社神道の政治性への批判に対抗するような動きが表面化してくる。一九五七年には神社本庁などが中心になって紀元節奉祝会が結成され、六七年には戦前の紀元節である二月一一日が建国記念の日として祝日になった。紀元節は日本書紀の記述に基づき、神武天皇即位の日を明治時代に太陽暦に換算して定めたものである。建国記念日と名称は変わったものの、「神武創業」という神道界が明治維新に充てた意義を復活しようという運動が、政治レベルで表面化した。他方で靖国神社を国営化しようとする動きも活発となった。

こうした動きには神社界だけでなく仏教界の一部も関与した。それは高度成長期が終わる一九七〇年代から具体的な形で表面化してくる。あたかも六〇年安保闘争、七〇年安保闘争といった学生運動が下火になるのと入れ替わるようにして高まる動きであり、戦後の日本社会の一つの大きな転換点をなしている。

「揺り戻し」現象

高度成長期は一九七〇年代半ばに終りを迎え、「豊かな時代」の到来とうたわれるようになった。この時期、人々の宗教に対する態度において、「私化」の傾向が強まったという見解が、宗教社会学者などから指摘されるようになる。(8) 共同体や家族のつながりとの中で宗教に関わるのではなく、個人的な悩み、精神的な安定を求めて宗教や精神世界と呼ばれる思想やサークルなどに関わる人が増えたからである。他方、呪術的あるいは土俗的と呼ばれてきたようなシャーマニズム、アニミズムなどが再評価されるような傾向があらわれた。この流れの中で神道に対する厳しい視線は薄れてゆき、再評価するような動きが高まってくる。愛国的主張も神社神道を中心に前面に出るようになった。

この時期は日本の宗教文化が見直され、一種の「揺り戻し」とみなしうるような現象が相次ぐ。戦後社会で神社神道と国家の結びつきに強い批判が向けられたのは、GHQという外圧を大きな契機としていた。戦争放棄を定めた憲法も占領下で生まれた。これらを神社神道に対する不当な批判、そして憲法を押し付けられたものと主張する動きが、高度成長期以降少しずつ強まった。それは占領期の状態を本来の日本の宗教から外れるものであるという見方を一部に醸成した。これが「揺り戻し」現象の中核にある考えである。戦前回帰を志向するような動きも出てきた。

一九七〇年代頃から、新たな大型教団が形成されず、すでに大型教団となったものに信者数の減少傾向が見え始めたとき、主としてマスメディアや評論家に注目されるようになったのが中小教団の動向である。猪野健治は心霊界教団[9]など神道系の中小教団の活動の広がりに注目した。こうした教団の動きの中に、この時期から萌す日本社会の民族主義的傾向の強まりに着眼している。戦前に宗教結社として活動していた団体の中には右翼思想に基づくもの、軍国主義を唱導するようなものもあったが、これらが戦後宗教法人として認められることは難しくなった。民族主義的な色彩が強い教団を新たに結成したり、その主張を前面には出しにくい社会的状況は終戦直後にはあった。けれども高度成長期を経たのちは、それも少しずつ風向きが変わってきたことが、こうした教団の活動にうかがえる。

猪野はそこにいち早く着眼し、神社本庁や生長の家などに対し「右翼系教団群」という括り方をしている。そこには新しい動きを示す神道系中小教団も含められている。注目するのが元号法制化運動である。猪野はこの運動を思想闘争として位置づけ、その先にあるのは、靖国神社（国営）法案だとした。靖国法案は、戦前の国家神道の評価につながるゆえに、かねてから宗教各団体がまとまっていく上での大きな足かせになった。宗教団体の多くは法案反対の立場を取り、結果、新宗連（新日本宗教団体連合会）から世界救世教、仏所護念会教団、三五教などが脱会するなどして、宗教界を二分する争いへと発展した。猪野は「靖国法案推進派は、元号法案を成立させたことで確実に〝一点突破〟を果たしたのである」と指摘している。靖国法案の反対運動は素朴な感受性に支えられていたゆえに、周到な準備をして展開されたイデオロギーに裏打ちされた戦略の前にはひとたまりもなかったという分析をしている(10)。

神道の場合、明治期と違って敗戦後の展開には国外からの力が一時的とはいえ大きく作用した。したがって戦後の展開を考える場合には、そうした外的力が行政上強く作用した時代とそうでなくなった時代の違いは大きい。外的な力が弱まったとき、社会の変化への対応というより、戦前への回帰、あるいは戦前をデフォルトとする思想なり主張が広範に生じた。これを「揺り戻し」とみるのである。このことは神社本庁の機関紙である『神社新報』の社説やその他の記事を見れば歴然としている。

この「揺り戻し」というベクトルは単純ではない。揺り戻しの強まりには、神社関係者だけでなく、一部の新宗教(11)、や仏教宗派のリーダー、さらには、一部のキリスト教系の新宗教の指導者も関与している。これらが相まって揺り戻し現象は宗教界全体にわたっている。一九七四年には元号法制定を推進する「日本を守る会」が結成された。それを呼びかけたのは臨済宗円覚寺派の朝比奈宗源である。朝比奈の父は丸山教の熱心な信者であり、朝比奈も幼児には丸山教式の神棚に拝んでいたという。雲水修行なども経験し、やがて円覚寺の管長となった。戦時中は行動する仏教者として護国神社造営に反対したりしたが、戦後は日本の伝統的な文化を守る運動に加わった。

朝比奈に代表されるように、GHQによって日本の文化が破壊されたという主張において、一部の神社関係者と仏教関係者とは共通の土俵を作り出した。さらに生長の家の谷口雅春など、新宗教の教祖がそうした主張に基づく宗派を超えた連携に参入する例も見られた。この時期の動きは弱まることなく二一世紀にも続いている。この点については、二〇一五年あたりから多くの論評がなされるようになった「日本会議」についての一連の研究が明らかにしてきている[12]。「日本会議」は一九九七年に結成されているが、その源流の一つは「日本を守る会」にある。

ここには愛国心あるいはナショナリズムというテーマが深く関わってくる。愛国心は宗教思想そのものではないが、宗教思想に強い影響を及ぼす。神道系か仏教系かにかかわらず一部の新宗教に見られる強いナショナリズムの傾向は、宗教者は世界の平和を願うという、戦後の宗教界における大きな潮流とは別の方向に歩んでいる。たとえば幸福の科学などは、中国脅威論を述べ、北朝鮮のミサイルに対抗する政策を説きながら、日本も核武装する必要があると繰り返している。これらを実現していく必要を愛国心に訴えて主張している[13]。

この愛国心は、あらゆる国において常に国として人びとを結集させるときの強力な作用を持つ言葉であり、概念である。それゆえ国際的緊張が高まれば、必然的に政治家が用いる概念でもある。高度成長期までは戦争を経験した宗教家の多くは、より広い視点から事柄を論じようとしてきた。人類愛、人間愛などの概念が用いられたりした。その意味で、戦後日本の宗教界の主流は、当初は戦争の反省に立って、平和を願い、戦いを避けるための祈りや行動であった。ところが、戦争の記憶を持たない世代が大半を占める時代になるとともに、異なった潮流が表面に出てくるようになった。

（3）情報化とグローバル化の中の神道

情報化が揺れ動かすもの

一九九〇年代以降は、日本社会における情報化とグローバル化がしだいに顕著になる。グローバル化に関する動向は第三章で触れた。ここでは情報化への対応に触れる。情報化の影響は生活全般にわたるので、宗教特有の問題というのは少ないが、一つの顕著な影響は、それまであまり変化が見られなかった民俗信仰においても、新しい動向が見られるようになったことである。人生儀礼、年中行事においても、従来の宗教的慣習にとらわれないようなやり方が目立ってくる。人生儀礼や年中行事は神道に関わるものが多く、人々の意識に変化が生じれば、それは神社神道や教団神道の活動にも変化が及ばざるを得ない。

コンピュータ技術の飛躍的な発達により、インターネットを通じて提供される視覚・聴覚情報は宗教意識にも影響を与え始めた。一九九五年のｗｉｎｄｏｗｓ95の発売によって、日本でも急速にコンピュータ利用及びインターネット利用が広まった。その影響は宗教界にも及び、従来の紙媒体を中心とする情報発信に加えて、インターネットを利用した情報発信が一九九〇年代末から見られるようになり、二一世紀にはいると、それが一般化していく。

インターネットが普及していくと、「聖なる世界」を重視する宗教界においては、特有の問題が生じた。典型的な例がバーチャル参拝の可否をめぐる問題である。神社神道では当初これに対する否定的な見解も存在した。一九九九年一一月に国際宗教研究所主催で開催された公開シンポジウム「インターネット時代の宗教」において、都内の愛宕神社の神職がバーチャル参拝をめぐる問題で発題した。一九九六年に同神社が作成したサイトに対して好意的な意見と、批判的な意見が寄せられたことが紹介されている。批判は主に高齢者からであったという[14]。

二一世紀に入り、宗教界におけるインターネットの利用は急速に進んだ。ホームページを作成したり、信者の意見交換に用いるところも出てきた。しかし宗教界特有の警戒も継続した。神社本庁は二〇〇六年七月に各都道府県神社庁宛てに、インターネットに関わる尊厳性の護持についての通知を出している。そこには次のように述べられている。

（前略）インターネットは、極めて利便性の高い、効果的な機能を具へてゐる反面、仮想的、擬似的な性格を有してをり、神社の信仰面に関はる利用にあたつては、充分な注意が必要となります。しかるに昨今、一部の神社のウェブサイト上には、参拝或いは神符守札の頒布等、神社の信仰面において、その尊厳性を損なふやうな事例が散見され、他の神社に及ぼす影響も看過し得ない状況となってをります。かかる事態は、インターネット利用による神社の信仰面への影響を顧慮せずに、利便性、機能性のみを追求することに起因するもので、その結果、却って氏子・崇敬者の信用を失ふことになりかねないものと危倶されます。

今後、神社におけるインターネットの利用がさらに盛んになることを期待するものではありますが、くれぐれも神社本庁憲章に謳はれた神社の本義及び神職の使命を自覚し、関係規程の遵守のもとに適正な利用が図られるやう、左の事項に留意戴き、然るべく指導の程、お願ひ申上げます。

記

一、インターネットに関はる神社の尊厳性の護持上、問題となる事項

（1）社会一般の健全な信仰を害する、いはゆる「バーチャル参拝」のやうなインターネットを通じた拝礼等の行為を勧奨すること

（2）祈願は参拝を以て行ふといふ原則にもとる、願主の参拝を伴はない祈願の執行を「通信祈願」等と称してインターネット上で日常的に喧伝すること

（3）神符守札は社頭で頒布するといふ原則にもとる、神符守札を一般商品（課税物品）販売と同様にインターネット上で頒布すること

この通知の内容からすると、神社本庁は尊厳性という観点から情報化がもたらす問題を議論していることが分かる。バーチャル参拝をどのようなイメージで描いているのかは不明だが、否定的なのは文言から明らかである。二〇二〇年の新型コロナウイルス感染症の広まりでは、ここに記されている「通信祈願」の類も一部の神社で行われるようになったが、この時点ではやはり否定的である。

一方、個々の神社を見やると、インターネット時代に柔軟に対応している例がある。特徴的なのが東京の神田、日本橋、秋葉原、大手町などを氏子区域とする千代田区の神田神社（通称神田明神）である。二〇〇二年から「IT情報安全守護」というお守りを出している。二〇〇四年の日本経済新聞には神田神社の権禰宜がその背景を述べた記事がある。[15] それによると、氏子に秋葉原の会社が多く、パソコン用のお守りが欲しいという声があったという。（コンピュータ）ウイルスはいつやってくるかわからないという不安への対処である。ITお守りに首をかしげる人に対しては「原子力発電所やロケットといった最先端技術を扱うものでも皆おはらいをします。車のお守りはみんな持っているし、地域に役立つことだと思っています」と述べている。

神道教団においては、対応は多様である。IT時代に対応したくてもできないという場合もある。ただ尊厳性という観点からインターネットの利用に消極的になるという例はほとんど見られない。対応が遅れているだけであって、この流れを否定しているわけではない。尊厳性に関わるが、神社界と神道教派が関係した次のような出来事があった。二〇一二年にノートン・シマンテック社がウイルス駆除の御祈祷済みデータバックアップUSB「御守（オマモリー）」のコマーシャルを制作した。しかしその内容に対して神社関係者から抗議が起こり、これを受けて同社はそのコマーシャルを用いるのを断念した。このコマーシャルでは、ある神道教派の社でウイルスを擬人化してそのUSBのお祓いをする場面があるが、問題となったのは「オマモリー」の目的であった。六つのバリエーションがあるのだが、それぞれ「アニソン安全」、「お宝動画安全」、「機密文書安全」、「㊙メール安全」、「隠しフォルダ安全」、「萌へ画像安全」が謳われている。コマーシャルの内容から、「お宝動画安全」は成人向け動画を連想させる。「機密文書安全」ではブラック見積もりという表現を使っている。また「隠しフォルダ安全」では、「大人の事情すべて隠蔽」と宣伝している。神社界からすると、問題とせざるを得ない内容であった。もっとも「ノートンのセキュリティ技術に日本古来の八百万のゴッドパワーを融合」という謳い文句は問題とされなかった。

ＩＴ革命は宗教の経済活動にも及ぶ。その一つがお賽銭やお布施、会費納入などの際に電子マネーを用いる流れである。これは一般社会に広がっていることであるので、宗教界がそれが及ばない「聖域」にとどまるのは困難である。経済産業省のキャッシュレス推進室が二〇二〇年六月に示したデータでは、二〇一六年の世界各国のキャッシュレス比率比較では日本が一九・九％と約二割であったのに対し、東アジアの韓国は九六・四％、中国は六五・八％であった。欧米では英国の六八・六％がもっとも多く、米国は四六・〇％、フランスは四〇・七％であった。人口一三億以上を抱えるインドでは三四・八％と日本の一・七倍である。日本は二〇〇八年の一一・九％から二〇一八年の二四・一％と一〇年で倍増してはいるが、国際的には遅れている。[16]これが世界水準に近づけば、その余波は必然的に宗教界にも及ぶ。

インターネットの利用も二〇二〇年代には一層進行する。宗教的な教義によってその広汎な利用を否定しようとしても、ことに体系だった神学が形成されていない神社神道は、教えのどの部分に根拠を求めるかが難しい。すでにＩＴ化を積極的に進めている神社や団体もあるから、その活動への否定的評価もやりにくい。インターネット時代がもたらす社会変化には、宗教組織にあって、上からの統制は効果が乏しい。インターネットの利用は宗教組織の上層部よりも一般信者において進む傾向にあるからである。

神道とジェンダー問題

宗教におけるジェンダー問題は、二一世紀にはいり多くの問題提起が出されるようになってきた。とくに日本仏教に関わる問題提起が多くあげられるようになった。[17]龍谷大学は二〇二〇年四月に「ジェンダーと宗教研究センター」を創設した。二一世紀になってようやく、ジェンダー問題が日本宗教にとって非常に重要な問題であるという認識が広く共有され始めた。政治、経済、教育などにおける戦後社会の変化は、すぐさま宗教側でも議論が生じているが、ジェンダー問題に関しては、社会全般における議論と比べて、かなりのタイムラグがあった。

一九四五年一二月に女性の国政への参政権が認められ、翌年には初めての女性議員が誕生した。「戦後強くなったものは女性と靴下」という今からすると奇妙なフレーズが流行った。戦後は一部の新宗教が短期間に組織を拡大させたが、その布教活動に女性が果たした役割の占める割合はきわめて大きい。にもかかわらず、戦後の宗教に関わる問題をジェンダー論から扱う論考は非常に乏しかった。研究者も現在のところ女性に多く偏っている。とくに神道研究においてはそうである。

神社神道に女性神職が生まれたのは戦後のことである。(18) 神道教派では戦前から女性教師がいた。神道系新宗教においては女性教師の割合は一般に高い。ジェンダー問題に関しては神社神道と教団神道とでは大きな違いが観察される。また宗教界全体で見ると、女性の宗教家、教師の割合は、神社神道及び仏教宗派と、新宗教とではかなり様相が異なる。令和二年版の『宗教年鑑』のデータでは、神社本庁傘下の神社全体では一七%、仏教宗派では高野山真言宗が二九%と高い方だが、曹洞宗や臨済宗妙心寺派は三%に過ぎない。浄土真宗本願寺派や真宗大谷派は一五%前後である。他方、新宗教であると、生長の家が七九%、天理教が六〇%、大本が五三%、世界救世教と金光教が五〇%と過半数が女性教師である。仏教系新宗教だと真如苑の八一%、立正佼成会の七七%など圧倒的多数の例もある。

女性教師の割合が多いことが、ジェンダー差別がないという話には直結しない。ただ近世までの日本の宗教史に大きく依存している神社神道と仏教宗派に女性教師の割合が低く、近代に形成された教団においては、女性教師の割合が一般的に高いということは、文化的な継承過程における取捨選択の違いを反映している。社会の側でも、依然として神職や僧侶は男性という考え方が強い。女性神職が氏子や参拝者から巫女と間違われたという体験談をよく聞くが、女性の神職がいるとは思いもよらない人も少なくない。

女性教師の比率に関する差は先祖観念の内容とも関係している。近代の新宗教においては先祖祭祀を重視するものが多い。仏教系では霊友会及び霊友会系の教団がそうである。これらにおいては、祭祀の対象となる先祖は双系である。つまり父方・母方の双方の先祖に対する供養を行なう。他方、日本の天皇崇拝、氏神信仰においては男系中心であった。神社神道はその系譜にある。神社本庁の機関誌である『神社新報』には女性天皇、女系天皇への反対論調がしばしば見られる。

女性教師の比率の違いには、神社神道や仏教宗派が近世の日本社会の環境に対応して現在の基本的形態が形作られたのに対し、新宗教が近代化が進行する社会環境で組織化が進んだという点も関係する。宗教界だけでなく、社会全体における女性の位置づけ自体が近代では次第に変わってきた。しかしその変化は近代を通して全体として比較的ゆるやかであり、宗教界の変化も決して敏速ではない。

国際社会調査プログラム（ＩＳＳＰ）という国際的な調査プロジェクトがある。一九八五年に第一回の調査が行なわれ、以後毎年いろいろなテーマでの調査を実施し、国際比較をしている。

日本も一九九三年から参加している。二〇一二年には「家族・仕事・性別役割」がテーマで、性別役割についての四回目の調査がなされた。その中に男性と女性の収入を比較した興味深い調査がある。調査に参加している国のうちの有効なデータでの比較であるが、配偶者のいる男性と女性について、女性の方が配偶者よりも収入が多いという割合は、三一か国のうち日本は最下位であり六%に過ぎなかった。もっとも多いスイスが四一%で、米国二六%、西ドイツ一九%、フランス一七%。韓国と中国は一三%と日本のほぼ二倍である。フィリピンが一一%、トルコが一〇%と日本より少し多い。

女性が選挙権を得た一九四五年から四〇年後の一九八五年に男女雇用機会均等が制定された。一九九九年に男女共同参画社会基本法が公布された。だが法的な面での変革があっても、人びとのジェンダー問題についての認知のあり方が変わるまでには、それなりの時間を要する。ただ社会も分野ごとに違いが顕著であるように、宗教界でも宗教ごと、あるいは教団ごとの違いは大きい。

若い世代におけるジェンダー問題への意識

宗教に関わるジェンダー問題に、若い世代ではどういう捉え方をしているのであろうか。学生に対する意識調査の結果を参考にしてみる。この調査は国学院大学日本文化研究所と「宗教と社会」学会の宗教意識調査プロジェクトが合同で一九九五年から二〇一五年まで行なった一二回の数千人規模のアンケート調査である。[19] この調査の質問項目にジェンダー問題に関するものが含まれていた年が六回ある。その項目では、大きく三つの事柄について質問されている。教団内における役職や地位に関わる差別、聖地への女人禁制の類の差別、そして同性愛に関する差別である。同性愛については最近はＬＧＢＴＸ（Lesbian, Gay, Bisexual, Transgender, X-gender）、あるいはＳＯＧＩ（Sexual Orientation and Gender Identity）といった概念の中で議論されることが一般的になったが、ジェンダー問題についての質問を始めた当初は、どちらの用語もそれほど学生の世代にも知られていなかったので、同性愛というテーマで調査した。

ジェンダー問題に関しては、予想された通り、男女差が明確にあらわれた。三つの質問のうち、ここでの議論に直接関係する教団内における役職や地位に関わるものを取り上げる。質問の仕方は、途中で一回少し変えた。一九九九年と二〇〇〇年の調査では、「宗教によっては女性が教団の特定の役職や地位につけない」ことをどう思うかを聞いた。二〇〇一年、二〇〇五年、二〇一〇年、二〇一二年の四回の調査では、「宗教によっては、女性が教団の特定の役職や地位につけないことがあります。これは差別だと思いますか」という質問に変えた。

最初の質問の仕方に対しては、二回とも「決まりだからそれでいい」と差別を肯定するような割合が、男性四割程度、女性三割程度と一割ほどの差になった（グラフⅥ—１参照）。

また二つ目のように質問を変えたら、差別だと思う割合は、男性が四〜五割で、女性が五割から六割強（二〇〇五年には女性が六一・四％）であった。男女別の差は一割程度である。二〇〇一年から二〇一二年までは男女差については同じような傾向であったので、それが分かるようにグラフVI―2に二〇〇一年と二〇一二年の結果を示した。

無回答はわずかなので無視し、また分からないという回答も大差ないので、それを省いて、「差別だと思う」人と「思わない」人の比を男女別に出してみた。二〇〇一年は、男性は六一対三九、女性は七七対二三であった。二〇一二年は男性は六〇対四〇、女性は七五対二五であった。これによって、二〇〇〇年代から二〇一〇年代前半にかけての調査で、男性はおおよそ六割が差別と思うが、女性は四分の三にのぼるという結果であった。男女で明確な差があると言えるが、女性でも一定程度現状を是認している。この一割程度の男女差が、聖地への女人禁制の質問においても、同性愛の禁止に宗教が関与すべきでないという意見にも見られた。

ジェンダー問題に関しては女性の方が敏感である。この傾向は韓国の学生を対象とした同様の調査においてもほぼ同じであった。だが韓国の男性は日本の男性よりは差別に批判的である。ジェンダーによる差別に関してもっとも反応が鈍い、つまり是認の態度が高いのは、日韓の男女のうち、日本の男子学生ということが分かった。

ジェンダー問題に関する若い世代の男女差について調べたとき、差別をはっきり否定する割合が一割程度であるというのは興味深い。一定数あるがそれほど際立っているわけでもない。この調査ではさらに複雑な様相もうかがえたので付け加えておきたい。

一九九八年には、夫婦別姓について質問した。「夫婦別姓を認める法案が全国で議論されてい

グラフⅥ—1
宗教によっては女性が教団の特定の役職や地位につけないのをどう思うか

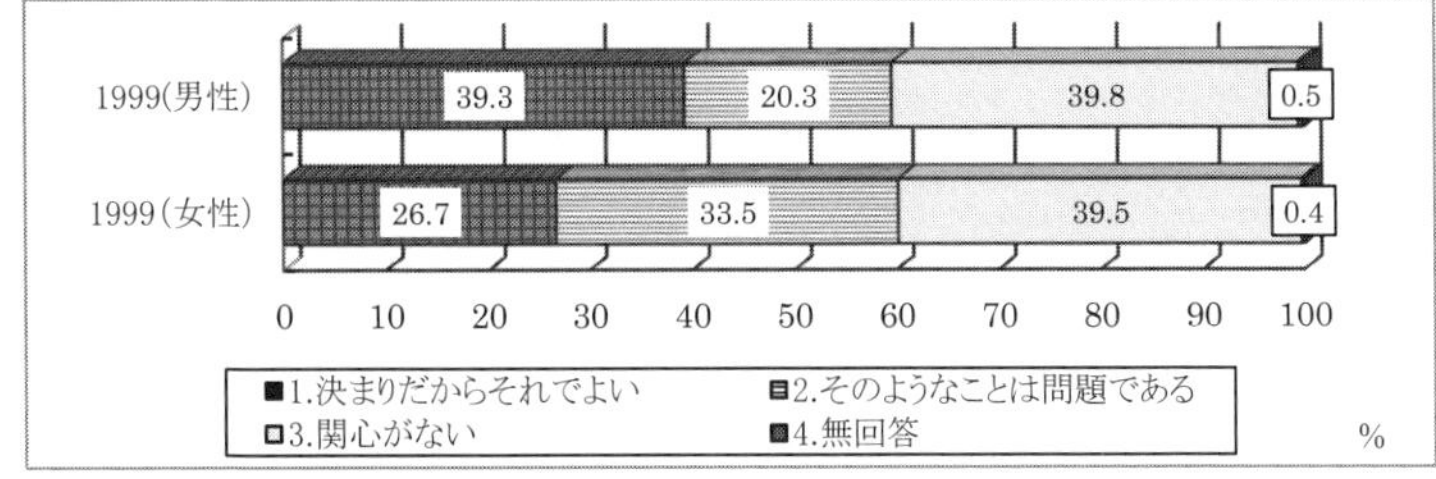

グラフⅥ—2　女性が特定の地位につけないのは差別か

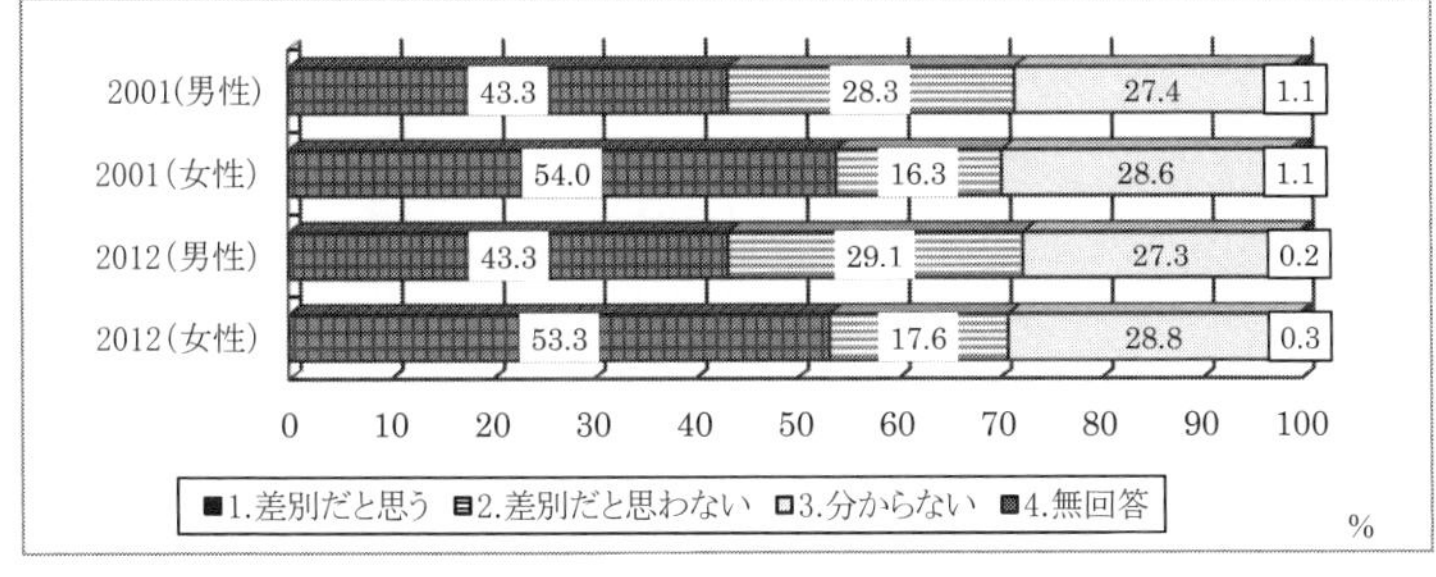

ますが、これについてどう思いますか」という質問に対し、賛成と回答したのは、男性が二六・六％で女性が三五・三％であった。一〇％近い差である。ところが続けて「将来、法律が成立したら、あなたはどうしたいですか」という質問への結果は異なった傾向になった。「夫婦別姓にする」という回答こそ、男性五・三％で女性七・八％と女性の方が高い。ところが「どちらでもいい」と「夫婦同姓にする」をみると、男性がそれぞれ五四・〇％、四〇・二％であるのに対し、女性はそれぞれ三六・七％、五五・一％である。つまり夫婦別姓を認める法案には女性の方が賛成する割合が高いが、自分はどうしたいかというと、夫婦同姓にするという希望は女性は男性より高い。継承された文化の中のどの要素が選ばれるかというのは、この一つをとっても、単純な話ではないことが見えてくる。

二〇世紀最後の年の「神の国」発言

二〇〇〇年五月一五日に、当時の森喜朗首相が神道政治連盟国会議員懇談会の結成三〇周年祝賀会の席上で「日本の国は、まさに天皇を中心にしている神の国であるぞ、ということを国民の皆さんにしっかりと承知していただく、その思いでわれわれが活動して三十年になった」述べた。森元首相はこの発言に続いて、国体についても触れた。「(民主党は)そういう政党(共産党のこと)とどうやって、日本の安全を、日本の国体を守ることができるのか」と述べた。

「天皇を中心にしている神の国」そして「国体」という表現が、二一世紀を目前にした日本で首相の口から発せられた。神道政治連盟国会議員懇談会という場での発言だが、「大教宣布」と変わることのない理念が、明治維新期に構築された観念が一世紀半近く経て、一定程度継承されてきていることを如実に物語っている。「揺り戻し」現象の一つの具体的あらわれでもある。この中のとくに「天皇を中心にしている神の国」という箇所は、マスコミでは大きな問題とされた。時代錯誤的見解として批判的に報ずるものが多かったが、擁護する人もいた。

ではこれを若い世代はどう受け止めたであろうか。先に述べた学生に対する宗教意識調査を毎年実施していたときだったので、この発言があってすぐ、恒例の調査とは別に臨時の調査をすることに決めた。森首相の発言とそれが問題となったことを簡単に説明したのち、三つの質問をした。二八校の大学、専門学校で、合計三四一八名の有効回答が得られた。

最初の質問では「天皇を中心にしている神の国」という発言についての意見を求めた。この発言についての次のa〜dの意見を示して、それぞれに「そう思う」、「どちらかといえばそう思う」、「どちらかといえばそう思わない」、「そう思わない」、「関心がないのでどうでもいい」の五つの選択肢から選んでもらった。

a「民主主義の現代にふさわしくない考えだ」
b「戦前に引き戻そうとするきわめて危険な考えだ」
c「日本の文化的特徴を言っただけで、とくに問題はない」
d「当然の主張で、このような考えをもっと広めるべきだ」

結果をグラフⅥ―3に示した。「民主主義の現代にふさわしくない考えだ」と思う学生が半数を超え、「どちらかといえばそう思う」学生を含めると、八割がこの発言に否定的であった。bの「危険な考え」とまで思う学生は少し減るが、それでも半数を超える。dの意見をはっきり否定する学生は八五％であるから、若い世代でも大半がこの発言には違和感を抱いたことは明らかである。

残る二つが国体発言についての質問である。一つはここで使われた国体の意味を知っているかどうかであり、もう一つは首相の発言についての考えである。国体についての首相の発言を紹介したのち、ここで使われた「国体」という言葉は、日本は他の国と異なった独特の歴史と体制(特に天皇中心の国)をもつことを主張する用語として、戦前はよく使われていたことを説明した。その上で、学生たちのこの語についての知識が次のどれに当たるかを質問した。

一「森首相の発言が報道される前から、その意味はほぼ知っていた」

二「森首相の発言が報道される前から、言葉は聞いたことはあったが、意味はあまり分からなかった」

三「今回の報道で初めてこうした意味で使われることを知った」

四「今も何のことだか分からない」

結果はグラフⅥ―4に示した。「ほぼ知っていた」は二割に満たない。「初めて知った」という学生が四四・七％であり、「分からない」を入れると約六割が、何の話か分かっていなかったこ

グラフⅥ―3　森喜朗元首相の神の国発言について

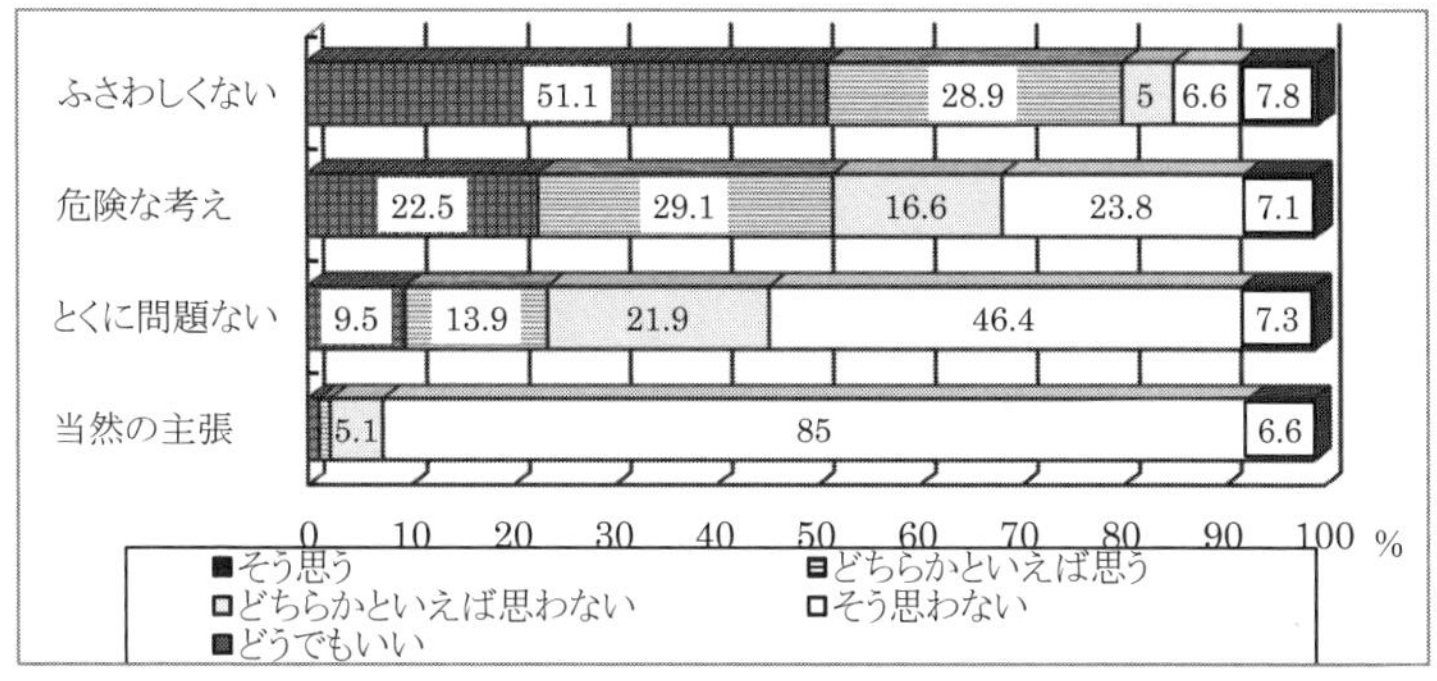

グラフⅥ―4　国体という言葉について

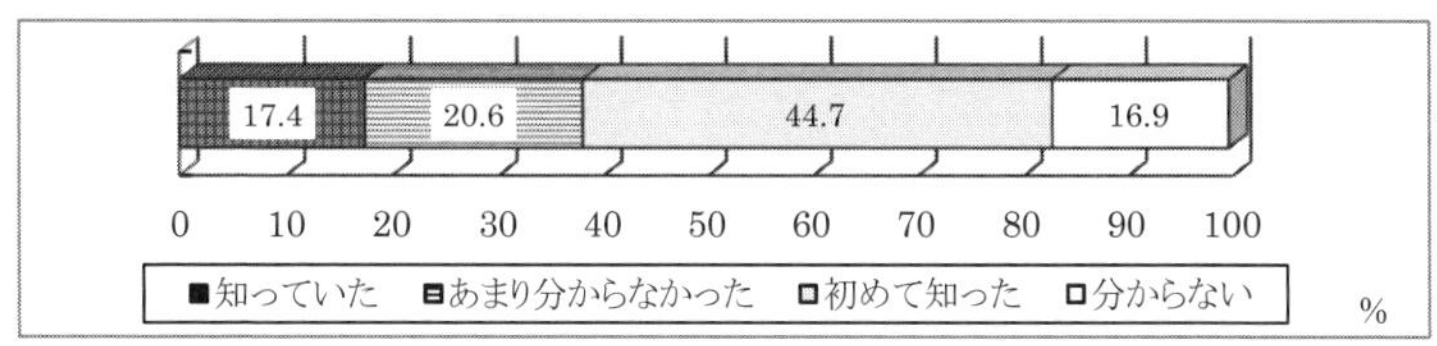

グラフⅥ―5　国体という表現を用いること

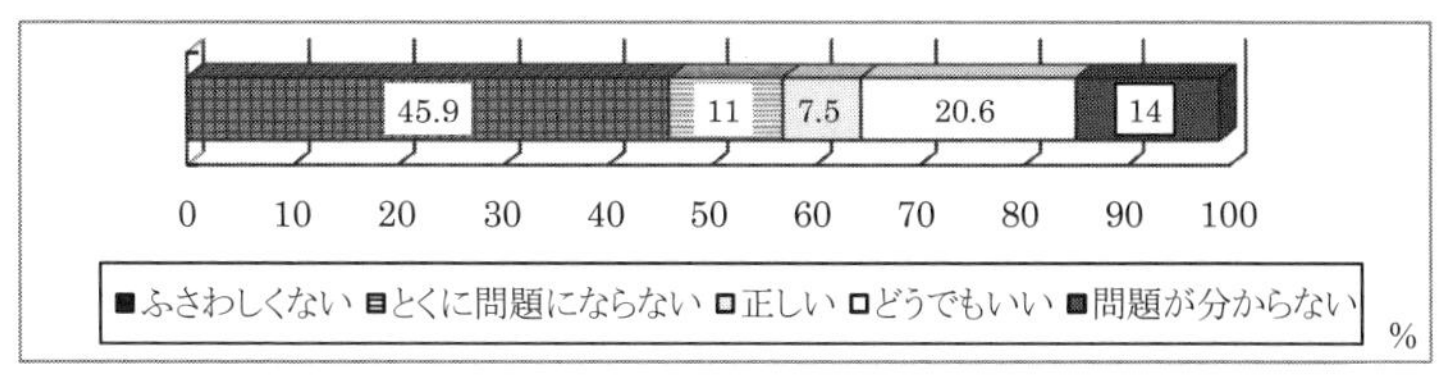

とになる。

最後の質問は、国体についての首相発言についてどう思うかで、次の五つの選択肢の中から選んでもらった。

一「国体などという表現を用いるのは、民主主義の現代にふさわしくない」

二「国体という表現を使っても、とくに問題にはならない」

三「国体という表現は問題だが、言っていることは正しい」

四「国体という表現を使うことには関心がないので、どうでもいい」

五「何が問題なのか分からない」

結果はグラフⅥ―5に示した。国体という表現が「民主主義の現代にふさわしくない」と考える割合は四五・九％だが、男女差があり、男性は四〇・八％、女性は四九・一％と、女性の方が批判的な割合が高い。逆に「とくに問題にはならない」という回答は、男性が一七・六％であるのに対し、女性は六・九％である。「言っていることは正しい」も男性が九・二％に対し、女性が六・四％である。この回答からやはり女性の方が批判的傾向が強いと分かる。

これによって「神の国」とか国体という観念が、若い世代に継承されている度合いについての推測ができる。過半数は否定的であるが、支持する人も一定数いる。「国体という表現は問題だが、言っていることは正しい」を選択する学生が七・五％というのは、これをよく示している。一割にも満たないが、それでも数％いる。

この質問に関してもいくぶん男女差が見られ、森発言に肯定的な回答は男性の方に多かった。たとえば、「日本の文化的特徴を言っただけで、とくに問題はない」と思うかどうかの質問に対し、男性は一三・五％が「そう思う」と回答したのに対し、女性は七・〇％と倍近い開きがあった。

国体という観念は若い世代では死語に近く、また言葉の意味を説明されると、否定的に受け止める割合が高い。それでも一部には継承されているし、その傾向は男性に少し多い。天皇制、国体ともに、男性優位の観念とつながりが深いから、この結果にはうなづける。

むすび

神道は戦後社会に生じたいくつかの変化に直面した。神社神道と教団神道とで異なった対応が見られるものもあれば、同じような問題として捉えられるものもある。敗戦直後設立された神社本庁は、全国各地に約八万社ある法人化された神社の大半を包括しているものの、個々の神社の活動は多様化してきており、中には必ずしも神社本庁の方針には沿わない独自の活動を展開する神社もある。神社本庁と各神社の関係は、樹木型の教団より高坏型の教団の関係に近いものとなっている。戦前のように神社神道、教派神道、神道系新宗教の違いを、全体として明確に見分けるのは難しくなっている。それでも戦前の宗教行政の結果、この三つに生じた神道のどの部分を強調するかの違いは、戦後になっても残っている。天皇観やジェンダー問題に対する姿勢はその一つである。

さらに二〇世紀末以来、グローバル化や情報化は日本のすべての宗教にしだいにその影響力を強めている。神道を包む環境も近代化の初期の頃とは大きな様変わりである。教団神道と同じような局面を迎える神社は増えていくと考えられる。神社同士のつながりは続いているが、その一方で他の宗教との連携も深まっている。現代の自然環境、社会環境のどの側面に焦点を当てるかについては、神社神道と教団神道、さらに他の宗教の間で大きな差は見いだされない。

情報化の進行は宗教すべてに関わる。素早くそれに対応する神社もあるし、あまり動きの見られない新宗教もある。情報化はすべての宗教を同じスタートラインに立たせたという見方ができる。自然災害との向かい合いも同様である。一九九五年一月一七日の阪神淡路大震災、二〇一一年三月一一日の東日本大震災、そして二〇二〇年に全国を襲った新型コロナウイルス感染症（COVID—19）の広がり。このようなときに宗教がどう対応するかは、ある面では、宗教の歴史的に積み重ねられてきた社会的・文化的位置づけによって影響を受ける部分もある。だが他面では直面している課題は共有されるべきものである。

宗教の社会貢献のあり方についても議論がなされるようになっている。研究者もこれについては、宗教ごとに異なった役割を想定する場合もある。神社や寺院のように全国各地にくまなく存在するような宗教施設と新宗教のように地域的偏りが大きいものとでは異なった役割になる場合もある。しかし等しく宗教法人として、また公益性を期待される組織という面では、戦後はすべての宗教に等しい目が注がれる。神社とお寺の区別がつかないような世代も増えている中に、歴史的な評価はあまり顧慮されない。世界遺産としての宗教というような場合には、宗教の歴史的展開に目が向けられるが、現代の問題への対処においては、その点はあまり顧慮されない。

世界的には宗教紛争や宗教テロがニュース面をにぎわしている。宗教の負の面についてマスメディアで論じられることもある。戦前回帰のような主張が一部の宗教関係者から発せられると、それが宗教全体の傾向とみなされやすくもなっている。宗教ごとの違いの認識が乏しくなり、また実際宗教ごとの活動の違いが少なくなっているのが現代日本であるとすると、こうしたことは起こりやすくなる。

近代化の始まりの頃と、二一世紀となった現代とでは神道にとっての社会的環境は大きく変わった、それでも文化的な要素のいくつかは継続的に選びとられている。民俗神道の根強さをみるとき、近代神道の研究においては、変化する社会の中でも持続しているものは何か。何がそれを支えているかがより重要である。これを終章において扱う。

註

(1) この点については井上順孝編『ワードマップ神道』(新曜社、一九九八年)では、「宗教システム」という観点から神道の時代ごとの展開について見取り図を示した。発想としてはこれと大きくは異ならない。

（2）二〇二〇年三月一六日付の「夕刊三重」の記事を参照。

（3）この時期に起こった宗教統制の事例の概要については、井上順孝・武田道生「大正・昭和前期の宗教統制」（前掲『新宗教事典』所収）を参照。

（4）この四期についての細かな議論は、井上順孝編『社会の変容と宗教の諸相』（岩波書店、二〇一六年）の解説「社会の変容と宗教――どこに軋みを感じたのか？」を参照。

（5）折口信夫「神道」（『宗教研究』一二八、一九五一年）参照。

（6）葦津珍彦「現代神社の諸問題」（『葦津珍彦選集第一巻』所収、一九五五年）参照。

（7）この辺りの事情は岸本英夫「嵐の中の神社神道」（『戦後の宗教と社会』岸本英夫集第五巻）によってうかがうことができる。奥山倫明は「岸本英夫の昭和20年」『東京大学宗教学年報XXVI』（東京大学文学部宗教学研究室、二〇〇九年）において、岸本の日記をもとにしたこの間の詳しい事情について解説している。

（8）私化（privatization）と呼ばれる現象への注目は欧米で始まった。世俗化とともに進行したと解釈されることが多い。日本では戦後の宗教に関して世俗化という現象はあまり当てはまらないという見方が大勢を占めたが、私化は日本においても顕著に観察されるとみなされている。

（9）心霊界教団は東京に本部を置き、創始者は石井〇山（れいざん）（岩吉）である。猪野が言及しているのは二代目石井〇山（岩重）である。

（10）猪野健治「神道系中小教団の〝新民族派〟宣言」（『現代の眼』一九七九―一一、一九七九年）を参照。

(11) 仏教系新宗教の中では、大阪市に本部がある念法眞教が、愛国主義を前面に出す教団の代表例になる。教祖の小倉霊現は戦時中の体験をもとに晩年に至るまで軍帽をかぶって説法した。教団の機関誌『鶯乃声』(月刊)には、北方領土返還を求める主張、中国や韓国の態度を批判する主張が毎号のように掲載されている。

(12) 日本会議については、塚田穂高『宗教と政治の転轍点——保守合同と政教一致の宗教社会学』(花伝社、二〇一五年)、菅野完『日本会議の研究』(扶桑社、二〇一六年)、青木理『日本会議の正体』(平凡社、二〇一六年)、山崎雅弘『日本会議——戦前回帰への情念』(集英社、二〇一六年)など、二〇一五年頃からその政治に対する影響の大きさに注目する書籍が相次いで刊行されている。

(13) 幸福の科学のこうした主張は、月刊の機関誌である『ザ・リバティ』(幸福の科学出版)において、明確に記載されている。

(14) 国際宗教研究所編・井上順孝責任編集『インターネット時代の宗教』(新書館、二〇〇〇年)参照。

(15) 二〇〇四年二月二四日付「日本経済新聞」。

(16) 経済産業省のデータについては、https://www.meti.go.jp/press/2020/06/20200612006/20200612006-4.pdf を参照。

(17) たとえば女性と仏教東海・関東ネットワーク編『ジェンダーイコールな仏教をめざして』(朱鷺書房、二〇〇四年)、川橋範子『妻帯仏教の民族誌——ジェンダー宗教学からのアプローチ』(人文書院、二〇一二年)など関連書籍が次々と出されている。

(18) 近代における女性神職をめぐる問題としては小平美香『女性神職の近代——神祇儀礼・行政における祭祀者の研究』(ぺりかん社、二〇〇九年)がある。ここでは主に近世から近代にかけての問題が扱われていて、現代の女性神職をめぐる問題にはさほど頁が割かれていない。

(19) 一二回分をすべてまとめたものが、國學院大學日本文化研究所編『学生宗教意識調査総合報告書(一九九五年度〜二〇一五年度)』(国学院大学)として刊行されている。またこれらを比較して分析したものが同『学生宗教意識調査総合分析(一九九五年度〜二〇一五年度)』(同)である。いずれも筆者が責任編集者である。二冊はそれぞれ次のサイトから全文をダウンロードできる。
https://www.kokugakuin.ac.jp/research/oard/ijcc/ijcc-publications/p01
https://www.kokugakuin.ac.jp/research/oard/ijcc/ijcc-publications/2017satra

終章

はじめに

本書では近代の神道について教団組織をもった神道を中心に、主に宗教社会学的な視点から述べてきた。近代の教団神道、すなわち教派神道や神道系新宗教は組織の面では新しい。創始者の説いた教えに従い、信者が信者を増やしていこうとする活動形態も、近代特有である。他方、そこで語られる教えや儀礼などには、歴史的に継承されてきた神道の要素が多く取り込まれている。

神道とりわけ神社神道は日本独自の宗教であり、日本人が古くから抱いていた信仰であるとする考えは、神道研究者や一般に広く受け入れられている。このことは確固たる根拠を持つわけではない。神社神道は創始者と呼ばれる人の存在しない宗教であり、それゆえ創始者の教えを伝えた教典もない宗教である。古代より現代に至るまで、その境界線は曖昧であり、時代によって大きく揺れ動いてきた。教団神道の場合は、創始者が明確で教典と呼びうるものが備わっている教団がある。天理教、金光教は教祖の語った言葉や諭しの類が、教典の機能をもっている。だが多くの神道教団は創始者は明確でも、教義や教典はそれほど整っていない。仏教系新宗教だと、法華経など仏教経典に依っているところが多いが、神道系新宗教は事情が異なる。境界線が曖昧であることの裏返しになるが、神道には他の宗教と共通する面が多く見いだされる。中心となる教典、教学の蓄積がないことは、社会変化の影響に対する対応が比較的柔軟になる。

二〇二〇年から二一年にかけての新型コロナウイルス感染症の広がりでも、柔軟性がうかがえた。コロナ問題では、日本や世界の宗教界はそれまで守ってきた儀礼や日常の実践をどうするかという厳しい局面に立たされた。宗教的儀礼の実践を厳格に守ろうとする例も見られた。イスラエルのユダヤ教超正統派と呼ばれる人たちは、政府がシナゴーグでの礼拝規制に踏み切ったのちも、礼拝を続ける人たちがいた。二〇二一年一月には超正統派のラビが二人新型コロナウイルスに感染して死亡したが、その葬儀にはそれぞれ一万人近くがロックダウンを無視して参列した。人口の約一割がユダヤ人というニューヨーク市でも、正統派ユダヤ教徒が礼拝の制限にマスクの山を燃やすなどの抗議活動をした。米国ではカトリック教徒やプロテスタント福音派の一部の人たちも、礼拝制限に抗議する例が多く見られた。

韓国では新興のキリスト教団体である新天地イエス教会の信者の間で感染が広がり、教会の信者が韓国での感染拡大の最大の要因とみなされた。二〇二〇年八月には教祖の李万熙（イ・マンヒ）が感染症予防法違反などの疑いで逮捕される事態となった。

日本の宗教では、緊急事態宣言下でも、礼拝や集会の自粛を求める要請に宗教界から表立った抗議はなされず、それぞれに自粛策をとった。[1]日常的な活動における柔軟な対応は、個々の神社にとくに目立った。神社本庁は適宜通知を出したが、個々の神社の対処はどうであったか。感染予防に賽銭箱の上に垂れている鈴緒を撤去した神社がある。同じく手水用の水を止めたり、「マイひしゃく」の持参で手水するように呼びかけた神社もある。狛犬にマスクをかけて、参拝者とともにマスクを重視する姿勢を示したところもある。初詣が「密」の状態になることを避けて、年末に幸先詣(さいさきもうで)を勧める神社が多くあらわれた。正月の縁起物を年内に販売して参拝は三が日をさけて、分散して行なうようにというやり方である。

神道が年中行事や人生儀礼、あるいは生業儀礼といったものを介して人々と関わるとき、人々の側は神道の信者なのでという意識を持つことはあまりない。このゆるやかな関わりは現代社会でも広く観察される。二〇〇〇年代にパワースポットブームが起こったとき、宗教施設では神道関連のものがもっともその対象となることが多かった。明治神宮の清正の井（戸）、伊勢神宮外宮の「三つ石」、あるいは山岳信仰の聖地。そこでの訪問者の振る舞いは自由である。石に触ったり、手をかざしたり、樹木に触ったり、幹を両手で抱いたりと、神社や教団の作法とは関係のない仕草が見られる。

神道の現代的展開を考えるには、神社や教団の側が行なう教化や布教だけでなく、それとかかわっている人たちの関心のあり方にも注意を向けなければならない。神職は約二万人だが、専従の神職はその一割ほどである。神社神道の信者であることを意識している人は、せいぜい三〜四%である。一方、年中行事や人生儀礼において神社を訪れる人は、さまざまな世論調査の結果をみても、人口の過半数に達する。ゆるやかな関わりの中に、近代の変化に応じて形作られた神社神道や教団神道の教えや儀礼の特徴が持つ重要性である。それは近代さらに神道が列島で形成されるはるか以前に、人類が生み出した環境への対応策の蓄積に依存している。

そのように捉えたときに、近代における環境への応答とみなせる形態、及びその背後にある古い反応形態の存続を考えていく新しい手がかりが見えてくる。神道の現代的な展開を注意深く見ていくと、人類が早い段階で生み出した宗教文化の特徴を考えていく道につながっている。この考え方は、二一世紀に欧米を中心に展開している新たな宗教研究を参照すると、非常に重要な視点だと気づかれる。そこで欧米の宗教研究において展開されている視点が、神道研究にどう及ぶかについて、試論的な見解も含めて最後に触れる。これは神道がいかに日本文化と深く関わっているかとは別の方向、すなわちどのような面で、宗教の普遍的に観察される性格に関わっているかという視点に向かう。

（1）神道の起源を考える視野の広がり

アフリカから日本列島への道のり

人類史の研究法は近年大幅に発展している。要となるのはゲノム研究である。ヒトゲノムの解析が本格化したのは、一九九〇年代である。一九九〇年に米国でヒトゲノム計画が公式にスタートし、翌年日本でもヒトゲノム解析センターが設立された。予測より早く一三年後の二〇〇三年四月にヒトゲノムの完全解読が宣言された。ワトソンとクリックがＤＮＡの二重らせん構造を発見してから、ちょうど五〇年後のことであった。これにより、ヒトのゲノムサイズは三一億塩基対で、遺伝子数が二万二千余りであることも分かった。

それからのＤＮＡ研究の進展はすさまじく、個人についての生物学的情報として最強のものとなった。生きている人だけでなく、太古の人間の情報を探っていく有力な方法となった。人骨のＤＮＡ鑑定は人類が世界各地にいつどう広がったかについての研究に応用された。現生人類（ホモサピエンス）のアフリカ起源説が研究者の間でのほぼ常識となったが、その影響は文化を研究する分野にも及んでいる。日本人論も日本宗教論も、その起源や影響関係を論じようとするなら、こうした新しい研究成果を視野の外に置くことはできない。日本人の系譜論に直接的に関わっているからである。進化論をベースにした人類の研究は、日本人がどこから来たか、東アジアをはじめ他の地域に住む人たちと、過去にどのような交流あるいは系譜関係があったについて、重要な知見をもたらしている。それは人間のＤＮＡという物的証拠に基づいた議論であり、その見取り図が次第に鮮明に描かれるようになっている。

現代の宗教研究者で、神道は日本列島の中で独自に形成された文化だけから成る、と考える人はまずいない。それでも、神道そして日本の文化は固有で特別であるとする考えは、一般的には流布している。それだけでなく、日本の国柄は独自であり、世界に比して優れたものであるというニュアンスをともなった国体という語の用法がまだ存在する。原理主義的な信仰や特定のイデオロギーに基づく日本観はさておいて、現代において日本人や日本文化、そして日本の宗教の淵源などを学術的に考えようとするなら、人類史の発想を踏まえないと、江戸時代の復古神道と大差ない見方に陥りかねない。

現生人類は、アフリカに長く住み、おそらく数万年前に「出アフリカ」をして、アラビア半島から世界各地に広がったというのは、ほぼ通説になっている。これは世界各地で見いだされた人骨のDNA分析に基づいた仮説である。古代ゲノム学という研究分野がある。その最近の研究では、現生人類とネアンデルタール人との交配も一部に行なわれたとする説が出された。二〇一〇年に発表されたネアンデルタール人のゲノム配列に基づく。この説は二〇一〇年代には広く受け入れられた。ネアンデルタール人は約四万年前ほどに絶滅したとされているが、それ以前に現生人類との交配がなされた。現生人類とデニソワ人との交配説も出てきており、人類史の研究は今後どう展開するか分からない。

世界に散った人類の一部が、どのようにして日本列島にたどり着いたかについては、通説ができている。サハリンから北海道に渡ったのちに南下したルート、朝鮮半島から対馬を経て九州北部へ渡ったルート、台湾から南西諸島に渡ったルートという三つのルートがあったとみられている。その時期もほぼ三万数千年前と推定されている。約三千年前には稲作農耕が伝わり、日本列島の文化も大きく変わった。神道と稲作との関係が深いことは言うまでもない。こうした時代に、東アジアにおける人や文化の交流のあり方を左右するのは自然環境であった。海であり、川であり、山岳であった。海や川は水上交通の場であり、険しい山岳は通行の大きな障害であった。現在の国境とは異なるつながり方があった。東アジアを現在の国境で区別するのは、古代文化の地域的特徴を考えるのに適切ではない。

ＤＮＡを分析してハプロタイプを調べる研究がある。人には染色体が二三対あるが、その一方の配列を調べる。ハプロタイプにはミトコンドリアで調べたものと、男性のみ持つＹ染色体で調べたものがよく使われる。ミトコンドリアで調べると母方の系譜がたどれる。Ｙ染色体で調べると父方の系譜がたどれる。よく似たハプロタイプの集団をハプログループと呼ぶ。日本人にはどのようなハプログループがどれくらいの割合で存在するかの推定がなされている。それを示した図を見ると、日本人にはさまざまなタイプのハプログループが混在している。それとともに、東アジア各地には日本に見られる各グループと非常に似たような構成の集団があちこちにある。

この状況は、名前の分布にたとえると分かりやすいかもしれない。たとえば林という姓の日本人にとって、同じ漢字を姓とする人は韓国、中国、台湾に見出される。しかし近所に住んでいる人の姓を見たら、佐藤であり、鈴木であり、渡辺であったという状況に似ている。列島での人類史を学問的に見ていくなら、「大和民族は優秀だ」といった類の主張に、根拠は見当たらない。

日本列島に棲みついた人類はなにがしかの文化をもっていた。文字はなくても言語があったのは確かである。二〇〇七年に国際比較神話学会が発足したが、同学会の初代会長マイケル・ヴィツェルは、出アフリカした人類はすでに神話を持っていたとする。神話には普遍的モチーフがあり、それは、死とそれに関連する「われわれはどこから来たのか、なぜここにいるのか。われわれはどこへ行くのか」という永遠の問いである。世界に何千とある神話を二つに大別して、それぞれローラシア神話、ゴンドワナ神話と名付けている。[2] 国際比較神話学会では、神話が数万年前にはすでにあったとする仮説はほぼ支持されているようである。とするなら、日本神話も古くをさかのぼれば、人類が初期に創り出した神話のどれかから影響を受けていると考えるのが自然である。もし三つの到来ルートがあるとするなら、少なくとも三つの異なった神話が日本に流入したと推測できる。

文字がない時代の話であるので、これを実証していくには困難さが伴う。ただ日本人の信仰をこのような現生人類の世界的広がりを踏まえて考えると、他の地域の信仰と比較せずして、神道の特徴を適切には論じ得なくなる。それは近代神道を研究する視点にも波及してくる。日本の文化を他の地域の文化から影響を受けていないとし、日本文化の優位性を最初から前提とするような立場は、学術研究としては適切でないが、無意識的にそのような立場をとっているものはある。また学術研究でない評論であれば、戦前の皇国史観かと見まがうような論調が少なくない。第三章で述べた「揺り戻し」現象が顕著になってから、とりわけそうである。

二〇〇一年一二月一八日に、当時の天皇明仁は誕生日を前にした会見で「私自身としては、桓武天皇の生母が百済の武寧王の子孫であると、続日本紀に記されていることに、韓国とのゆかりを感じています」と述べた。日本と韓国の歴史的なつながりの深さについて言及しただけでなく、天皇家にも韓国人との血縁関係があることを明確に述べた。なぜこの時期にこのような発言がなされたのか。「揺り戻し」現象が無関係ではないと考える。

神道はどこまでが日本固有の信仰か

日本列島に現生人類が住み始めてから今日に至るまでの三万数千年の間に、どのような宗教文化が生まれ、滅び、その一部が継承されることになったのか。そしてどのような流れが、今日神道と呼ばれるような宗教的営みに関わっているのか。この壮大な問いとの取り組みは、到底個人の研究者の手に負えるようなものではない。けれども近代神道という一世紀半ほどの現象が対象であっても、列島における長い歴史を大枠でも踏まえておかないと、大きな見誤りをしかねない。近世の国学者・復古神道家はゲノムについての知識はなかったし、人類史に関するデータもなかった。文書資料から推測して考え得ることには限界があった。現代はそれとは大きく異なる研究環境にある。

現代の神道を特徴づけている少なからぬ部分は、古代においても見られる。八世紀に編纂された記紀は、古代の日本列島における信仰を考える上で欠かせないものである。そこに記載された神話の内容から、何が神とみなされ、それらがどのような働きをするものと当時考えられていたかなどを推測できる。古代の日本人の信仰を知ろうとするには記紀が欠かせないが、そこに記述されたすべてが歴史的にずっと継承され、神道の根幹は不変とみなせるわけではない。現在の神道の儀礼や観念に古い伝承に根付く部分はあっても、歴史的に大きな変容を重ねている。

神社本庁の機関紙である『神社新報』を見ると、現代の神社神道において、天皇や皇室の記事が占める割合は非常に多い。戦前から神社神道は天皇と神社のつながりを重視してきた。歴史的にも天皇制と神道のつながりが深いことは疑うべくもないが、仏道に帰依した天皇は多く、天皇が神道より仏教とのつながりを深く持った時代があった。出家した最初の天皇は八世紀に第四五代天皇となった聖武天皇で、国分寺・国分尼寺を全国に建立させたことで知られる。退位し出家して法皇を称した例は、平安時代の宇多天皇から江戸時代の霊元天皇まで三五人にのぼる。仏教伝来以来、江戸時代まで天皇は基本的に神仏習合状態の中で宗教的営みを続けてきた。だが明治政府の神仏分離政策によって、近代神道はそれ以前の天皇と仏教の関係とは異なる状態の中で展開した。

神道の本質が古くから一貫して存在するといった考え方が近代に強まることには、再三述べたように江戸時代の復古神道の影響が大きい。平田篤胤は、外来宗教に影響を受ける前の「由緒正しい教え」の存在を信じた。復古神道の影響は現在でも神道の一部だけでなく、無条件の日本礼賛の傾向の背後にも見てとれる。篤胤は世界の宗教を日本を中心に描きなおすという、それまでになかった構図を作り上げた。世界の宗教の中心に日本に伝わる古道を置くという構想を貫こうとして、ときに無謀な試みにまで足を踏み入れた。典型的なのは神代文字（「かみよもじ」とも）の収集である。古代の教えは口承伝承か文字情報により継承されてきている。後者の方が伝達の正確性において勝る。しかし情報の伝達に使われている文字は中国起源である。記紀は全文が漢字で書かれている。外国から受容した文字によって、日本古来の信仰が書き記されたことになる。そこで漢字が伝わる以前に固有の文字情報伝達の方法があったに違いないと、神代文字という存在を主張した。

神代文字という発想自体はそれ以前にあり、淵源は鎌倉中期にさかのぼる。日本語の仮名が神代にあったとする説が卜部兼方により出された。兼方は一三世紀に『日本書紀』や『旧事本紀』の書写を行なった学者である。吉田神道では、神代文字は聖徳太子が漢字に変えたことで使用されなくなったが、吉田家には伝わっているとした。江戸時代にはこれ以外にも神代文字に関する諸説が生まれ、国学者、儒学者の一部がこれを支持した。一九世紀半ばに伴信友が『仮字本末』で仮名は漢字から派生したことを明らかにしたが、平田派では神代文字が支持され続けた。篤胤は『神字日文伝』で約五〇種の神字の事例を示した。(3) そのなかにはハングルと類似したものもある。ちなみに神理教の佐野経彦が神代文字としたものも、形や母音子音の関係がハングルとそっくりである。

昭和前期の『国体の本義』、『臣民の道』、『日本文化』などで展開された愛国主義、国体論、皇国思想では、西欧の文明を超克するという志向性が強く見られる。明治期に採り入れた西洋思想も歴史的に採り入れた東洋思想も、日本的に醇化されたというのが、通底する論理である。日本的醇化なるものも、要は皇室を中心にまとまっているということ、日本の家制度が素晴らしいものであるというに尽きる。

日本の国体、日本的思想を最高とする主張を引き去り、欧米の思想や価値観に圧倒されず、日本独自のものを形成するという姿勢に絞ると、これは近代日本がずっと取り組んできた根本的課題の一つと分かる。よく知られた和魂洋才というスローガンは、そのような課題に対する答えの代表的なものであった。グローバル化が進行する今日のような時代でも、類似のものが新たな装いのもとに再構築されている。

近代神道は文明開化に関しては、基本的に同調し、政府が宗教の呪術性に対し厳しい態度をとっても、これと同調する立場をとった。西欧のキリスト教社会で起こったようなダーウィンの進化論への強い反発は神道界に広がらなかった。日本神話には、「神生み・国生み」と呼ばれる創造論に少し近い記述もあるが、他方で「むすび」の観念がある。神々を含め万物が次々とむすばれていくという世界観は、進化論と真っ向から対立してはいない。基本的に自然科学を強く否定する姿勢は、近代の神道には見られない。ただ昭和前期に国体論が盛んになったときに、にわかに進化論に対して厳しい目を向ける保守的論客や神道家が出現した。

この点についてはクリントン・ゴダールが『ダーウィン、仏教、神』の中で触れている。(4) それによると、すでに一八一五年に心学者の鎌田柳泓が『理学秘訣』の中で萌芽的な進化論を展開していた。さらに明治以降の神道家もおおむね進化論には同調した。神道家の葵川信近[5]は一八七四年の『北郷談』でダーウィンや進化論について日本で初めて論じた。葵川は仏教とキリスト教が進化論に合わないことを指摘しながら、日本の古典は進化論に同意できるとした。

神道の古典の記述には進化論と矛盾する箇所もある。天孫降臨などはその代表である。ゴダールは国体思想が強まってくると、進化論を否定する神道家が出てきたと述べている。二〇世紀初頭に社会主義と進化論が結び付けられるようになると、[6]進化論が神道とりわけ天皇の神聖性に関して危険な存在であることに気づく神道家が出てきた。国体思想が強まると、進化論を否定する研究者も出てきた。筧克彦や神道天行居の教祖友清歓真も進化論を批判した。ゴダールはこうした従来見過ごされていたような側面に着眼している。

ただしゴダールの書で取り上げられた人たちの議論は主に思想レベルでなされたものであり、実際の神社神道や教団神道の活動に際して、進化論はあまり影響を与えていなかったと考えられる。米国のように、学校で進化論を教えるなという運動も起こっていない。天皇の神聖性や国体の尊さを理論的に主張しようとしたときに、一部の思想家や神道家などが進化論を攻撃したにとどまる。

選ばれるものと選ばれないもの

第二次大戦後に神道は大きな変化を蒙った。神社神道は戦前の特別な扱いがなくなり、他の宗教と同列に宗教法人として扱われるようになった。神道教派もまた固有のカテゴリではなくなった。それまで教派の支部教会があった団体のうちいくつかが独立した宗教法人になる例があった。このような戦後の状況にあって、神社神道と高坏型の教派においては、明治期に形成された神道の位置づけを、現代においても目指すべき原点とする傾向が一部に生じた。これがよく分かるのは『神社新報』が歴史的仮名遣いを用いている点である。歴史的仮名遣いと呼ばれているものは、江戸に契沖が平安時代初期の仮名遣いをもとに発案したものを整備してできた。明治期に広がり学校教育においても用いられた。もっとも戦前の新聞を調査した研究によれば、表記は一定せず揺れていた。(7)

神道の起源を考えるとき、それをどれくらいの時間の幅で見ていくかが問題である。長い人類の歴史の中で今日の神道のあり方を考えるか、列島の文化形成の一つと考えるか、記紀から始めるか、国学者の精神を基盤にするか、明治維新期を核に据えるか。どれを選ぶかは理論的な枠組によって決まるように見えて、その背後には暗黙の価値観が作動している。無意識的な力も作用している。それゆえ、それを自覚化し、それぞれの立場に立つことによる利点と弱点とを考えていく必要がある。

教育勅語の復活を主張し、国体を重視するような立場が、現在でも受け継がれている。それは神道関係者というより、保守的な人々として特徴づけた方が適切である。[8] 神道関係者がこぞってこの考えを支持しているわけではない。ただ神社本庁がこの流れの中にあることは明らかである。

近代神道において文化的に選び取られ、一時期あるいは現代に至るまで大きな影響を与えた一群のものとして、天皇崇拝、神国思想、国体観念、愛国心などが挙げられる。これらを仮に「愛国ミーム」の一群とみなしておく。ミームという用語は、進化生物学、進化心理学などでは知られているが、日本の学術研究ではそれほど広くは使われていない。宗教研究にも新しい地平を拓く可能性をもった視点だが、ここではミーム概念をめぐる議論には深く立ち入らない。本章の記述に関連する点だけを、ごく簡単に触れるにとどめる。

ミームとは文化的・社会的な遺伝子とでも言うべきものである。[9] リチャード・ドーキンスは一九七六年に『利己的な遺伝子』という本によって、利己的遺伝子という概念を提起した。それまで人間を中心として築かれてきた世界観、人生観、社会観といったものに対し、強烈なインパクトを与えた。というのも、人間は遺伝子の「乗り物」に過ぎず、複製されるのは人間を単位とした遺伝的形質ではなく、遺伝子自体であるという捉え方であったからである。ミームを複数の人間によって担われていく社会的・文化的遺伝子とみなした。

ドーキンスはミームも遺伝子同様、それが世代を超えて広がるには、寿命、多産性、複製の正確さの三つが関わるとしている。分かりやすくするため、これを宗教史に適用してみるなら、次のような例が挙げられる。口承だけの教えより、文書化された教えの方が寿命が長い。もっぱら家族内での教化にとどまる宗教よりも、大衆布教を推進する宗教は多産性において優れる。教本がありカリキュラムが整っている布教や教化の方が複製の正確さに優れる。つまり体系だった教典をもち、それが布教・教化に際しても用いられ、宣教活動を組織的に行うような宗教が、世界的に広まりやすいということになる。世界に広がったキリスト教は三つともそなえていた。

ドーキンス以後、ダーウィンの進化論、ドーキンスのミーム概念を基盤にした多くの考察が、人文系の研究でも生まれてきている。[10] スーザン・ブラックモアの『ミームマシンとしての私』、ダニエル・デネット『心の進化を解明する —バクテリアからバッハへ—』などがその代表例である。

そうした一人で二重過程理論（Dual Process theory）を展開したキース・E・スタノヴィッチは、『心は遺伝子の論理で決まるのか[11]』という書の中で、宗教はミーム複合体の一つであると示唆している。この考えを参考にすると、近代神道には愛国ミーム群と仮に名付けておく類似のミームが相互に補完しつつ、文化・社会的に強い影響をもったと見なせる。愛国ミーム群は近代日本に絶えず存在し、社会状況によって強い影響力（ミーム論からすれば感染力）を持ってきた。これらに支配されると、しばしば排他的思想や行動を起こす。幕末維新期に顕著であったのはキリスト教を排斥の対象とすることであった。昭和前期に全体主義的傾向が強まったときには、天皇制の無視、軽視、否定する人たちが対象となり、「不敬の罪」で批判され、弾圧された。

愛国ミームという発想は、ユニバーサル・ダーウィニズムを基盤にした進化論の文化現象への応用である。これが収める視野はアフリカ起源の現生人類というよりも、もっと長いタイムスパンであり、人間の心の特徴は数百万年にわたる進化の過程で生まれたとして考察する。人類は一千万年前くらいにさかのぼると、ボノボ、チンパンジー、そしてゴリラとも共通の祖先にたどりつくと考えられている。それゆえ人間の心を理解する一つの方法として、霊長類の心や行動を研究する学問が生まれている。進化生物学、進化心理学などである。

なぜこのような研究にまで視野に収めるべきかというと、愛国心は戦時中だけでなく、オリンピックゲーム、ワールドカップといった国際競技の際にも発火する情動である。文化的に構築された反応が含まれるだけでなく普遍的な要素がある。洋の東西を問わずあらゆる地域に見られ、古代から現代まであらゆる時代に観察される。権力者には必ずといっていいほど「感染」しているミームである。これらは動物の縄張り争いに共通する面がある。愛国心はしばしば暴力的になり、敵を想定しがちである。敵の排除は人類の進化の古い過程で身に付けたもので、遺伝的に継承されている、動物にも類似の行動形態があるから、動物行動学の研究と相互参照されている。

利己的遺伝子もミームも、ひたすら自らの存続のための戦略しかないという特徴を付与されている。それがどのような議論を生むのであろうか。愛国心が人間が当然もつべき態度であるかどうかという議論、あるいはどのような愛国心が国家にふさわしいかといった議論、これらをいったん離れてみよう。そして、実は国を守るというミームの存続のために、あたかも自分が主体的に選択した価値観であるかのように思わされているのだ、という見方を導入してみる。つまり、国を愛する行動と当人が思っていても、本質は「愛国ミーム」の複製に荷担させられているとする見方である。

これが直ちに近代神道の特徴の再考につながるわけではないが、神道を狭い視野から研究することの限界と問題点を指摘できる。「国体の本義」が展開した世界観が、特異な時代環境のもとで形成されたごく一時期の世界観ではなくなる。愛国心を巡る議論は、しばしば不毛な感情論に陥りがちである。そのような際にはこうした視点からの議論の導入が有用である。勇気を鼓舞するための音楽や、敵対心を煽るための漫画などを補助的に用いることなどによって、いともたやすく発火し、まるで憑かれたように多くの人々がつき進むといった現象が、歴史上もまた現代も繰り返し生じている。だとするならば、我々は深い洞察の訓練を積まないと何かに操られがちである、というような考え方をもたらしてくれるミーム概念は、視野の拡大を図る上で検討に値する。もしミームがミームの複製だけを目指すものであるなら、一人ひとりの人間はそうした戦略に対し、どのような具体的価値観を構築できるのかという大きな課題に直面する。スタノヴィッチの問題意識もそこに根差している。

(2) 神道に潜む普遍性を考える新しい道

神道は日本独自の宗教であるという見方の一方で、神道は世界に通じる普遍性を持つという見方がある。どちらも度々述べてきた神道の優位性を示すための言説になっていることが少なくない。ただ神道に宗教としての普遍性を見ていく視点の方は、最近の研究と照らし合わせると、新しい展開につながってくる。

脳科学が発達したとはいえ、遺伝的な要因が進化的にどのような条件でどう発現するようになってきたかは、まだ謎だらけの状態である。それゆえ、実際に現代社会で観察される現象から出発して、なぜそうなったかを逆に考えていく方法が考えられる。これは文化についてのリバースエンジニアリングと言える。リバースエンジニアリングはもともと工学における手法である。ソフトウェアやハードウェアなどを分解、あるいは解析し、その仕組みや仕様、目的、構成部品、要素技術などを明らかにすることとされる。これを心理現象や文化現象に適用しようとする研究が二一世紀には増えている。たとえば、スティーブン・ピンカーは『心の仕組み（上）』[12]の中で、「心理学はリバースエンジニアリングの一種」と言い切っている。リバースエンジニアリングの概念を宗教研究に導入する必要を説く欧米の宗教研究者も出てきている[13]。

すべての宗教の根は一つであるというのは、大本及び大本系の教団ではよく言われる。「万教同根」という表現がある。宗教の根は一つとか、神はいろいろな言葉で表現されるが同じであるというのは、いわば神学的主張である。ところが、どの社会、文化にも宗教と呼べそうなものが存在することは、進化生物学、進化心理学、あるいは脳神経科学の分野でも注目されている。人間の環境に対する反応には共通性が見いだされるのではないかという仮説が出されている。ここまで視点を広げると、神道が普遍的とされる面を、時間的にもずっとさかのぼって考察することになり、つまりは神道の普遍性は宗教の普遍性の議論の中に収められる。

一八五九年に刊行されたダーウィンの『種の起源』で展開された進化論の考えは、非常に幅広い分野に影響をもったらした。宗教研究においても、宗教の起源をめぐる議論が盛んになった。タイラーが主張したアニミズム説は広い影響をもたらした。マナイムズや原始一神教といった説もだされた。しかし、やがて宗教の起源をめぐる議論は下火になった。

観察される信仰形態を参照して、宗教の起源を求めるやり方には限界があった。宗教の起源の問題と、宗教とは何かという問題とが、一種の無限ループに陥ったのが一因である。宗教の起源を求めていくとするなら、宗教の最低限の定義が必要になる。他方、宗教の定義をしようとすると、人類史のどの時代までさかのぼって、宗教についての議論をするのかを決めなければならない。芸術、音楽、スポーツ、遊びなど、文字が生まれる前からあったと考えられる人間の諸文化の起源をめぐる問題は、すべてこの無限ループに陥る可能性があるが、たいていは仮の定義を定めて議論を展開する。宗教はそれさえ難しい。宗教の定義は宗教学者の数ほどあるという、嘆きのような言葉があるのは、それを示している。

二〇世紀後半に進化論が文化研究において再び注目を浴びるようになったのは、主には人間の脳の仕組みについての研究が進んだからである。神という表象を抱けるのはどうしてか。死後の世界を思い描ける能力がどうやって可能になったか。この問いが、脳神経科学の発達により、一段と具体的なものになった。脳では情報はどう伝達されるか。記憶はどう保持され、どう変化するか。脳の機能は系統発生的にどのように複雑になってきたのか。そのような研究が飛躍的に進むとともに、人類の文化の特徴に新しい光が当てられるようになった。現代的な宗教現象と見なされていることを宗教史よりもさらにさかのぼり、遺伝的に継承されたものは何かと問い、リバースエンジニアリングする道が開けてきた。

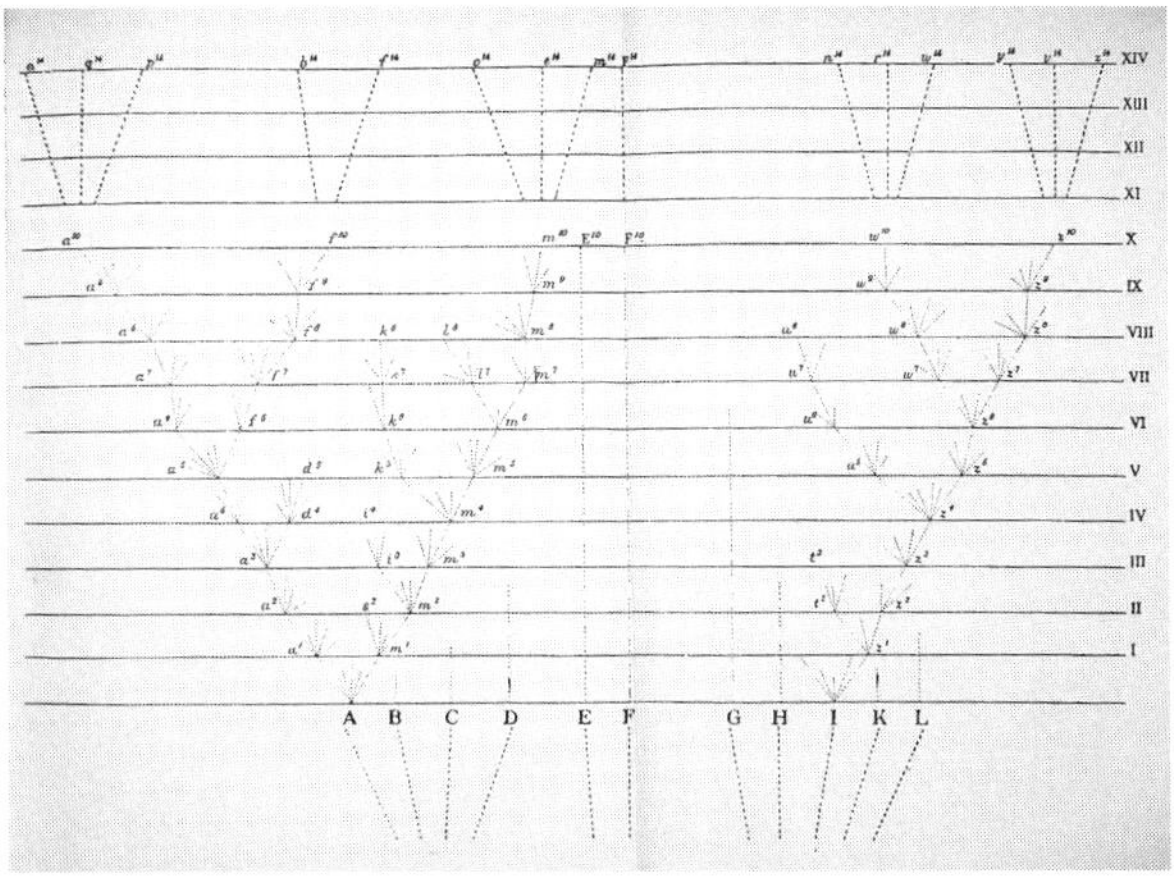

ダーウィンの進化系統樹

　ダーウィンの進化論は、生物学の分野においてさえ長く誤解されてきたと言われる。一九世紀末以来の宗教進化論も誤解に基づいた箇所がある。誤解されやすかったのは進化の意味である。進化論を生物が低次の段階から高次の段階へと進んできた理由を説明するもの、として受け取った人が多い。進化の過程で複雑さが増したのは事実である。ただそれは環境の多様性とそれに適応する過程に付随して生じたことである。環境に適応して存続するという点がもっとも肝要である。それはダーウィンが示した図を見れば明らかである（前頁の図参照）。図で上に伸びる線に注目すると、人類は高次のレベルに達したように見える。しかし水平の存在に目をやると、人類は他の生物とともに進化している。

単細胞生物に比べて霊長類は高次の存在であり、複雑な言語をもち宗教のような精神性豊かな存在の人類はさらに高次だとするのは、実はある価値観に基づく序列づけである。生物の進化は環境に適応した結果とするなら、現存する生物はすべてそれなりの適応を遂げて進化したのである。生物にとっての環境のうちニッチと呼ばれるものがある。特殊な環境であっても、それに適応した生物にとってそれは存続に都合のいいものとなる。それがニッチである。現存する生物がすべて、今後生じる環境の変化に適応できるとは限らない。人類とて同じである。

ダーウィンの進化論を文化事象に応用するやり方が、二〇世紀後半に増えてきた。社会進化論、ユニバーサル・ダーウィニズムなどである。これらはタイラーが想定したような、アニミズムが古い形態で、そこからやがて、多霊教、多神教、そして一神教へと進化したというような見方とは異なる。ダーウィンの図に沿って理解すると、現存する信仰形態はそれぞれの地域の環境に合わせて、「現時点で」適応を果たしたものになる。そのときどきの環境に適応できなかった形態は、衰微ないし消滅した。実際消滅した宗教は近代日本だけでも数多くあることを述べた。

身体の特徴についての遺伝的研究と異なり、文化現象への遺伝的影響がどのように生じるかを論じるのは非常に困難である。遺伝的な要素は、人間のすべての思考や行動に影響するだろうという予測は可能だが、具体的にどう作動するかを十分議論できる段階には、脳認知系の研究においても至っていない。おおよその傾向が描かれ始めただけである。そもそも個々の人間において遺伝的要因が思考や行動にどう発現するかは千差万別である。それでも社会的に広く観察される信念、ブーム、熱狂、逆に強い反感、抵抗、そうしたものが観察されるとき、時代環境に対応してどのような遺伝的要因が作動したのかを考察する試みは増えている。これらの対象はデュルケームが「社会的事実」と呼んだものに含まれる。そのうち宗教関連の事象についての検討は認知宗教学でなされ始めている。ただ認知宗教学のどの理論もまだ試行錯誤的な段階であり、提唱され、批判され、修正されていく過程にある。どのような理論に依拠すると、近代神道において重視された観念や実践について考察するに適しているかは今後の課題である。

カミと自然に向かう心

神道の神々を総称するときに用いられるのが、八百万神という表現である。近代では神社でまつられる神のほか、教派神道や神道系新宗教で独自の神がまつられた。一方で、多くの人は固有名詞のない神(カミ)を感じるために参拝したり、聖地と称されるところに訪れたりする。カミから「神々しさ」を感じたり、霊気を感じたり、また最近の表現ではパワーをもらったと感じたりする。そうしたとき、天照大神、大国主神、八幡神、稲荷神といった特定の神はあまり想定されない。このように自然の中に漠然とカミを感じるのは、近代特有ではなく、それ以前からあった。

さまざまなカミの働きは自然現象の中に見出されてきた。太陽や月、星、山、海、川、岩、樹木、また動物などはカミと見なされたり、カミの使いと見なされたりしてきた。この考えは近代神道においても継承されている。社会的変化の影響に重きを置いたため、この点にはあまり触れなかったが、山岳信仰や日常のカミ信仰においては、自然の中にカミを見る文化はもっとも変化なく継承されている。

御嶽信仰や富士信仰に関係した教派、すなわち御嶽教、扶桑教、実行教においては、現代でも山がもつ神秘的な力を崇拝する。山自体が神聖視されるとともに、山で修行したことが、それぞれの教派の教師にとっては特別の意味をもつ。日常生活においても元旦の初日の出を拝む行為は人気である。このように多くの人々が実際に行なっていることが確認できる事象を、リバースエンジニアリングの対象にしていかなくてはならない。

神道の特徴の一つはアニミズムとよく言われる。宗教進化論においてはアニミズムは原初的な信仰形態とみなされたが、戦後日本ではある時期からアニミズムが非常に肯定的な意味をもつようになった。日本人の信仰を特徴づけるものであり、かつ宗教の本来の姿がそこにあるという理解が広まった。一九七〇年代にこうした考えが広まる。岩田慶治『カミの人類学――不思議の場所をめぐって』[14]は、この動きを代表するような著作である。宗教人類学は世界各地に展開している信仰形態を特定の宗教の立場や価値観にとらわれることなく、人間の営みとして見ていこうとする。それぞれの宗教文化と向かいあう。神道にアニミズムの要素を見ても、それが一神教より劣った信仰形態という見方はしないし、また日本の宗教の優秀性の証拠ともしない。

認知宗教学的発想に立つと、文化の継承にも異なった見方が生まれる。従来の宗教文化の研究においては、文化の担い手を社会階層などで見ていく視点が主流であった。エリートと大衆、上流階級と下層階級といった区分がある。近代の新宗教についても、村上重良は国家神道と民衆宗教という対立項を設定した。国家と民衆という概念の背後には、社会階層が想定されている。また民衆宗教史は一つの研究分野となっている。この観点からは、近代の神社神道、教派神道、神道系新宗教、さらに民俗神道は、組織レベルの違いだけでなく、受容層の違いとしても捉えうる。

他方で、社会で制度化のレベルを重視すると、メインカルチャーとサブカテゴリという区分がある。両者の中間にミドルカルチャーも想定できる。これからすると、神社神道や仏教宗派はメインカルチャーで、新宗教は当初サブカルチャーで、やがてミドルカルチャーになったと見なせる。ハイカルチャーとローカルチャーという観点もある。ハイカルチャーは知識層や富裕層が主な担い手で一定の、知識・教養を前提として享受されているという理解である。ローカルチャーはこれに対比されるもので、あまり社会的に重要ではない文化として理解される。

ミーム論や二重過程理論は、これらとは基本的に異なった視点である。ミーム論では、文化間にヒエラルキーが設けられていない。善悪の価値観を含まない。ミームはひたすらコピーされることで存続する。なぜあるものが、特定の時代、地域、階層などにコピーされるのかを追うことで、人間が何に動かされているかを考えることにつながる。

受容層や文化の高低ではなく、広がりやすさ、持続されやすさから文化の要素を見ていく。高尚と評価される理念が広まらず、下卑たと見なされる考え方や行為が広がっていることも事実として認知する。なぜそうであるかを考える。ある観念（ミーム）が広がることを、社会層、カルチャーのレベルに還元して考えない。人類に遺伝的に継承されているものを想定しながら、どのような条件をもったミームが広がりやすいか、またそれはそのときどきの環境とどう関係するかを見ていく。この作業には宗教史の研究が欠かせない。現代あるいは歴史的に実際に起こったと思われる現象に向かいあうことで、それをどうリバースエンジニアリングするかの展望が得られる。

教祖が持つ力への信仰——マナイズム

近代には神道教派が形成されたのみならず、神道系新宗教の数が増え、一部の教団では短期間で信者が国内各地に、さらには国外にまで広がった。この現象の中核には教祖と総称される人物の存在がある。新宗教の教祖の大きな特徴は、人々に分かりやすい言葉で教えを説き、心身の悩みに応えた点である。教祖や後継者、さらには教師たちによる病気治癒に対する信者たちの期待は大きかった。これは新宗教全般に言えることで、神道系新宗教に限った話ではないが、神道系新宗教の場合、教祖が生神的な扱いを受けることが多く、生身の人間が持つとされた特別な力の占める比重が大きい。

第三章で言及した教祖たちの語録等から判断すると、教祖自身は病気治癒は布教の手段として重要ではあるが、もっと広い理念、社会的理念を掲げていた。黒住宗忠は病気を癒す意味について、「病は道の入口」と述べている。最終的には心を直すのが目的である。武士階級に属していた高弟の中にはその真意を伝えようとした人もいる。幕末には当時最大の信者がいた教団とみなされているが、病気治癒に惹かれた人が多くいたのは間違いない。明治初期に黒住教の禁厭祈祷が各地で問題になり、教部省はそれに対応する必要があった。

祖神道の松下松蔵は国家のあり方についての思いがあった。指導者たちに自分の考えを伝えようともした。しかし第五章で詳しく述べた通り、信者たちの大半にとっては、関心事は病気治癒であった。松蔵が示したとされる病気治癒の力は、雑誌メディアを媒介にしてたちまちのうちに広がり、国外に住む日本人からも、病気治癒のための願いが多数寄せられた。

天照皇大神宮教の北村サヨは「真人間になれ」と説き、我欲に走る政治家たちを激しく批判した。政治家や官僚をはじめ多くの人が正しい心をもっていなかったので、敗戦という事態を迎えたという認識を強く持っていた。しかし晩年にサヨが故郷に帰りたがらず、「帰ったらまた皆がわしをもの問い神様にする」と嘆いたように、サヨの身近にいた人たちにとっての最大の関心は病気治癒であったり、自分に降りかかった不幸の原因を知ることであった。

世界真光文明教団の岡田光玉は「火の洗礼」から人類を防ぐために、主座と呼ばれる巨大な神殿の建設を求めた。人類の救済という教えを軸にしていたが、国内外の信者が強い関心を抱いたのは、手かざしによる心身の病の治癒であった。

病気治癒は宗教に対して求められてきた普遍的な願望である。病気治癒の要素がない宗教はないと言っていい。多くの新宗教研究が明らかにしているように、教祖には病気治癒の特別な力が備わっているという信念は、信者たちにとっては体験的に得られたものである。癒されたという例を実際に見たり、噂に聞いたりするという体験である。それが教祖の身近な人の証言であったり、マスメディアでの紹介であったり、教団の機関誌等による紹介であったりと、情報伝達の経路は種々ある。結果的に自分自身が癒されたと受け止めれば、教祖、さらには教祖に従った弟子や教師たちの病気治癒の力は存在すると認知される。

信者が雑誌などのメディアが伝える情報は正しいと信頼したとすると、それは文化的に獲得された認知に依っている。二一世紀になると、ＳＮＳの情報をそのまま真実と受け止める人も出てきた。こうした認知は生まれてから社会的、文化的に獲得した認知のあり方に基づいている。社会が築き上げた制度や機関への信頼は、学習によって生まれる。メディアに不信感を抱く人には、情報を信頼する気持ちは起こらない。教祖には病気を癒す特別な力があると信じるのは、文化的に継承されたものに影響を受けるが、それだけではない。怪しい情報、根拠のない情報であっても、それを信じ込む人たちがいる。なぜそのような思考そして行動をするのか。そこには遺伝的に継承された要因を想定できる。

人間やモノに宿る特別な力に対する信仰が普遍的であるという見解は、宗教起源論においても注目された。一九世紀末にキリスト教宣教師のR・H・コドリントンはメラネシアの人々の宗教の特徴として、非人格的な超自然的力（マナ）を信じる態度を報告した。マナについてコドリントンは『メラネシア人』の中で次のように紹介している。「物理的な力とは明確に区別される力であり、善悪あらゆる仕方で作動し、それを所有し使用することで最高に有利になる[15]」ここにある善と悪に関わらないという捉え方は非常に重要である。遺伝的なものの働きは善と悪を考慮しない。善と悪はそれぞれの文化において構築されるものである。遺伝的には好むものと避けるものについての区別は重要であるが、善と悪はその発現には関与しない。関与するのは遺伝的要素が文化的にその人に内在するようになった認知の仕組みと結びついたときである。その結びつきは成長の過程で社会的・文化的環境の影響で強固になっていく。それに基づいた反応は瞬時になされるので、あたかも善悪の判断が人間には本来的に備わっているかのように感じられるのである。

マナ的なものへの信仰ないし信念は、多くの地域に観察されたので、人類学者のR・R・マレットは、これがアニミズムより古い宗教の形態であると主張した。それゆえプレアニミズムと呼ばれることがある。これは二〇世紀前半の宗教起源論をめぐる議論において盛んに取り上げられた。これを人類進化の過程で獲得された認知様式の一つとして捉えると、古典的な学説史の中で扱うだけのテーマではなくなる。マナの観念が普遍的に見いだされるなら、進化的に獲得された環境に対する人類の反応としてみることができる。それはそれぞれの時代と地域の文化的要素と関係しあって、その社会環境のもとで、ある信仰形態として発現してくる。現代日本のパワースポットブームもマナ的な観念が関わりを持っていると考えることができる。精神的な文化として大衆化したスピリチュアルブームと絡みあいながら短期間で広まった。

教祖の治癒を信じるのは、教祖が特別な力を持っていると信じるからである。その教団の教師もまた特別な力を分かち持つと信じられるときは、マナに対する反応が潜んでいる。訓練や努力によって得られるものなら、武道における段位と同じである。しかし教祖に病気治癒の力があると信じるのは、努力の結果を評価したものではない。

教派神道の中には富士信仰、御嶽信仰といった山岳信仰を中核に置く派がある。山岳修験では、修験者が有していると信じられた法力への信頼がある。[16] 法力は修行という過程を踏んだことへの信頼だが、それは修行が含み持っている文化的継承による。修行者が普通の人とは違う力を持つと信じるのは、その力を身をもって感じたときである。マナは人とは独立に存在し、それを所有した人が特別な力を発揮できる。法力もまたマナとしての性格をもっている。

ここに至ると、マナの概念は新宗教の教祖についてしばしば論じられたカリスマ概念を想起させる。教祖が短期間で多くの人々を集める理由を、ウェーバーのカリスマ概念を適用して、カリスマがあるからとして論じることが多かった。カリスマを「神の賜物」としてそれ以上の説明を止めるのではなく、遺伝的に継承しているものと結び付けていく研究は、興味深いものになると考えている。[17]

むすび

近代の神道には神社神道であっても教団神道であっても、愛国心の問題が重低音のように響いている。神道では古来より自然との関わりが重視され、自然の中にカミの働きや霊の働きを見てきたが、近代においてもその点は変わっていない。教団神道では教祖による心身の癒しが信者の短期間の拡大においては、重要な要素である。

近代における神道の展開を、近代社会の変化を反映したものとして見ていくのは、宗教社会学や宗教史学、あるいは宗教人類学、宗教民俗学などではオーソドックスなやり方である。その観点からの考察を行なった上で、近代における神道の姿を時代的地域的に限定された現象とするにとどめず、人間と宗教の関わりの一端を見ていこうとすると、どうなるか。たんに時間的空間的に視野を広げるだけでなく、二〇世紀末より急速に展開している新しい学問を参照すると、どのような問いが生まれてくるか。これを最後に試論的に述べた。現代神道をリバースエンジニアリングしようとすると、宗教のリバースエンジニアリングに合流していくことも述べた。

宗教史の研究では、それぞれの時代の社会環境、文化環境さらには自然環境から、その時代、その地域における宗教現象を理解することに主眼を置く。最近の学際的な研究においては、これにとどまらず、数万年、事柄によっては百万年以上の時間をかけて遺伝子によって人類の脳内に組み込まれているメカニズムにも着目するという、きわめて長いタイムスパンでの視点を加えようとする試みが広がっている。あたかもニューロンが新しいネットワークをつくるべく別のニューロンにシナプスを伸ばしていくような動きに思える。この試みにおいては、自然、文化、社会という外的環境に対し、脳内にある内的環境も考慮する。

内的環境を考慮に入れると、宗教史を扱うときに無意識のうちに取り込まれている文化的価値観からのバイアスに陥らないように留意する必要がある。宗教は素晴らしいものとか、崇高なものとか、逆に非理性的なものとか、争いをもたらすものだというのは、ある個別の事象を一般化した見解である。宗教の目的は平和の実現であるとか、人間の善を育むものであるとかというのは規範的価値観である。宗教に関してこのような評価や価値観が生じたことをおさえておくことは重要だが、この研究ではそうしたものはひとまず脇に置かれる。多様な信仰形態のそれぞれに、どのような遺伝的、文化的認知が影響を与えているかに関心を向ける。多くの人が良い宗教だと認める宗教だから歴史的に続いたのだ、というような前提に立たない。そうすると何が説明しやすくなるか。一つ明確なのは、道徳的に好ましくないとされる考えを説く集団や、多くの人が悪と見なすような行動を平然と行なう組織がなぜ絶えることがないのかという理由が分かりやすくなる。現代においても、国内外を問わず、宗教的信念が差別や暴力をもたらすことが少なくない。なぜこのような事態が無くならないのかも見えてくる。

宗教を通して発揮されている強い力、それは個人レベルでも集団レベルでも発揮される。宗教史のどの側面を見えても、それははっきり確認される。それゆえそれが持つ負の部分にはとりわけ敏感にならなければならない。情報化やグローバル化の進行は、負の部分の増幅が短期間に起こり、かつその影響も多様に波及する事態を増やしている。それは文化的営為によって作り上げられた防波堤をも簡単に乗り越える。それほど人間の遺伝子の中に組み込まれているものの力は底知れない。

本書では宗教史を宗教が関わる現代の問題につなげながら、具体的な事例や事実を理解する新しい研究のフレームの重要性を意識してきた。宗教史の研究をどのような研究と結び付けると、今まであまり見えなかった視界が開けるか。従来は宗教研究とはあまり関係しないと考えられてきた研究分野とのジョイントを発想する時代になっていると考える。認知宗教学はその一つである。

註

(1) これについては拙論「コロナ問題と現代宗教」(『アジア遊学二五三　ポストコロナ時代の東アジア』勉誠出版、二〇二〇年、所収)を参照。

(2) マイケル・ヴィッツェル「神話の『出アフリカ』——比較神話学が探る神話のはじまり」(井上順孝編『21世紀の宗教研究』平凡社、二〇一四年、所収)を参照。

（3）こうした神代文字が発想された経緯等について簡潔に説明したものとして、森瑞枝「神代文字」（國學院大學日本文化研究所編『神道事典』弘文堂、一九九四年）を参照。

（4）クリントン・ゴダール『ダーウィン、仏教、神——近代日本の進化論と宗教』（碧海寿広訳、人文書院、二〇二〇年）。原著は G. Clinton Godart, *Darwin, Dharma, and the Devine: Evolutionary Theory and Religion in Modern Japan*, University of Hawai'i Press, 2017.

（5）井上順孝・阪本是丸編『日本型政教関係の誕生』（第一書房、一九八七年）の付録にある「教導職一覧」に、葵川が一八七五年一〇月七日に権少教正になったことを記してある。

（6）アナキストで憲兵隊に虐殺された大杉栄は、ダーウィンの『種の起源』（新潮社）を一九一四年に翻訳している。

（7）井口佳重「明治・大正期における新聞の仮名遣い改革」（『日本語の研究』五—二、二〇〇九年）参照。

（8）この点については日本会議の活動などを分析するとよく見えてくる。日本会議については、塚田穂高『宗教と政治の転轍点——保守合同と政教一致の宗教社会学』（前掲）、菅野完『日本会議の研究』（前掲）などを参照。

（9）インターネット上では、ここで用いるミームと少し異なった意味で用いられるようになった。インターネット・ミームと呼ばれる。

（10）この点については拙著『グローバル化時代の宗教文化教育』（弘文堂、二〇二〇年）の第六章で触れておいた。

（11）Keith E. Stanovich, *The Robot's Rebellion: Finding Meaning in the Age of Darwin*, University of Chicago Press, 2004. 邦訳はキース・E・スタノヴィッチ（椋田直子訳・鈴木宏昭解説）『心は遺伝子

の論理で決まるのか——二重過程モデルでみるヒトの合理性』（みすず書房、二〇〇八年）。

（12）スティーブン・ピンカー『心の仕組み（上）』（椋田直子訳、ＮＨＫブックス、二〇〇三年）参照。

（13）国際認知宗教学会（International Association for the Cognitive Science of Religion）の会長を務めたこともあるアン・テーブス（Ann Taves）は二〇一五年に"Reverse Engineering Complex Cultural Concepts: Identifying Building Blocks of "Religion""（「複雑な文化概念をリバースエンジニアリングする——「宗教」の構成要素の特定」）という論文を書いている。

（14）講談社刊、一九七九年。

（15）R.H.Codrington, *The Melanesians: Studies in their Anthropology and Folk-Lore*, Oxford: Clarendon Press,1891, pp.118–120。この書は次のサイトで全文が読める。
https://archive.org/details/melanesiansstudi00codruoft

（16）この点を長年の調査に基づいて具体的に論じているのが、藤田庄市『現代山岳信仰曼荼羅』（天夢人、二〇二〇年）である。

（17）カリスマ論は認知宗教学にとって検討すべき課題である。これについては拙論「宗教研究は脳科学・認知科学の展開にどう向かいあうか」（『宗教哲学研究』三五、二〇一八年）を参照。

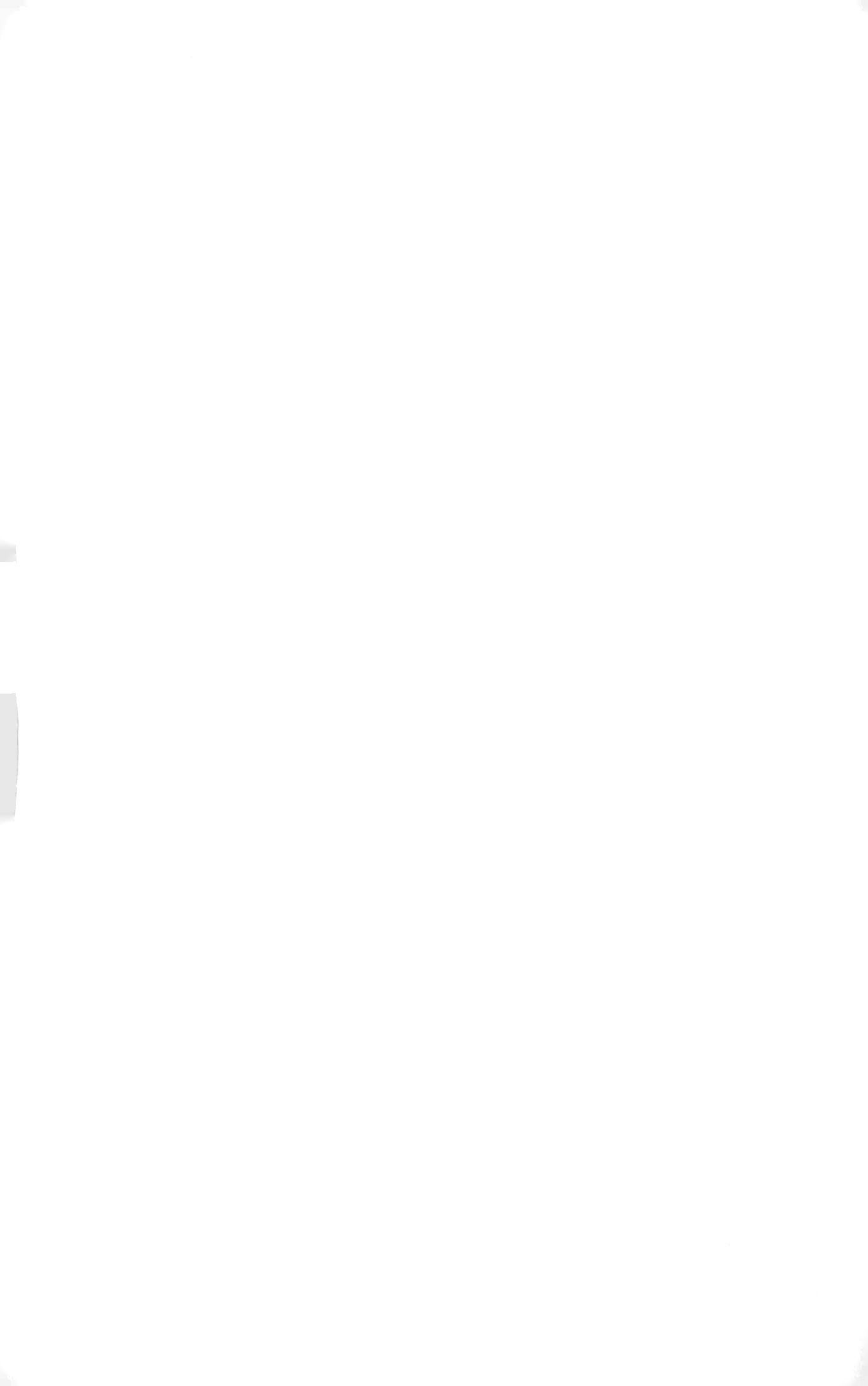

あとがき

神道についての本を執筆しませんかというお誘いを、春秋社の佐藤清靖氏からいただいたのは二〇年以上も前になる。ずっと気にかけながら、ようやく約束を果たすことができた。ここまで長引いたのはそれなりの理由があるのだが、結果的には今の段階でまとめられて良かったのではと感じている。あれこれ寄り道しているうちに、ようやく自分なりに現代の神道のあり方を見ていく視点が固まったからである。

振り返るなら、神道は研究対象というだけでなく、自分の生き方にさほど意識しないうちに、影響が及んでいた。神社とは幼少期より深い関わりのある環境に育った。小学校に入る少し前から高校を卒業するときまでに住んでいた川内市（現・薩摩川内市）には新田神社という旧国幣中社がある。上空からみると亀の形をしていて亀山御陵とも呼ばれていたその神社の境内には瓊瓊杵尊を祀る御陵がある。御陵のすぐ前の一角には小さな建物ではあるが、宮内庁書陵部桃山監区可愛（えの）事務所がある。通った小学校の名前も可愛小学校であった。市内の人でもなければ読めない名称である。新田神社への参拝や神社の年中行事への参加は生活の一部であった。

大学に入学し東京に住むようになってからは、おのずと神社との関わりは薄れた。三年次に文学部に進学し宗教学を専攻するようになったが、そのことに、こうした経験は直接的には関係していない。大学ではそれまで生活の一環として関わっていた神社とはまったく別の見方をあれこれ知ることになった。神道についての認識が攪拌されていく感じがあって、それはどこかで自分の思考を刺激していたかもしれない。

文学部卒業時には、定年間近であった堀一郎教授に指導を受けた。正式な卒論とは位置づけられていなかったが、それにあたるような論文を、明治期の信教自由論をテーマに提出した。大学院に進み、明治期の思想の源泉を探ろうと、修士論文のテーマは「平田篤胤における祖先崇拝」とした。日本的な祖先崇拝の特徴は何かを考えているうちに、たまたま篤胤の発想や世界観を知り、興味を抱いたのである。論文を書き上げたのちに、母方の祖父が生前平田篤胤の研究をしていたことを母から聞いた。祖父が棚田暁山という号名を持つ日本画家であることは知っており、筆をなめながら絵を描いている姿を小さい時目にした記憶がある。だが篤胤の研究をしていたことは初耳だった。少し驚きがあった。

国学者を修士論文で扱ったことも関係したと思うが、一九八二年に国学院大学日本文化研究所の講師に採用された。神道や国学を研究する人がひしめいていた研究所で、教派神道の研究を始めることとなった。教派神道だけでなく新宗教全体についても関心が広がったが、互いに密接に関連した分野であるので、並行して調査研究を続けた。同じ教団を教派神道という視点から見たり、新宗教という視点からみたりすることになったが、この入り組んだ様相と取り組んだことによって思考が鍛えられた面もある。

一九八〇年代後半には博士論文の執筆と『新宗教事典』の編集作業が競合してしまったが、共同作業を優先したため、博士論文となった『教派神道の形成』の刊行は、一九九一年まで遅れてしまった。博士論文に目途がついた頃、日本文化研究所で『神道事典』を編集・刊行するという企画を立てた。それまでの神道事典にはなかったような構成にしたいと思い、項目を決めるだけで一年かけた。今思えば若気の至りであるが、事典作りは体力も必要だから、多少無謀でも取り組んで良かったと思う。すべての原稿に目を通したが、神道についての知識を深めるまたとない機会になった。この経験がなければ、『図解雑学神道』、『神道入門』といった神道の入門書を書こうという気には到底ならなかっただろう。

博士論文ではそれぞれの教派の創始者の生涯や思想を重点的に扱ったが、その後の展開も調べる必要を感じていた。そして神理教の教師の広がりに関する貴重な資料に接し、これを分析する機会に恵まれた。博士論文執筆の際には神理教の巫部倭文彦副管長に資料の閲覧等に関し全面的なご協力をいただいた。本書で扱った資料の整理に関しては同じく巫部祐彦管長にこれまた全面的なご協力をいただいた。学術的な研究に深い理解を示していただいたお二方をはじめ、神理教の関係者の方々には感謝の念しかない。

神理教の教師の地理的な展開を調べていた頃、思いがけなく、祖神道の貴重な資料の存在を知ることとなった。東洋英和女学院大学の大学院で非常勤講師をしていたとき、祖神道の松下敬子氏が受講者の中にいた。あるとき実家に教祖である松下松蔵宛ての手紙が大量に残されていると聞いて関心を抱いた。熊本の教団本部をお訪ねし、押し入れに積まれていた手紙の山を見て、これをそのまま腐食させてしまうわけにはいかないと強く感じた。信者さんたちのプライバシーを侵害しないように配慮しつつ、量的な分析をしたいという申し出を快く承諾していただいた。

いずれも日本文化研究所のプロジェクトとして研究を行なった。神理教のデータも祖神道のデータも件数は一万を超え、コンピュータの活用が可能になった時期なればこそ可能になった分析作業であった。入力作業は多くの国学院大学の学生諸氏にお手伝いをお願いした。こうしてみると研究の対象は自分で選んでいるように見えて、何か見えない糸に導かれたと思いたくなる場合もある。

日本文化研究所の専任教員を二〇年続けたが、二〇〇二年から新設の神道文化学部の専任教員となった。それまでも神道学科の学生を対象とする講義を行なったり、卒論の副査を依頼されたりしていたが、専任教員となると学生との関わりの度合いははるかに濃いものになった。ことにゼミ生であると、神道や宗教を学ぶ背景についても話を聞く機会が増えた。実家が神社という学生も多くいたし、親が神道教派の教会長といった学生もいた。彼らが抱える問題と向かいあうことが多くなった。また卒業後、神社に奉職する人や教団の職員などになる人もいた。就職して初めて知ることになる実態について、打ち明けてくれる人もときたまいた。それぞれの学生が抱える個人的な事情とともに、現代の社会、神道界・宗教界が抱える共通の課題が、そこから透けて見えてきた。現代の神道にまつわる問題の濫觴の少なからぬ部分が、幕末維新期にあるという思いはいっそう深まった。

本書はすでに刊行した論文に大幅に手を加えた部分（第四章、五章）と、新たに書き下ろした部分とからなるが、全体を貫く構想には二〇〇〇年代後半から関心を深めた認知宗教学の考え方を取り込んである。その意味で試論的な部分も多少あるが、基本的には自分のこれまでの研究成果を筋道を立てて述べたものである。専門家だけではなく、できる限り多くの人に読んでもらいたいと思いで書いた。

ようやく刊行の運びになったが、辛抱強く原稿を待っていただいた春秋社編集部の佐藤清靖氏、丹念に原稿に目を通していただいた水野柊平氏には篤く御礼申し上げたい。

二〇二一年仲夏

井上順孝

井上順孝（いのうえ・のぶたか）

1948 年生まれ。國學院大學名誉教授、博士（宗教学）。宗教社会学、認知宗教学が専門。東京大学文学部卒、東京大学大学院人文科学研究科博士課程中退。東京大学文学部助手、國學院大學日本文化研究所教授、同神道文化学部教授を経て、現在名誉教授。アメリカ芸術科学アカデミー外国人名誉会員。（公財）国際宗教研究所・宗教情報リサーチセンター長、宗教文化教育推進センター長。主著に『グローバル化時代の宗教文化教育』（弘文堂）、『世界の宗教は人間に何を禁じてきたか』（河出書房新社）、『神道―日本人の原点を知る』（マガジンハウス）、『本当にわかる宗教学』（日本実業出版社）、『神道入門―日本人にとって神とは何か』（平凡社）、『新宗教の解読』（筑摩書房）、『教派神道の形成』（弘文堂）、『海を渡った日本宗教―移民社会の内と外―』（弘文堂）。

神道の近代
——変貌し拡がりゆく神々

2021 年 10 月 20 日　初版第 1 刷発行

著　者＝井上順孝
発行者＝神田　明
発行所＝株式会社　春秋社
〒 101-0021　東京都千代田区外神田 2-18-6
電話（03）3255-9611（営業）・（03）3255-9614（編集）
振替　00180-6-24861
https://www.shunjusha.co.jp/
印刷・製本＝萩原印刷株式会社
装　丁＝美柑和俊

ISBN 978-4-393-29952-4　C0014
定価はカバー等に表示してあります

宗教情報リサーチセンター編・井上順孝責任編集

情報時代のオウム真理教

膨大な資料を基に、地下鉄サリン事件以前のオウム真理教を取り上げ、その全容を詳細に分析。オウム真理教事件の謎の解明に迫る。「オウム」を考察する基本資料。

三九六〇円

宗教情報リサーチセンター編・井上順孝責任編集

〈オウム真理教〉を検証する

――そのウチとソトの境界線

地下鉄サリン事件から二〇年。オウム真理教とはいったい何か。多角的な視点から今日の問題としてオウムを考究、深層をえぐり出す画期的論考。宗教を考える上で必読の書。

二五三〇円

國學院大學日本文化研究所編・井上順孝責任編集

〈日本文化〉はどこにあるか

ＤＮＡ分析から認知科学や宗教学に至るまで、あらゆる側面から〈日本文化〉の自明性を検証し、問い直す待望の論集。グローバルな視点から日本文化礼賛の風潮に警鐘を鳴らす。

二五三〇円

▼価格は税込(10%)